すべての子どもたちを
包括する支援システム

エビデンスに基づく実践推進自治体報告と
学際的視点から考える

スクールソーシャルワーク評価支援研究所（所長 山野則子）編

せせらぎ出版

目　次

　　はじめに ………………………………………………… 山野　則子　4
　　刊行によせて …………………………………………… 辻　　　洋　6
　　発刊に寄せて―エビデンスに基づくSSWプログラムへの期待― 冨浦　梓　8

第1部 「すべての子どもを包括する支援システム」のモデル提示

　　提案：すべての子どもたちを包括する
　　　　　支援システム作りへ ……………………………… 山野　則子　13

　　子どもの貧困対策と「チーム学校」構想をめぐって
　　　　　―教育行政学の立場から― ……………………… 小川　正人　18

　　基調講演　学校プラットフォームとSSWの可能性
　　　　　―福祉政治学の立場から― ……………………… 宮本　太郎　38

　　●シンポジウム記録　すべての子どもを包括する支援システム
　　　学際的議論　―「学校プラットフォーム」の意味とは― ……… 52

　　コラム　パネル議論を終えて ………………………… 中野　　澄　97

　　子どもの貧困施策の動向と考察 ……………………… 大谷　圭介　100

　　教育支援とネットワーク化する学校教育 …………… 松田　恵示　109

第2部 「効果的なスクールソーシャルワーク事業モデル」活用自治体からの報告

　　取り組みの概要 ……………………………………………………… 120

プログラム実施のためのワークショップについて
　　　　　　　　　　　　………… 山野則子・大友秀治・横井葉子・厨子健一　127
横浜市における取り組み ………………………………… 渡邉　香子　135
山口県のマニュアル活用実践報告 ……………………… 岩金　俊充　155
鳥取県社会福祉士会のSSWに関する取組み
　　　―教育委員会との協働― ………………………… 福島　史子　167
鳥取県からのメッセージ ………………………………… 音田　正顕　174
効果的なSSW事業プログラムを活用したSV
　　　―沖縄県の取り組みから― ……………………… 比嘉　昌哉　179
都内におけるスクールソーシャルワーク
　　　事業プログラムの動向と留意点 ………………… 米川　和雄　186
福井県での取り組み
　　　―SSWer仲間とスモールステップで― ………… 三好　良子　192
高槻市における自主研修組織を活用した
　　　評価マニュアルの研修 …………………………… 吉田　卓司　201

第3部　子ども分野への他領域のアプローチ：
　　　　心理学、精神医学、看護学からの視点

学校現場の課題にアプローチする臨床心理学の視座 … 川原　稔久　210
虐待における親子相互作用の様相 ……………………… 総田　純次　225
思春期後期にある要支援児童等の実態と課題 ………… 古山　美穂　239

執筆者一覧 …………………………………………………………………… 254

はじめに

山野　則子[1]

　2005年、地元大阪で国よりも早くスクールソーシャルワーク（以下、SSWとする）事業を大阪府教育委員会において立ち上げることに、仲間と共に寄与し、2007年『スクールソーシャルワークの可能性』（ミネルヴァ書房）としてまとめた。2008年からの国事業ができる以前であった。そして文部科学研究費や大阪府立大学キーパーソンプロジェクトなどの助成をいただきながら、2007年から基礎研究、2010年から現在に至るプログラム評価に基づく研究を開始し、2015年2月には研究成果を『エビデンスに基づく効果的なスクールソーシャルワーク〜現場で使える教育行政との協働プログラム』（明石書店）として出版している。さらに、2014年10月からこの開発したプログラムを社会に装着させるべく、日本科学技術振興機構（JST）から「効果的なスクールソーシャルワーカー事業プログラムの社会実装」として補助金をいただき、WEB化と本格的に実践現場（地域）への活用へ取り組み始めた。そして、この動きが外に向かってわかりやすくなるように、大阪府立大学21世紀科学研究機構の中にSSW評価支援研究所として舞台を設立した。本著は、長く活動を続けている「効果的なスクールソーシャルワーカー事業プログラムのあり方研究会」のメンバー、SSW評価支援研究所の研究員・客員研究員とともに執筆している。

　本著の内容は、社会実装の提案書に基づき、そのひとつである2015年9月に開催したシンポジウムの記録、そしてシンポジウムのみならず、提案書の全体像として本著を企画した。2014年子どもの貧困対策の大綱、そこから話題になった学校プラットフォーム、スクールソーシャルワーカーの増員案、2015年12月中央教育審議会答申におけるチーム学校の議論、今まさに関心が高く動いているトピックスである。これらに関わった筆者がその立場からも、この時期に文部科学省と厚生労働省が、そして教育研究者、福祉研究者、さらに実践家

1　大阪府立大学　スクールソーシャルワーク評価支援研究所　所長
　／大阪府立大学地域保健学域　教育福祉学類　教授

がともに議論を重ねる機会を増やす必要性から企画した提案書であり、実現したシンポジウムである。その内容と前段に記したこれらの動きを見越したスクールソーシャルワーク事業プログラムのエビデンスに基づく実践の全国展開の報告（研究報告でもある）、まさに領域横断的に議論するための関連領域からの議論を掲載したものである。

＜本書の構成＞

　第1部が、2015年9月26日に大阪府立大学で行った、300人以上の来場があった「すべての子どもを包括する支援システム：学際的論議～「学校プラットフォーム」の意味とは～」シンポジウムの記録である。一部、論文化されている。その後、各行政で様々な動きがあり、すべての子どもたちを包括するシステムモデル作りに活用されつつある。

　第2部が、「効果的なSSWer事業プログラム」の活用状況と自治体の動きである。このプログラムを活用することで、少しずつ自治体に変化が生じている。教育委員会の方には是非ご覧いただきたい。シンポジウムの当日の午前にも自治体報告会を行っていた。また活用を進めるファシリテーター講座もすでに実施したところである。

　第3章は、関係分野の研究員による論文である。「すべての子どもを包括する支援システム」を考えるのに、重要な意味があると思われる。

　今までのかかわり具合や内容とのマッチングで、どの章から読み進められても可能である。是非、実践に生かしていただきたい。ご批判・ご意見いただけたら幸いである。

　2015年9月のシンポジウムや自治体報告会に参加くださった皆様、その際に出版をと声を上げてくださった皆様、そして何よりも登壇して下さったり、報告してくださった皆様、原稿をチェックしてくださったり、新たに書いてくださった皆様に、この場をお借りして心からお礼を申し上げる。皆様のご協力なくしては、こんなに短期間にタイムリーなテーマの出版に至ることはあり得なかった。

刊行によせて

辻　洋[1]

　昨今、産業界ではオープンイノベーションという言葉が賑やかに使われている。これは自社だけでなく社外の技術やアイデアを取り込んで革新的なビジネスモデルやサービスを提供するための方法論である。この方法論は大学の活動にも応用できると思う。

　大阪府立大学は、130年少しの歴史の中で、いろいろな専門学校、あるいは小さな大学・研究所が一緒になることを繰り返し、2005年に大阪府立の3大学を統合してできた総合大学である。現在では、公立大学法人として、学生数約8000名、教員数約650名で幅広い専門分野の教育・研究・地域貢献を行っている。「高度研究型大学：世界に翔く地域の信頼拠点」を大学の理念として、法人化以降、学外と学内の垣根、各部局の間にある垣根を取り除く大学改革を進めており、「大阪府立大学の繋がり」「大阪府立大学から繋がり」「大阪府立大学で繋がり」という風に、産業界の方、行政の方の力、NPOの方の力、それから学校の現場の方の力、そういった皆様方と協力して社会貢献していきたいと考えている。

　本書で取り扱われているスクールソーシャルワークの分野に関して、本学は2012年重点課題を取り扱うキーパーソン3人のうちの1人に山野則子教授を選定し、学外との連携による発展を期待してきたところである。科学技術振興機構（JST）にもこの分野の重要性を提案したところ、ご理解を頂くだけでなく多大な支援を頂いてきた。さらにオープンイノバティブな考えで研究を進めるため、2015年に本学の21世紀科学研究機構の中に教育福祉研究センター、SSW評価支援研究所を設立した。この狙いは、「学外の多様な方と繋がっていく、融合していく、大学の外の方に場合により客員研究員になって頂く、それで社会貢献をしていく」ということを宣言したものである。研究所は、3年間

---

[1]　大阪府立大学　学長

の有期にしており、「うまくいかなければ閉じて別の形にできるという意味で気楽、成果が出なければ閉じられるという意味で厳しい」という運営・管理を行っている。もちろん、社会的ニーズも勘案して、うまく成果の出ることが継続的に期待できるなら、定着した組織に位置づけることも考えている。

本著で議論されている分野は、「総論は誰も理解できるが、各論になると課題山積だ」というのが実情であろう。少しでも多くの方のご支援・ご理解があって発展すると信じており、我々の研究所、著者の方々に忌憚のないご意見、ご批判を頂きながら発展することを願っている。

発刊に寄せて
―エビデンスに基づくSSWプログラムへの期待―

冨浦　梓[1]

　一般に技術革新は研究・開発で得られた成果を実証・確認したのちに実用化へと進んでいく。ここで最も重要な過程が実証・確認である。この経路を通らないと研究開発の成果は死の谷に落ち込んでしまう。産業のための研究開発では、その成果が企業にとって効果があるだろうと推定された時、企業はたとえリスクがあったとしても実証するための費用を投入する。一方、社会のための研究開発では誰が実証のためのリスクを負うのであろうか。この実証費用負担者が誰なのかが不明確であるため、社会のための研究開発は陽の目を見ることなく知の倉庫のなかで眠り続けることになったのである。

　ここに着目したのが科学技術振興機構の社会技術研究開発センターである。社会のための研究開発成果の社会実装を促進するために実証の段階までを国の費用で見守ろうと考え、平成19年（2007年）研究開発成果実装支援プログラムを発足させ、今日まで東日本大震災対応緊急プログラム6件を含め47件を採択した。採択の基準は公益性があり、社会の人々が解決を望んでおり、解決されればインパクトが大きいものを原則としている。採択された案件の内訳は子どもに関わる課題が9件と大きな比率を占めている。

　最近子どもさんの残念な事例が重なっているが、多くの人はなぜ「ことが起こる前」に対策を講ずることができなかったのかと思っているのではないだろうか。山野先生は子どもの健全な育成のためのex ante actionとしてSSW事業を取り上げ、「エビデンスに基づくスクールソーシャルワーク事業モデルの社会実装」として平成26年度実装支援プログラムに採択された。山野先生は早くから本件について積極的に研究を進められ、昨年大阪府立大学で開催されたシンポジウムには全国各地から多くの関係者が参加され、活発な議論が展開さ

1　国立研究開発法人科学技術振興機構社会技術研究開発センター　プログラム総括

れた。その成果が今回出版される『すべての子どもたちを包括する支援システム』に結実したものと思う。山野プロジェクトが全国的に展開され、再び残念な事例を聞くことが無くなる日の近いことを心から期待している。

第1部

「すべての子どもを包括する支援システム」のモデル提示

◇

　本部は、2015年9月26日に大阪府立大学で行った、「すべての子どもを包括する支援システム：学際的論議〜「学校プラットフォーム」の意味とは〜」シンポジウムの記録である。一部、論文化してくださっており、また追加論文を提示くださった。

　教育行政学小川正人氏、福祉政治学宮本太郎氏の基調講演を踏まえ、子どもの貧困対策大綱の策定時、文部科学省において生涯学習局政策局子供の貧困担当参事官をされていた現文化庁課長や初等中等教育局児童生徒課長、厚生労働省児童虐待対応含め包括的な位置にある児童家庭局総務課長、生徒指導に関する国立教育政策研究所総括研究官、さらに教育行政学、福祉政治学、社会福祉学、社会学などの研究者を交えた学際的な議論を行ったシンポジウムの記録である。参加者からの熱い思いから出版化に至った。

　内容すべてが「すべての子どもを包括する支援システム」のモデル提示の機能になるのではないかと考える。実際、このシンポジウムの後から、各自治体において特に貧困対策に関する企画立案がなされている。結果として、教育と福祉の協働が進み、システム構築がなされることが期待されよう。

【無料】
大阪府立大学21世紀科学研究機構「教育福祉研究センター」
第4回キックオフセミナー

公立大学法人 大阪府立大学
OSAKA PREFECTURE UNIVERSITY

すべての子どもを包括する支援システム：
学際的議論 ～「学校プラットフォーム」の意味とは～
2015年9月26日（土）

10:00-12:00
効果的なスクールソーシャルワーカー事業プログラムの実施報告会
各地の自治体より取組み報告
　　　　　　　　　　　コメント：文部科学省初等中等教育局児童生徒課長　坪田知広氏

13:00-17:30 ディスカッション（受付開始12:30）

基調講演1：「福祉政治学の立場から」　　　　　　　　　　中央大学教授　宮本太郎氏
基調講演2：「教育行政学の立場から―国の教育政策や自治体の取組み動向―」
　　　　　　　　　　放送大学・東京大学名誉教授・中教審副会長　小川正人氏

討　　論：　　文部科学省生涯学習政策局参事官 子供の貧困担当　大谷圭介氏
　　　　　　　文部科学省初等中等教育局児童生徒課長　坪田知広氏
　　　　　　　国立教育政策研究所総括研究官　中野　澄氏
　　　　　　　東京学芸大学教授・学長補佐　松田恵示氏

コメント：　　厚生労働省雇用均等・児童家庭局総務課長　古川夏樹氏

進　　行：　長崎純心大学教授（元厚生労働省専門官・社養協事務局長代理）　潮谷有二氏
　　　　　大阪府立大学スクールソーシャルワーク評価支援研究所長・教育福祉学類教授　山野則子

　少年事件、居所不明問題、いじめ問題など事件が相次いでいる。
その背景には貧困や児童虐待などの課題が遠く影響している可能性を意識すべきであろう。
子どもの問題の喫緊の課題に対し、平成26年夏に子供の貧困対策大綱が成立した。その内容を
実現させ機能させるのはこれからである。例えば、その内容の1つにスクールソーシャルワーク
が明記され、5年後には中学校に1人の配置が示唆された。しかし、人を配置すればいいという
ものではない。機能的な仕組みをどう作っていくのか、教育と福祉の協働のあり方や明示
された学校プラットフォームの意味は何なのか。
なぜ学校なのか、日ごろ福祉の研究者と教育、政治学、
社会学の研究者で議論することはさほど多くはない。

場　所：大阪府立大学学術交流会館 多目的ホール
定　員：200名
お申込先：eb-ssw@sw.osakafu-u.ac.jp
※お名前・ご所属を明記してください。

主催： 大阪府立大学21世紀科学研究機構スクールソーシャルワーク評価支援研究所・教育福祉研究センター・地域保健学域教育福祉学類
後援： 大阪府・大阪府教育委員会・一般社団法人日本社会福祉士養成校協会・堺市教育委員会・公益社団法人日本社会福祉士会

※本取組みは、国立研究開発法人科学技術振興機構（JST）社会技術研究開発センター（RISTEX）より支援を受け
「研究開発成果実装支援プログラム」実装プロジェクト「エビデンスに基づくスクールソーシャルワーク事業モデルの社会実装」とし
て、および日本学術振興会科学研究費補助金「効果的なスクールソーシャルワークモデルの評価と理論構築」（基盤研究(B)）の
助成にて実施するものです。

JST 国立研究開発法人 科学技術振興機構

提案:すべての子どもたちを包括する支援システム作りへ

山野　則子[1]

<背景>

　子どもの貧困、居所不明の問題、児童虐待、少年事件、いじめ、と子どもをめぐる現状はますます厳しい状況になってきている。2014年報告された、子どものいる家庭の相対的貧困率が、16.3％であったことは周知のことである。つまり6人に1人、多い地域では4人に1人が経済的に苦しい状況にあり、また別の厚生労働科学研究(原田ほか2014)では、2004年4か月児を持つ親のうち近所の人と世間話をすることがないという親が3分の1ほど存在すると報告されてから、すでに10年以上になり、当時の子どもはすでに小学校6年生になる。もちろん状況は継続こそすれよくなってはいないことから、現在の6年生以下の子どもたちは3分の1がこの親の孤立した環境で育ってきたといっても過言ではない。これらから貧困も孤立も決して特別な数値ではないことをまず認識すべきである。問題は、その家庭が外から見えないことである。言い換えると誰も自身のことと思っていないし、資源を知らないし助けを求めない可能性がある。

　さらにそこから想像すると、子どもどころではない生活に追われたり、過度に子どもに関心が高まったり子どもと親のちょうどいい距離を取るのが難しくなっている。結果、ネグレクトを含む虐待に移行したり、親が子どもに過度に期待をかける教育虐待という現象が起きている。そして背景は様々だが現象としては、子どもの不登校や非行、いじめといった問題行動に発展する。ネグレクトでは経済的課題があり、夜遅くまで働き、朝起こしてもらえない子どもたちの存在を想像するに難しくない。十分ケアされないストレスを抱えた子どもが他者を攻撃し、暴力やいじめ、学級崩壊へと発展する、あるいはターゲット

---

[1] 大阪府立大学 スクールソーシャルワーク評価支援研究所 所長
／大阪府立大学 地域保健学域 教育福祉学類 教授

にされる可能性が想像できよう。そして人間関係の基礎を十分作れていない現代の子どもたちは1つのつまずきを乗り越えるきっかけをつかみにくく、親も経済状況や孤立状況から余裕が持てず、子どもの変化に気づかなかったり、深刻に受け止めすぎたりしてしまい、俯瞰的に子どもに選択肢を与えたり子どもと一緒に様々な方法を考えるなど寄り添うことができなくなっている。1つの出来事が過程ではなく決定的なものと認識されてしまう。

こうして不登校や非行から低学力を生み、また貧困を作り出してしまう。こういった悪循環が少なくない割合、稀な話ではなく繰り返されていることをまずは認識したい。

では、問題行動は児童相談所が対応するのではないかと考えられるが、児童相談所はすべての子どもから見ると1％ほどしか対応できていないし、15％から30％という数値は対応不可能なのが日本の児童福祉の現状である。残念ながら、そのことも周知されていない。よっぽどになって児童相談所に紹介したのだから、何とか施設入所等の専門的対応がなされるという認識が一般的ではないだろうか。しかし、実態は児童相談所の相談事例の10％ほどしか施設入所には至っていない。

この実態から児童相談所ではなく、誰もが通う学校に着目する。学校という場はすべての子どもたちが通う場である。学校を中心にして、1人もこぼすことのない「すべての子どもを包括する支援システム」を構築できると、NPOなど活動が存在する地域とそうでない地域などシステムの存在に差が生まれないこと、子ども家庭に身近に存在し、すべての人に周知ができるのではだろうか。それが子どもの貧困対策の検討会議において挙がった「学校プラットフォーム」のイメージである[注1]。ここでいう学校は決して教師ではなく、学校という場である。そしてすべての子どもたちから発見、そして個別ケアの必要な事例にはケアがなされる、つまりスクリーニングから簡単な予防的になされるプログラム提供も含め、アセスメント、プランニングまでシステム化することが、「すべての子どもを包括する支援システム」ではないかと考える。その中心に担っていくのは福祉の専門家としてのスクールソーシャルワーカー（以下、SSWerとする）ではないだろうか。

しかし、現状では、学校におかれている福祉の専門家SSWerは、2014年度で全国83自治体（設置できる都道府県・政令市・中核市のうち75.45％）で1186名

しか存在しない（文科省2015）。筆者らが、初めての全国SSWerと教育委員会調査を行い、実証的に効果が証明された「効果的なSSWer事業プログラム」を作成してきたという段階である。2012年からモデルに対する意見交換と試行調査のため実践者参画型意見交換会を実施した。その結果をモデルに反映させ、実装活動に入っている。今までの研究会に参加していた、沖縄、熊本、山口、鳥取、大阪、三重、横浜、北海道の全国8拠点の教育委員会担当者、SSWerと常にともに取り組んできた。

＜課題＞

以上から、子どものさまざまな問題から支援分野における以下3点の課題を取り上げる。

第1は、児童虐待、いじめ、居所不明などの子どもに生じている問題はすでに社会問題化されているが、見えない貧困や孤立などアプローチしにくいところに課題がある。

第2は、就学後に連携して検討できる仕組みがない。全数把握からスクリーニング、未受診を追いかける制度など保健システムには仕組みが存在するが、乳幼児期と学齢期の狭間、また福祉と教育など分野間につながる仕組みや連携が十分ではなく、乳幼児期にあった仕組みも途切れてしまう。

第3は、学校にSSWerが入ったが、実践が不明確である。切れ目のない支援システム構築に、SSWer が教育と福祉をつなぐ役割として注目されているが、その実践は基準も示されておらず明確化されていない[注2]。効果的なSSWer事業プログラムを構築、その動き方を明確化した実施マニュアルを作成してきているが、まだ各地での実施に至っていない。SSWerの実践が明確化されなければ、「すべての子どもを包括する支援システム」の構築につながらないのではないか。あるいはミクロにのみSSWerが機能しているのであれば、スクールカウンセラー（SC）や児童相談所や市町村の児童福祉司との違いが不明確になり、ソーシャルの意味や学校にいる意味がわかりにくくなり、将来的に厳しい状況になるであろうと考える。

＜目標＞

以上、大きな課題2つに取り組むべく、以下の目標を設定した。

1）「すべての子どもを包括する支援システム」のモデル提示によって、このモデルを実際に活用した各地での実施がなされることである。結果として、教育と福祉の連絡会の増加や居所不明児童、見えない貧困が減少する。
　2）その柱になるべくSSWerの実践が確かなものになるために、採用する教育委員会がSSWerの活動の理解をするために、「効果的なSSWer事業プログラム」が各地に普及されること、SSWerを置く自治体が増えること、よって児童虐待や居所不明、貧困などの問題が早期に発見されることである。

　　注１：筆者は子どもの貧困対策検討会の構成員であったためこの議論のなかに存在していた。また文部科学省中央教育審議会生涯学習分科会臨時委員、「地域とともにある学校の在り方に関する作業部会」委員、「学校地域協働部会」委員でもあり、答申を出す国の動きも鑑みて企画しまとめることにした。
　　　学校プラットフォームのイメージは、図１のようなものである。教師がすべてを行うのではなく、以下の図のように、気になる課題が発見された子どもたちに提供できるように福祉制度が学校の中にわかる人材がいて情報がストックされていること、いつでもだれでも必要な人に提供できるような仕組みを作ること、さらに学習支援や居場所や親支援など家庭教育や学校支援地域本部において、すでに行われているさまざまな支援にさらに必要なものを導入し、学校を拠点にすることで教師が制度やサービスを活用しやすくするなり、それによって不登校や非行等さまざまな問題の解決を図ることができることである。子どもの問題の背景に注目した支援を未然防止も含め問題が軽易な段階で投入できるという学校にとって大きなメリットがある。

　　注２：今までにSSW実践を明らかに示すものを提示すべきと訴えてきたが、ようやく2015年12月より、文部科学省において、「教育相談等に関する調査研究協力者会議」が立ち上がり、SCやSSWerの役割やガイドラインを作成し始めた。筆者はその委員を務めている。

提案：すべての子どもたちを包括する支援システム作りへ

図1　学校プラットフォーム（山野則子作成）

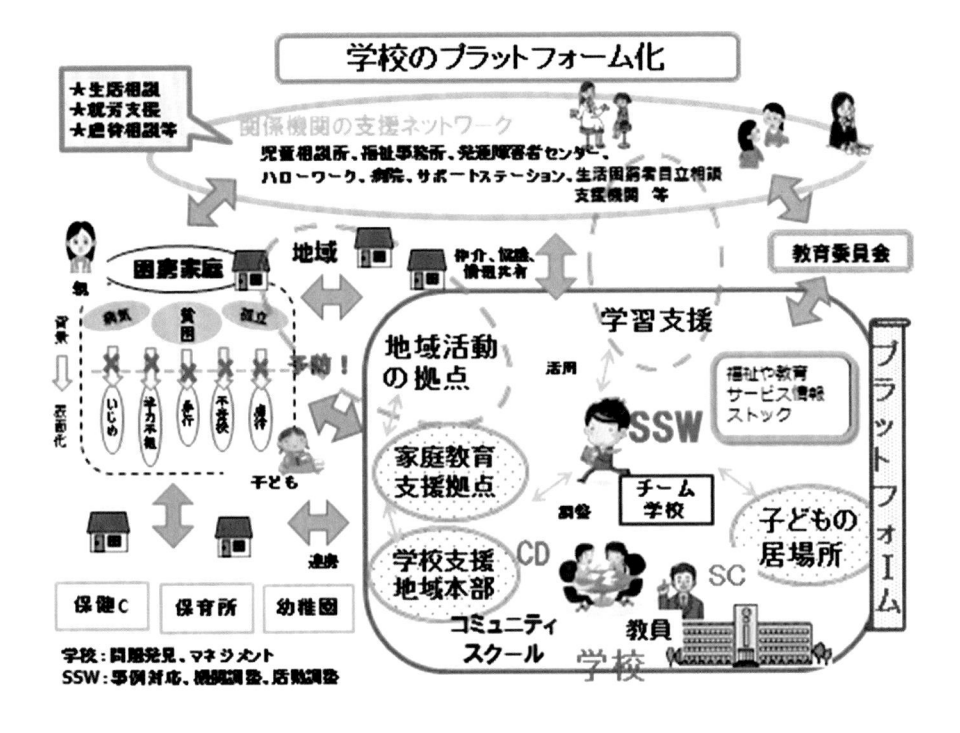

子どもの貧困対策と「チーム学校」構想をめぐって
―教育行政学の立場から―

小川　正人[1]

はじめに　―本稿の目的と限定―

　筆者の専門分野は教育行政学であり、教育政策研究や政策目的を実現していくための法制度やシステムの設計等を考える研究領域であるが、本稿では、教育行政学の立場から教育と福祉をめぐる今日的な課題を考えてみたい。
　「子どもの貧困対策の推進に関する法律」（2013年6月26日法律第64号）を受けて策定された「子供の貧困対策に関する大綱」（2014年8月29日、内閣決定）は、貧困の世代間連鎖の解消と積極的な人材育成を目指すために、教育支援においては、学校を子どもの貧困対策のプラットフォームと位置付け、①学校教育における学力保障、②学校を窓口とした福祉関係機関との連携、③経済的支援を通じて学校から子供を福祉的支援につなげ、総合的に対策を推進するとしている。一方、文部科学省では、2014年9月に中央教育審議会の下に「チームとしての学校・教職員の在り方に関する作業部会」を設置し、学校教育の課題の多様化、複雑化、困難化に対応しつつ教育指導の高度化に取り組むために、教員の広範囲に及ぶ業務を見直しつつ多様な専門スタッフや人材等を学校に配置する「チームとしての学校」構想の検討を進め、答申「チームとしての学校の在り方と今後の改善方策について」（2015年12月21日、以下、答申「チームとしての学校」）をまとめた。「チームとしての学校」構想の中では、特に、貧困などを背景にした教育困難家庭や生徒指導上で課題のある子どもに対する指導・支援を充実させるためスクールソーシャルワーカー（以下、SSWer）を学校に配置し拡充していくという提言も行われている。子どもの貧困対策のプラット

---

[1]　放送大学　教授／東京大学名誉教授／中教審副会長／大阪府立大学スクールソーシャルワーク評価支援研究所客員研究員

フォームとして学校を位置付ける学校プラットフォーム論と中教審の「チームとしての学校」構想はその内容において一部クロスする点もあるが、しかし、日本の学校は、これまで教員が圧倒的多数を占める組織であり、学内において他の専門スタッフと連携・分担したり、また、学外の福祉機関等と連携・協働するノウハウやシステムを有してこなかった。今後、学校プラットフォーム論にしても「チームとしての学校」構想にしても、それらに係る具体的施策とシステム作りが進められていくと思うが、その過程で教育と福祉の連携、分担、協働を図っていくためにさまざまな新しい課題が検討されていくことになると考えられる。本稿は、その基礎的な課題の整理を目的とする。

1. これまでの学校教育における「貧困」・「格差」問題の扱い方
―「面の平等」と学級ベースの教育活動に包摂された個の問題―

　学校には、家庭の経済的困窮等のさまざまな背景を背負った多様な子どもが生活し学んでいることから、学校教育においては格差問題とそれに関わる教育指導のあり方は避けて通ることのできない課題として存在している。しかし、日本の学校には、そうした格差やハンディを背負った子どもに対する福祉的視点が欠落している―教育と福祉との接点がないという問題が指摘されてきた。

　たとえば、山野は、「乳幼児では全数把握の機関として保健所・保健センターが位置づいており、法定健診、そして子どもの発達だけではなく親の育児不安などのピックアップを行っている。未受診の家庭には訪問し、キャッチするような仕組みがあり、予防から発見、ケアまでの流れが存在する。さらに、発見後、複数のメンバーや複数の機関における検討する仕組みも存在する」が、「学齢児においては、予防や発見、複数のメンバーや機関による定例で検討する場がない。それまで丁寧な検討がなされ、直接的のみならず間接的にもフォローされていた子どもや家庭は見えなくなっていく。関係者が知り得るのは、次に問題行動として表面化したときとなる」と述べ、子どもや家庭の子育てをフォローする仕組みという点で乳幼児期と学齢児期の間に大きな断絶があると問題を指摘している（山野2015a、35頁~36頁）。確かに、山野が指摘するように、日本の学校には、経済的困窮など福祉の対象となる問題を抱えた家庭・子どもを支援し救済する仕組みは、経済的支援制度（教育扶助、就学援助等）以外に特に整備されてこなかったといえる。戦後日本の学校制度にお

19

いては、そうした経済的困窮など福祉の対象となる問題を抱えた家庭・子どもの「格差」問題やそれに関わる教育指導は、個々の家庭・子どもの「格差」の問題としてではなく、まずは、地域間格差（その派生としての学校間格差）の問題として扱われ、学校内においては学級の集団的教育活動に包摂され教育指導の実践的課題として取り組まれてきた経緯がある。その意味では、家庭・子どもの個々の「格差」は学校教育では見えにくいシステムであったといえる。以下、そのことを少し詳しく見ていくことにする。

（1）最優先課題としての地域間「格差」是正と学級ベースの教育活動

　敗戦後の学校制度の民主化と整備（新制中学校の誕生と6・3制義務教育制度の確立等）、そして、その後の経済成長に伴う高校進学率の上昇等による地方の教育需要の爆発的な拡大は、国に対して学校教育の地方間格差を是正すること（ナショナルミニマムの確保）を最優先課題として取り組むことを強く求めた。当時の教育の地方間格差の実態やその論議のあり様等については紙幅の関係で省略するが（小川1991、苅谷2009など）、敗戦後から1960年代まで、国は、学校教育の地域間格差（その派生としての学校間格差）を是正し、全国どこでも義務教育の最低保障のシステムを構築し、義務教育の底上げや地域間格差の縮小を図ることを最重要課題として取り組んできた。苅谷は、そうした戦後日本の学校教育における平等施策の特徴を「面の平等」と称し、児童生徒間の「個の平等」施策に優先して進められてきたと指摘している（苅谷2009）。

　具体的には、義務教育費国庫負担制度（1952年）を確立し、義務教育学校教職員の給与を国と都道府県で1/2負担し合うことにより義務教育学校教職員の質量にわたる安定的な確保を図り（2006年度より国1/3、都道府県2/3に変更された）、その後、「義務標準法」（1958年）の制定によって児童生徒の学校生活と教育指導の基底的条件である1学級当たりの児童生徒数を国が標準として設定し、学級数に応じて学校に何名の教職員を配置するのかを示して、全国どのような地域、学校でも学校教育条件の最低水準を維持できる仕組みを構築した。そうした学校教育条件の格差是正とともに、国の教育課程基準についても学習指導要領の法的拘束性を明確化し（1958年改訂）、教育課程のナショナルミニマムを確保する整備が進められていった。

　地域間格差の是正を最優先課題としたという事情とともに、日本の学校の

教育活動のあり方を強く規定したもう一つの要因は、日本の学校が、学習（教科）指導の外に、集団の生活・活動（学級活動・行事、生徒指導やクラブ・部活動等）を通じた集団性や社会規範の育成も期待されていたことである。そうした教育活動を通じた集団性や社会規範の育成は、学校生活と教育指導の日常的基盤である学級活動に依拠したことから、学級は学習集団であると同時に、学校行事、生徒指導、学校経営の基礎的集団として考えられて、相対的に大きな規模で編制され、また、学校教職員の数・配置や学校予算等も、教育活動の単位である学級数を基礎算定基準にして配当されることになった。
　以上のように、地域間格差の是正を最優先する政策と学級をベースにした集団的教育活動を特徴とした学校教育は、児童生徒の格差とそれを反映したハンディを背負った児童生徒に配慮した教職員配置や予算配当等を行うという視点・方法を欠くことになった。当然、学校教育を進めていくうえで児童生徒の格差や差異等をカバーして、必要な児童生徒に「厚い」教育指導を行うという配慮は脆弱にならざるをえなかった。その結果、さまざまなハンディを背負う児童生徒も学級内の他の児童生徒と同じ個として「平等」に扱われ、学級の集団的な教育指導でそのハンディを克服するという教員の教育的技量が重視された。それが、日本では教員に学級経営の指導力を特に強く求めてきた理由でもあった。児童生徒の経済的格差、経済的ハンディに対する支援は、学校のそうした教育的配慮とは切り離された形で、教育扶助と就学援助の経済的修学支援として制度化されてきた。学校においては、要保護／準要保護の児童生徒やその数に応じて事務職員加配や生徒指導困難校として生徒指導加配等が行われてきたが、さまざまなハンディを背負った児童生徒個々の教育的配慮を「厚く」するような教育指導に対する教職員配置や財政的配慮・支援のしくみは長い間存在してこなかった。

（2）これまでの学校組織と教職員の働き方の特徴
　（1）で見たように、長い間、日本の学校においては、格差の問題は、まずは、地域間格差（その派生としての学校間格差）として認識され、児童生徒の「個」の問題として捉えそれへの対応を学校の教育的配慮や教育の質を確保する取組みとして実践されてこなかった。そうしたことも反映して、学校の教職員構成でも、児童生徒の「個」の問題に対応してそうした「個」の問題を担う

職員―専門スタッフを配置するという発想もなかった。日本の学校は、家庭や地域社会における個々の児童生徒が背負っているさまざまな「個別」的問題に対応することではなく、それら問題を包摂して「学級」の集団的教育活動で取り組むことを目指した（取り組むことを求められた）。また、学級に包摂できない児童生徒の「個別」的問題は、長い間、学校教育の埒外の課題として措置されてきた。

これまで日本の学校は、教員というモノカルチャー的な組織で運営されてきたというのもそうした背景の中で捉える必要である。学校の組織は圧倒的に教員だけで占められ、学校教育をめぐる変化や課題に対して新たに要請される業務とそれに必要な能力は、OJTや研修で身につけ教員が多能化することで対応してきた（ただ、こうした働き方は、学校だけではなく、民間でも公務員でも日本的経営の特徴として日本の多くの組織で一般的なものであったといえる。そうした日本の組織では、多様な専門的職種、他職種で協働的に仕事をするという発想はなかなか生まれて来なかった）。

ただ、これまで、そうした日本の学校の組織―圧倒的に教員だけの組織でも、多くの成果を挙げて来られたのも事実である。特に、義務教育段階では、学力と社会規範の育成という双方をしっかり児童生徒に身につけさせてきたことは海外からも高い評価を受けて来た（恒吉2008）。しかし、日本の学校のそうしたパフォーマンスの高さは、世界で一番勤務時間が長いと言われるように、教員の頑張りや「犠牲」に支えられたものであるし、また、児童生徒の同質性が高かったという教育のしやすさ等の理由もあったと考えられる。

2．教育の「貧困」問題の顕在化と国の政策変化

（1）戦後日本における「平等」論議と「平等神話」の崩壊

教育は、社会的な格差や不平等を縮小し是正する数少ない政策手段の一つとして捉えられてきた。たとえば、アメリカでは、1960年代以降、貧困と階層間格差は固定化し再生産されているという現実を直視し、社会経済的・文化的に劣位にある人々や階層に対して優先的重点的な教育資源の投資をすすめるという補償教育政策やヘッドスタート計画が試みられてきたし、マイノリテイ等に大学入学枠における一定の優先的枠を保証するなどのアファーマテイブ・アクション、すなわち、弱者の不利な現状を是正するために、教育や大学進学、あ

るいは、就職や職場における昇進において、特別な採用枠を設ける配慮などの優遇的措置を行う政策なども試みられてきた。

　そうした欧米の教育の不平等問題への積極的な取り組みに比べて、戦後の日本では、長い間、教育の不平等問題はほとんど真正面から取り上げられ課題にされることはなかった。逆に、戦後日本の教育政策と教育制度の整備充実により、高校、大学への進学率を上昇させ、社会的格差を無くして教育の機会均等の保障を実現したと肯定的に評価されてきたように思う。

　しかし、そうした指摘に対しては、今日、多くの疑問や批判が出されるようになった。

　その多くは、戦後日本においても教育の格差、不平等は存在していたが、その格差、不平等が1950年代から1980年代までの右肩上がりの経済成長の陰に隠れて見えにくくなっていただけだという指摘である。すなわち、戦後初期から1980年代までは、教育は極めて良好な環境の中にあったということかもしれない。1970年代初頭の石油ショック、ドルショックの時期等、多少の落ち込みはあったが、長期に及ぶ経済成長を背景に、慢性的な若年労働力の不足もあり高校や大学を卒業すれば就職も確実にできたという学校から職業への移行も安定していた。また、堅実な経済成長もあって国の税収と家庭の所得も右肩上がりが続き、教育への投資もある程度余裕があって高校、大学への進学率も急上昇した。そうした経済成長を背景に、国民の生活と所得の全体的な底上げにより、教育の不平等や格差が見えにくくなっていたという指摘である。全体が底上げされていけば、社会階層の中間や下部でも所得の上昇が感じられるため格差意識がその分薄らぐという状況が生じたという指摘である。

　しかし、1990年代以降の経済のグローバル化とそれに伴う国内外における産業構造の再配置や就業構造の変化は、そうした1980年代まで続いていた教育と社会、職業との良好な状況を大きく変えていった。経済のグローバル化と産業構造の変化は、国内の堅実な中間階層の雇用先であった製造業や単純知的労働の仕事を国外に移転させ、国内の失業や非正規雇用労働者の比率を高めていくことになった。中でも、若年労働者の失業率や非正規雇用の比率の高さは非常に深刻な事態となっている。その結果、高校や大学を卒業しても就職できない状況や不安定雇用が広がり、従来からあった学校から職業へのスムーズな移行が難しくなってきている。ITや情報、金融等の成長産業と不安定な非正規雇

用や失業という対比的な状況が出現したことにより、それまで隠されていた教育の不平等、格差の問題が明確にみえてくるようになったというのが今日の真相ではないかと考える。実際、日本の学術研究分野で、教育の格差や不平等に関わる研究テーマを主に検討してきた教育社会学においても、教育現場の最も身近な学力問題を通して階層間格差や学力格差を真正面から論じ研究調査をするようになったのは2000年に入ってからであると指摘されている（耳塚2014：6頁）。

（2）文部科学省の政策展開と今後の課題

（1）で触れたような1990年代以降の日本社会の状況を背景に、文部科学省の政策においても変化の兆しが見え始めて来るのは、学校現場や家庭・地域社会の変容のなかで学校現場において児童生徒の「個別」的課題に対応せざるをえない状況が出てきたことによる。従来も生徒指導上の困難校に対する生徒指導加配や要・準要保護の児童生徒数が100名以上または25％以上在籍する学校に加配事務職員を配置するなどの加配措置があったが、学習指導面での加配措置はなかった。しかし、2008年度から文部科学省の国庫補助事業でSSWer活用事業がスタートし、2012年度の定数改善要求では、初めて、学習支援が真に必要な児童生徒に対する支援の充実を目的として、①中学における経済的困難を抱える生徒など学習支援が必要な生徒への対応（少人数指導、補充学習、つまずき解消）、②発達障害、③日本語教育―外国人のこども、④被災地支援、に加配教員の措置が掲げられた。

その定数改善要求の下地をつくった学級規模および教職員配置の適正化に関する検討会議報告「少人数学級の推進と計画的な教職員定数の改善について」（2012年9月6日）では、「家庭の経済状況の格差が学力に影響しているとの指摘もあり、格差の再生産・固定化を招かないよう」、家庭環境等の要因により学力定着等に困難があり、その改善のため補充学習、少人数指導などの加配措置が必要であると記載された。

そして、「子どもの貧困対策推進法」（2013年6月）と大綱策定（2014年）で決定的に政策の転換が図られ総合的施策が進み始めている。大綱は、基本的方針として、貧困の世代間連鎖の解消と積極的な人材育成を目指し、子どもに視点を置いて切れ目のない施策の実施等に配慮する等、１０の基本方針を掲げてい

る。中でも注目すべきことは、教育の支援において学校を子どもの貧困対策のプラットフォームと位置付けて、①学校教育による学力保障、②学校を窓口とした福祉関係機関との連携、③経済的支援を通じて学校から子どもを福祉的支援につなげ、総合的に対策を推進するとともに教育の機会均等を保障するため教育費負担の軽減を図るとしている点である。大綱では、まず幼児期から高等教育段階まで切れ目のない教育費負担の軽減を目指すとしており、具体的には、幼児教育の段階的無償化（対象範囲等の具体的内容は今後の課題）、義務教育段階における低所得者対象の就学援助等の充実、高校授業料無償化（就学支援金制度）に加えて低所得世帯を対象にした高校生等奨学給付金（給付型奨学金）の充実、高等教育段階の無利子奨学金の充実と所得連動変換型奨学金制度の導入等が掲げられている。また、大綱は、そうした経済的負担の軽減策だけでなく、子どもの学習や学校の教育活動支援もさらに充実を図ることも謳っている点は注目される。子どもの貧困問題に関する理解増進のために就学支援に関する教職員研修会の開催や「就学援助ポータルサイト」（仮称）の整備、教育相談体制の充実のために貧困世帯と学校・教育委員会・福祉部局をつなぐスクールソーシャルワーカーの配置拡充、また、低所得世帯の家庭学習支援のために学習活動支援費（辞書・事典の購入費等）補助の創設や学校支援地域本部を活用した無料の学習支援事業の実施等の推進が提言されている。

　「子どもの貧困対策法」の成立、施行もあって、今後も経済的困窮等のハンディを背負った家庭・子どもに対する経済・教育支援策の充実を期待できる状況になって来ているが、それらの経済・教育支援を一層進めていくと同時に、さらに、下記のような幾つかの喫緊に改善していくべき課題があることも看過されてはならない。

　第一は、高校段階までは、経済困窮家庭の児童生徒に対する経済的教育支援制度が整えられつつあると考えるが、高校卒業後の高等教育段階への進学、就学に対する経済的支援制度がまだまだ不十分であるという点である。具体的には、生活保護家庭の子どもが、大学等へ進学、就学した場合には、大学の入学金や授業料等に対する保護費の給付や扶助がないため、大学への進学、就学に係る経費は、すべて家庭や子ども自身が賄わなければならないというのが実情であることである。加えて、生活保護家庭から子どもが大学等に進学、就学する場合、「世帯内就学」が認められていないことである。生活保護家庭から子

どもが大学等に進学、就学する場合には、「世帯分離措置」を行うことが条件づけられており、それによって、世帯分離後に得られる子どもの収入が収入認定の対象除外になる一方で、子どもに対する生活保護の各種の扶助—たとえば、生活扶助や医療扶助などが廃止されることになっている。世帯分離措置をしないまま子どもが大学等に進学、就学した場合には、子どもが各種扶助の給付対象になるが、子どもが奨学金やアルバイトなどで得た収入は家庭の収入認定の対象とされ生活保護で措置される各種扶助の金額が大幅に減額されることになる（三宅2014）。以上のように、生活保護家庭から子どもが大学等に進学、就学する場合、世帯内就学とするか世帯分離措置をするかに拘らず、当の家庭や子どもに多くの経済的困難を生じさせ、結果、生活保護家庭からの大学等への進学をさまたげる一因になっている。生活保護世帯からの大学等への進学、就学を保障していくために、現行の制度を見直したり授業料減免の拡充や給付型奨学金、所得連動型奨学金等の創設が必要になっている。

　第二は、高校卒業後、就職する生徒を対象に、必要に応じて、学び直しと就労支援を経済的保障が伴う形で支援していくことも重要な課題である。高校卒業後に就職する生徒は、さまざまなハンディを負い、転職、離職、失業も数多く経験する傾向にある。今日、これらの人々に、学び直しの機会や再就職のための教育訓練機会を提供することが課題として挙げられているが、その際に留意すべきは、そうした学び直しや教育訓練のプログラムを無料で受けることができ、なおかつ、その期間における生活保障をしっかりしていくという制度設計が不可欠である。そうした体制を作り上げることで離職や失業を防ぎ、貧困からの脱却をはかっていけるようしていくことが大切である。

　今日、経済のグローバル化とそれに伴い国内外の産業・就業構造が大きく変化している中で、高校卒、大学卒で教育が終わるという考え方から、雇用不安が高い30歳前後まで、職業と教育・訓練の場を必要に応じて往復できる教育システムを構築していくことが重要になっている。人生前半の社会保障が叫ばれ、30歳前後までを「後期子ども期」と捉えようという考え方も提唱されているが（広井2006）、失業後に救済的社会保障を施すのではなく、失業を防止するために事前の教育・職業訓練を保障する等、教育・訓練を積極的福祉として捉える考え方がますます重要になっている。教育のエジュケーションと福祉のウェルフェアーを結びつけた教育福祉＝エジュフェアという造語が言われるよ

うになっているが、教育を積極的福祉と捉える考え方は、これからの新しい日本の社会と経済を構築していく際に要となるものである。

　第三は、「子どもの貧困対策法」の成立、施行もあって、高校段階までは経済困窮家庭の児童生徒に対する経済的教育支援制度の整備・充実については、今後、期待が持てるように感じられるが、しかし、それでも今後さらに検討されていくべき幾つかの重要課題が高校段階までの経済的教育支援制度には残されている。その一つが、義務教育の就学援助制度における市町村主義に関わる問題である。義務教育における就学援助は、義務教育の機会均等保障の要ともいえる重要な制度であることから、戦後の長い期間、その経費の２分の1を国が負担してきた。しかし、2005年に国の行財政改革の名の下に、就学援助制度における準要保護を対象とした国の2分の1負担が廃止され、準要保護への就学援助経費全額が市町村負担になったという経緯がある。その後、準要保護の児童生徒の人数が増大傾向にある中でも、全国の市町村の努力もあり全体的に就学援助事業の後退という事態は免れているが、それでも地方財政が逼迫する下で、就学援助額を削減したり、就学援助の受給基準を高くするなど就学援助事業の後退を余儀なくされている市町村も出てきていることは看過できない事態である（小川2010）。

　そうした状況下において、2014年7月現在で、現行の就学援助制度の見直しや改善方策等に関し全国市町村を対象に実施したアンケート調査の結果は大変興味深い内容を示している（表1参照。本アンケート調査は、千葉大学の白川優治・准教授が行ったもので調査結果は、科研費報告書「市区町村による教育費支援授業の現状2014」（回答率51.1％、890件）に収録されている）。

　質問「財政逼迫のなか就学援助の予算を確保することが難しくなっているかどうか」に対しては、「そう思う」「ややそう思う」と回答した市町村が53.5％となっており、半数以上の市町村が財政逼迫の中で就学援助の予算確保に苦労していると答えている。次に、「準要保護の経費負担の半額を国庫負担金に戻すのが望ましいかどうか」という質問に対しては、「そう思う」「ややそう思う」と回答した自治体が62％にのぼっており、2005年以前のように就学援助の財源の２分の1を国が負担することを希望している。また、「就学援助の受給基準が市町村でバラバラになっている現状に対して都道府県単位で設定するのが望ましいかどうか」という質問に対しては、「そう思う」「ややそう思う」と回

答した自治体が42%、「どちらともいえない」が38.8%となっており、意見が分かれている。

就学援助制度は義務教育の機会均等保障と教育を受ける権利に対する経済的支援の要であることから、国と市町村が責任と経費負担を分担し合うしくみが妥当であり、また、市町村単位で受給基準がバラバラであるのはやはり問題であると考えることから、国や都道府県で最低受給基準を設定した上でそれに各自治体の裁量を加味できるしくみの方が望ましいと考える。本市町村アンケート調査の結果にも表れているように、就学援助制度のそうした見直しも今後の重要な検討課題である。

表1：就学援助制度の見直しに対する市町村の意向

	準要保護の経費負担半額を国庫負担に戻すのが望ましい	準要保護の受給基準は都道府県で設定するのが望ましい	財政逼迫の中、就学援助の予算確保が難しくなっている	就学援助申請者数が増えると認定基準を厳しくし抑制する必要がある
そう思う	393（44.2%）	195（21.9%）	200（22.5%）	47（5.3%）
ややそう思う	158（17.8%）	179（20.1%）	278（31.2%）	123（13.8%）
どちらとも言えない	233（26.2%）	345（38.8%）	267（30%）	392（44%）
あまりそう思わない	13（1.5%）	67（7.5%）	49（5.5%）	159（17.9%）
そう思わない	15（1.7%）	30（3.4%）	21（2.4%）	94（10.6%）
無回答	78（8.8%）	74（8.3%）	75（8.4%）	75（8.4%）
合計	890（100%）	890（100%）	890（100%）	890（100%）

そして、第四は、経済的困窮家庭の児童生徒に対する教育支援は、経済的支援だけでは不十分であるという問題である。

今日、教育における家庭や階層間の格差を論議する際、従来の業績主義＝メリトクラシーからペアレントクラシーに変質してきたという言い方をすることがある。業績主義＝メリトクラシーとは、個々人の能力と努力で獲得された業績・成果に基づいて社会階層を上昇する能力主義を意味するが、ペアレントクラシーとは、親の富と親の子どもへの期待、教育投資の多寡が子どもの学力と

進路、将来などを規定しているという意味である。事実、今日の教育格差、学力格差には、個々の子どもの能力だけではなく、家庭の経済的格差、文化的格差、子どもへの期待度格差等、家庭のさまざまな格差が強く反映していることは否定できない事実である。その意味では、今日の教育格差、学力格差を是正し改善していくためには、経済的困窮家庭の子どもたちへの経済的支援だけではなく、そうした家庭の文化的格差、子どもへの期待度格差などにも踏み込んだ政策が必要になっているが、それは家庭や親の所得格差の緩和や雇用促進などの経済政策でもあり、また、家庭、親の文化、価値等の私的領域に介入する福祉政策にも係ってくる（耳塚2014、13～15頁）。

　中でも、今日の学力の内容は、基本的知識・技能といういわば認知的能力の育成だけではなく、OECDのキーコンピテンシーのカテゴリー3に象徴されるように、自律的に行動する能力＝大きな展望の中で行動でき自分の人生設計や個人的プロジェクトを設計し実行する能力など、自己認識や意欲、忍耐力、自制心、リーダーシップ等の非認知的能力がより重要であると言われてきている。経済的困窮家庭の子どもに対する教育支援は、その意味で、就学援助などの経済的支援に留まることなく、家庭教育では十分に期待できない学力育成とともに、そうした家庭の文化的格差などから生じる非認知的能力の育成までを視野にいれた幼児教育段階からの厚い教育支援が必要になっているといえる。

　経済的困窮家庭では、子どもの家庭学習をしっかり見守ったり、さまざまな文化活動に触れたり参加する環境が整っていないのが現実であり、学校における日々の授業のなかでの工夫とともに、そうした家庭学習の見守りや支援、さまざまな文化的活動への参加などを授業以外の場で、たとえば、放課後学習とか土曜学習や夏休み等の長期休業期間に個別指導をベースにした補習・補講や活動として整えて行くことも必要である。近年、全国の自治体では、経済的困窮家庭で学習に遅れがちな児童生徒を対象に、地域と協力して、放課後補習学習や土曜学校、夏休み等の学力アップ教室などに取り組むところも多くなっている。また、経済的困窮家庭では、高校・大学受験に向けて予備校や塾に子どもを行かせる経済的余裕もないことから、経済的困窮家庭の中学二年生や高校三年生を対象にした高校・大学受験指導に取り組み自治体やNPOなども出てくるようになっている。国においても、そうした経済的困窮家庭の子どもの学習支援を学校や自治体、NPOが取り組みやすくするような教育予算の措置や

教職員・指導員の加配・配置等の施策をもっと強力に進めていくべきである。

3．文部科学省「チームとしての学校」構想と学校経営の課題

（1）「チームとしての学校」構想の背景

　2014年9月に、文部科学省・中教審に「チームとしての学校・教職員の在り方に関する作業部会」が設置され、学校教育をめぐる環境の変化や新しい諸課題に対応するために、これからの学校の組織や運営、そして、教職員の仕事のあり方等が検討され、2015年12月21日に答申「チームとしての学校」がまとめられた。「チームとしての学校」構想が検討されてきた背景には、前述したように、日本の学校が圧倒的に教員だけで組織され教育活動も教員だけで担われてきたが、近年の学校教育をめぐる環境、条件の変容で、これまでのように教員だけで学校教育を支えていくことが非常に困難になってきたという状況がある。

　第一に、児童生徒の同質性が弱くなり、多様な家庭的背景や能力等の児童生徒が学校で生活し教育を受けるようになり、学校教育の課題が複雑化、困難化、多様化してきていることである。社会経済的格差とそれを反映した学力の格差、外国の子どもの増加、インクルーシブ教育、特別支援教育、生徒指導上のさまざまな問題も社会的な問題を反映して深刻度を増してきている。そのように、児童生徒の同質性が弱くなり、多様な児童生徒が在籍する中で学校教育は複雑化、困難化し、問題も深刻化してきているため教員だけで多能化してそれに対応しようとしても難しい状況になっている。カウンセリングや福祉、法律などその分野の専門スタッフの力—多職種の専門的知見・技能を活用する中で効果的、効率的な対応と課題解決を図って行く必要性が高まってきた。

　第二は、次期の学習指導要領改訂が目指している授業や学習指導の改革のために、教員の教科内容や授業、学習指導等の「専門性」をより高めていく必要から、一層、そうした業務に専念できる体制づくりを図っていくという要請からである。OECDのTALIS調査（国際教員指導環境調査）でも、日本の教員の研究・研修ニーズは非常に高いが、勤務が忙しく長時間であるために、実際に研修・研究に費やす時間がとれていない実態が明らかになっている。教員の本来業務の要ともいえる授業等の教育指導により専念できるよう広範囲に及ぶ教員の業務内容を見直しつつ、生徒指導や特別支援教育、部活動等をより効果的

効率的に遂行し充実していくため他の専門スタッフと連携・分担する体制を整備してそれぞれの専門性を生かすチームとして組織的な学校運営が求められている。

（2）教員の業務見直しの観点と新たな専門スタッフの配置

チームとして教員と専門スタッフの連携・分担を図っていく際、両者の役割、業務をどう整理していくかが重要な課題となる。その点について、答申「チームとしての学校」では、業務見直しの観点を、(a) 教員が行うことが期待されている本来的な業務、(b) 教員に加え、専門スタッフが連携・分担することで、より効果を上げることができる業務、(c) 教員以外の職員が連携・分担することが効果的な業務、(d) 多様な経験を有する地域人材等が担う業務、と示して、(b)から(d)の業務についてそれを担う専門スタッフや人材等を計画的に配置していくとしている。

(a)の教員の本来的業務をさらに充実させるために、従来から配置されている教職員の定数充実の他、指導教諭、養護教諭、栄養教諭等の配置・充実を進めることを前提にして、(b)では、カウンセリング、部活動指導、外国語指導、特別支援教育等があげられ、それに対応した専門スタッフとして、スクールカウンセラー、スクールソーシャルワーカー、部活動指導員、英語指導を行う外部人材、ALT、そして、看護師、特別支援教育支援員、言語聴覚士、作業療法新等の外部専門家等、(c)では、事務業務、学校図書館業務、ICT活動支援業務などがあげられ、それに対応して学校事務体制の強化とともに事務補佐職員、学校司書、ICT支援員等のスタッフの配置を、そして、(d)では、指導補助業務があげられ、それに対応して補習等の指導員、サポートスタッフの配置などを進めていくとしている。本稿のテーマに関係して注目したい点は、スクールカウンセラーとスクールソーシャルワーカーについては、将来的に学校教育法等において正規の職員として規定するとともに、義務標準法で教職員定数として算定し国庫負担の対象とすることを検討するとしていることである。これら専門スタッフが義務標準法と国庫負担制度に新たに措置されることは、日本の学校史上画期的であり学校組織の大転換につながっていくと考える。なお、他の専門スタッフ・人材の配置促進は、国の補助事業の拡充で行うことになるが、その分、自治体の裁量と選択が活かせる反面、自治体の意欲と

財政事情で格差も生じることが懸念され国の施策と教育委員会関係者の責任は重大となる。

（3）「チームとしての学校」批判とSSWer等の専門スタッフとの連携・分担に関わる学校経営の課題

　答申「チームとしての学校」に対して、教育関係者や研究者などから幾つかの批判・懸念が出されている。

　第一の批判・懸念は、今でも学校や教員は忙しいし、今後予定されている新教育課程の新たな取り組みにより教員はますます忙しくなることが考えられるなかで、さらに、「チームとしての学校」への対応で専門スタッフとの連携・分担や学外との連携・協働等で教員の多忙化に拍車がかかるのではないかという批判である。同様に、「チームとしての学校」構想は、家庭や地域、社会教育等との役割分担の見直しによって、今日の学校教育が直面する難局を乗り切ろうとする発想はないという指摘もある。

　確かに、家庭、地域、社会教育等との役割分担をもっと進め、学校の抱え込み過ぎの状態を改善していくべきであるという指摘は正論であると考える。実際、学校週5日制は学校教育の一部を家庭、地域、社会教育等に移行させようとする試みでもあったし、部活動を地域スポーツや社会教育分野に移管しようとする取り組みも行われてきた。しかし、さまざまな取り組みの努力にもかかわらず、それらの成果はまだ十分といえず、学校の抱え込み過ぎの状況を改善できるまでに至っていない。もっと、家庭や地域、社会教育等への支援策や仕組みづくりが同時に進められていく必要があると考えている。ただ、そうした支援策や仕組みづくりの進展を待っていられないことも事実であり、学校をめぐる新たな状況に対応するために「チームとしての学校」が取り組まれるという経緯があると考えている。「チームとしての学校」構想は、決して、家庭、地域、社会教育等との役割分担の論議とその可能性を封印した方策ではないということだけは確認しておきたい。

　また、「チームとしての学校」の導入で、逆に、学校現場は多忙化するのではないかという危惧であるが、たとえば、前述の教員の業務見直しの（c）業務については、他の専門スタッフ・人材に移行させることを提案している。学校納入金等の集金業務とか、家庭通信やドリルなどの印刷業務のような事務的

業務、学校図書館業務、学校のホームページや校内ネットワーク構築や点検・修繕等のICT業務等の多くを専門スタッフ・人材に担ってもらうだけでも教員の負担は大幅に軽減されていくと考えられる。課題として検討される必要があるのは、(b)の他の専門スタッフ・人材と連携・分担する多くの業務であるが、確かに、最初は、新しい連携・分担のしくみづくり等のために、一時期負担が増えたりすることもあるかと思うが、しかし、たとえば、部活動の専門技術的指導や対外活動時の引率を部活動指導員に担ってもらったり、また、生徒指導上の難しい問題対応を専門スタッフの専門性を発揮してもらうことで軽減したり早期解決が図られるなどにより、最終的には教員の精神的・物理的な負担軽減につなげていける可能性の方が大きいように思われる。

　第二の批判・懸念は、「チームとしての学校」構想は、新しい専門スタッフが学校に配置されることでより組織的な運営が求められることになるが、これまでの日本の学校は組織的な運営が無かったとは言えないが極めて弱かったという特徴があり、そうしたなかで教員以外の他の専門スタッフを配置・拡充することで学校の管理運営に新たな問題が生じないか（専門スタッフの孤立や専門スタッフへの問題の丸投げ等）という懸念等である。

　確かに、日本の学校は、これまでまったく組織的な管理経営が行われてこなかったというわけではないが、ただ、従来、学校の組織や運営は、日本的な学校組織論の特徴として鍋ぶた型学校組織とその理論的支柱であったルース・カップリング理論の強い影響を受けてきたことは否めない事実である。この理論は、学校教育の特徴ともいえる不確実性、不測性（学校の目標や教育活動等は、教員や児童生徒、置かれている環境等により非定型的で状況依存的にならざるを得ず、学校の教育活動は、予測と評価が困難＝不確実性、不測性を伴うという考え）に対して、教員の専門的裁量の保障と個々の教員が柔軟に多様に対応することでそうした不確実性、不測性を縮減できると主張するものであった。しかし、実際は、この理論は、学校の組織としての統合性を弱め個別拡散的な教育活動を常態化させてきたとする批判も強まり、近年では、校長のリーダーシップと情報等の教職員間の双方向的な共有、組織文化としての同僚性等を重視する協働化による学校組織マネジメントのあり方が模索されてきている（佐古2007、小川・勝野2016）。こうした学校組織マネジメントの考え方は、今後、さまざまな専門スタッフが学校に入ってくるという新しい状況のなかでさらに重

要となる。個々の教職員や専門スタッフの個人プレーでもなく、逆に、ボトムアップの情報収集と共有・合意を欠いた校長等管理職からの上意下達の垂直的命令でもなく、さまざまな職、スタッフが同僚として情報を集約し共有しつつ、相互に協働して同じ教育目標にむかって一体的に取り組むという組織マネジメントをどう作り出していくかが「チームとしての学校」の学校経営実践上の課題でもある。答申では、「チームとしての学校」像を、「校長のリーダーシップの下、カリキュラム、日々の教育活動、学校の資源が一体的にマネジメントされ、教職員や学校内の多様な人材が、それぞれの専門性を生かして能力を発揮し、子どもたちに必要な資質・能力を確実に身に付けさせることができる学校」と述べている。そうした「チームとしての学校」の経営実践のキーポイントの一つが、情報の集約と共有、決定権限の分散と集中の要になっている校長および教頭・副校長に対する補佐体制の構築であると考える。答申「チームとしての学校」では、そうした校長および副校長・教頭に対する補佐体制構築を、校長および副校長・教頭の役割・権限などを学校運営チームで分散、分担し合うという考え方を示している。

　本稿のテーマとの関係で言えば、「チームとしての学校」構想により、スクールソーシャルワーカー（以下、SSWer）など専門スタッフが学校に巡回・配置されていくことになるが、その際、専門スタッフが効果的に活動できるよう学校の組織・運営のあり方も検討されていく必要がある。山野によれば、学校におけるSSWerの意義は、①発見機能、②予防機能、③仲介機能、の可能性であると述べているが（山野2015a）、ただ、学校側の組織・運営が、教職員個々の個業で分散的になっていたり、校長以下管理職層がトップダン型の運営でボトムアップでのていねいな情報集約と共有・合意等に欠ける場合には、③の機能だけが矮小化され学校からSSWerにケース事案の「丸投げ」となるような懸念が生じる可能性がある。SSWerの全校への常駐配置は将来的な課題であり、当面は、教委事務局配置や重点校配置で、学校巡回・派遣という勤務形態が一般的な状況として想定されるなかでは、巡回・派遣のSSWerが孤立することなく連携・分担できる学校側の体制整備は絶対的に重要な課題となる。

学校の体制整備の一例：
- 担当教職員の役割＝子どもの状況、学校の取組み等の情報を集約しつつ、SSWerとの連携・調整の日常的な窓口
  - ↓↑　学校事務職は、就学援助事務を担当しているなどからその役割の見直しと位置付けを検討
- 学校運営チーム：校長と副校長・教頭の他に、主幹教諭や生徒指導主任、SSW担当教職員（生徒指導主任の兼務、学校事務職員等）
  - ↓↑　（情報交換、情報共有＝課題と取組みの合意形成）

「子ども学校支援チーム」
SSWerは学校運営チームに参加し、当該学校の状況に応じた、①アセスメント、発見、②予防、③仲介、にどう具体的に係って行くか（行けるか）を見通す
　　　　∥
SSWerの当該学校での活動
　　　↓↑　（情報交換、情報共有＝課題と取組みの合意形成）
当該学校でのケース会議、研修会の開催、個々の教員への相談・支援、子ども・家庭への面談・相談、学外諸機関とのネットワークづくり

　最後に、本稿のテーマに係りSSWerの学校配置に関わり生じてくると思われる学校経営上の他の幾つかの課題についても指摘しておきたい。
　一つは、山野（山野2015b）が、保健所における法定検診システムと同じような学校の仕組みを構築することを提案していることに関わってである。確かに、学校がそうした全児童生徒を対象としてチェックとフォローアップ、そうして必要な支援を継続的に行っていける仕組みを構築できればよいが、そうした仕組みを構築するためには教育行政と学校にどれだけの人的配置やどのようなシステムが必要なのかをさらに吟味することが求められる。現在、「チームとしての学校」構想の実現に向けて、文部科学省は5年間でSSWerを中学校全校配置するということを目指して予算要求に動いているが、そういう配置の量

で学校の全数把握とフォローアップ、必要な継続的な支援システムの構築は可能なのか、どういう段階を踏んでそうしたシステムの構築を見通せるのかをさらに検討する必要がある。

　二つめは、教員と専門スタッフ——ここではSSWerとの連携・分担のあり方である。日本の学校・教員は、教科指導の授業等に加えて生徒指導や部活動等を担いながら、広範囲で多面的に児童生徒を捉えて教育活動を進めている。それは、日本の学校の良さでもあり強みでもあると言われている。答申「チームとしての学校」でも、従来のそうした教員の教育活動の進め方を踏襲しながら、他の専門スタッフとの適切な連携・分担を図ることを提案している。ただ、その教員と他の専門スタッフとの適切な連携・分担のあり方が今後の実践的な課題であることは否めない。SSWerがその専門性に基づいて教員が取り組んでいる生徒指導実践の内容を専門的に意味づけたり、また、必要な技法・知識を伝えたり、教員の悩み、ニーズを掘り起こして新たな教員への支援を行ったり、さらに、難しい事案を教員に代わって担い外部の福祉機関等との連絡・調整を図る等、学校の状況によってSSWerへの期待や役割は異なってくることは想定されるが、学校や教員にとってもSSWerなどの専門スタッフが学校に配置されることで精神的、物理的な負担が軽減したり、生徒指導の質が高まったり改善に向かうという確信が持てるような連携・分担の取り組みが進むよう教育委員会もSSWerや学校の取り組みをサポートしていく必要がある。

　学校プラットフォーム論と「チームとしての学校」は同じではないし、況してや、SSWerの配置が十分でないなかで地域の子どもの貧困対策の要に学校を位置付けることは学校への過重な負担を強いることになり疑問であるが、SSWerが学校と学外の福祉機関等との連携・協働の要として機能できるよう教育委員会が学校とSSWerをサポートしたりその地域的仕組みづくりを進めていくことが不可欠である。

おわりに

　文部科学省は、「チームとしての学校」の構築に向けSSWer等をはじめ専門スタッフの配置・拡充を今後計画的に進めようとしているが、限られた教職員定数の枠のなかで教員も増やし専門スタッフも増やすという、あれもこれもと言う定数改善要求は、現下の厳しい財政事情の中では難しいのではないかと

考える。事実、財務省もSSWer等の専門スタッフの配置拡充するのであれば、その分、教員の定数や加配教員は減らすべきだし、むしろ生徒指導等の問題解決や改善にとっては教員に代わり専門スタッフに担ってもらう方が効果的ではないかと主張している。現下の財政事情を考えた場合、教職員定数の総枠を大きくすることは不可能ともいえるため、教員と他の専門スタッフとの比率構成やその組み合わせをどうするかということを含めて、専門スタッフを導入することで学校の教育活動の質がどう上がるのか、教育効果がどう上がるのかということを地道に検証しながら、SSWerをはじめとする専門スタッフの拡充方策に対する社会的支持を拡げていく必要がある。そうした作業は、まさに教育と政治、経済、福祉の学際的なテーマにふさわしいと思われる。

【参考・引用文献】

小川正人（1991）『戦後教育財政制度の研究』九州大学出版会
小川正人（2010）『教育改革のゆくえ―国から地方へ』ちくま新書
小川正人・勝野正章（2016）『教育行政と学校経営』放送大学教育振興会
苅谷剛彦（2009）『教育と平等』中公新書
佐古秀一（2007）「民間的経営理念及び手法の導入・浸透と教育経営―教育経営研究の課題構築に向けて」（日本教育経営学会紀要　第49号）
恒吉僚子（2008）子どもたちの三つの「危機」　国際比較から見る日本の模索　勁草書房
広井良典（2006）『持続可能な福祉社会』　ちくま新書
耳塚寛明（2014）「学力格差の社会学」（耳塚寛明編著『教育格差の社会学』　有斐閣）
三宅推大（2014）「生活保護受給世帯における『大学等』への就学機会に関する研究―養育者とソーシャルワーカーの役割に着目して―」（『社会福祉学』第55巻2号）
山野則子a（2015）編著『エビデンスに基づく効果的なスクールソーシャルワーク』明石書店
山野則子b（2015）「子どもの貧困対策とスクールソーシャルワーカーの役割」（講演資料）

基調講演 学校プラットフォームとSSWの可能性
―福祉政治学の立場から―

宮本　太郎[1]

パンドラの箱を開ける？

　みなさんこんにちは。中央大学の宮本と申します。今、ご紹介いただきましたように私の専攻は政治学ですが、社会保障の分野でも、政策がらみでいろいろ議論させていただいています。それだけでもかなり心臓が強くなければいけないのですが、今日は学校関係のみなさんを前にしてお話をするということで、はたして私にそんな話ができるのかやや不安ですが、おそらく主催者の意図は、学校プラットフォームの問題を狭い意味での学校教育の分野を超えてマクロにとらえるという、舞台を広げる役割を仰せつかっているのだと思っています。

　学校プラットフォームについては、さきほど山野先生からもお話がありましたが、多くの学校関係者のみなさんは、確かに母子世帯の孤立や子どもの貧困の問題などが学校教育に甚大な影響を与えているけれども、だからといって、学校がこうした問題の全面解決に乗り出していくことが、ただでさえ日常の業務で倒れかけているのにできるのだろうかという不安を、当然、抱かれているだろうと思います。これはパンドラの箱を開けることになるのではないだろうか。もう収拾が付かなくなるのではないだろうか。おそらく、そういう可能性もあるでしょう。これだけ多くの問題を抱え込むことで、学校プラットフォームあるいはSSWerが萎縮してしまって、倒れてしまう。先生方もその他の関係者のみなさん方も、教育者を志向した以上、子どもたちが倒れかけているのを見て見ぬふりをするわけにはいかないけれど、そのことによってみなさんが

1　中央大学法学部　教授

とんでもないストレスを抱え込んでしまうのですね。

　そういう状況の中で、「学校プラットフォームで何かネットワークを作って、みんなが協力してやってください」と言っても、「ああ、そうなのか」と深くうなずく人は少ないと思うのです。「ネットワークなどという言葉には騙されないぞ」という方もたくさんおられると思います。今の行政は、霞ヶ関を含めてネットワーク乱造症候群のようなところがあります。学校のネットワーク、生活困窮者のネットワーク、障がい者のネットワークなどがどんどんできて、それを維持するのにみんなが駆け回っているわけですね。ところが、幸か不幸か、ネットワークがバラバラに動いている余裕がなくなってきています。学校プラットフォームは学校教育からのアプローチですが、同じ課題を障がい関係の部局、生活困窮関係の部局、母子関係の部局のそれぞれが、みな背負い込んでいるのです。格好を付けるために乱造された官製のネットワークではなく、地域が事情に応じていろいろなネットワークを束ね、みんなで同じ問題を解決していかなければ地域がもたないという現状に取り組んでいかなければならない段階になった今、学校から踏み出していくネットワークが、この学校プラットフォームだと思うのです。

3つのポイントが道を拓く

　学校プラットフォームという観点から地域の支援システムを構成していく上で、すべてを背負い込んで倒れてしまうのではなく、日々感じている問題が解決に結び付くという見通しを得てみんなが元気を出すという方向で進めるには、3つぐらいのポイントがあると思っています。

（1）地域の制度的社会的資源の「3Dマップ」を頭に入れる

　1つは、問題を解決するためにどういう制度や社会的資源があるのか、地域を念頭に置いたマップを描くということです。それも「3Dマップ」でなければいけません。3Dマップとは、学校のプラットフォームはどこの所管で、児童相談所は都道府県で、困窮者自立支援の窓口は福祉課でといった二次元の制度マップに留まらないということです。たとえば、今、教育委員会にはどういう方がいて、その方々が生活困窮にどれくらいの問題意識を持っているか。ま

た、ここに凄く強力なコーディネーターがいて、学校が抱えている問題にも十分理解があるのでしっかり手を組もうというふうに、地域のそれぞれの制度のつながり方を、地域ごとの人的あるいは社会資源的な状況も加味して三次元で見て、どんな人がそれぞれのポジションにいて、それぞれの制度がどんな関係を持ち得るのかを、立体的なかたちとして理解していくということです。

(2) 地域・学校プラットフォーム・SSWごとに「ミッション範囲」と「パートナー」を柔軟に設定

　そうなってくると、2番目に必要になるのは、学校プラットフォームの「ミッション範囲」と「パートナー」をどう作っていくかを考えることです。このことに対する唯一の公式はありません。たとえば、私が伺ったことがあるところで言えば、茨城県牛久市や北九州市などでは、教育委員会がこの問題に強い課題意識を持っています。おそらくこのような地域では、どんどん出て行って福祉の部局などと連携を取るという広めのミッションを設定し、教育委員会を中心に、多元的なパートナーに繋いでいくことができると思うのです。一方、みなさんが地域を見たときに、「いや、うちは教育委員会がそんな体制になっていないよ」というところもあるでしょう。そのようなところではミッション範囲を比較的狭めにとって、教育委員会でも教育と福祉の連携について少しずつ問題意識を持ってもらうことから出発すればよいでしょう。その上で、たとえば、生活困窮者支援の相談支援窓口にいろいろな部局と繋がっている強力な相談員がいるとすればそこに働きかけて学校との連携を強めてもらうなど、強力なパートナーを地域の中で見つけて、ネットワークをつくっていくという方法もあるでしょう。

(3)「子ども支援は持続可能な地域の根本条件」という合意と協力関係の形成を

　3番目に、「今こそネットワークを一つに束ねていく」というのは、子どもの問題だからできるという側面もあります。たとえば、生活困窮者自立支援では、困窮者自体の問題や生活保護制度に対して地域の人々にはいろいろな難しい見方があり、首長さんも、問題として追及することになかなか踏み出せませ

ん。しかし、子どもの問題は別です。地域が持続困難になっていて、2040年には896の自治体が消えていく可能性があるという問題を考えた時に、その背景には女性と子どもが地域でまともに暮らせないという実態があるのですね。子どもの貧困率が16％を超えて6人に1人の子どもが倒れている。ただでさえ、支える側の年代と支えられる側の高齢者が1対1の割合に近くなると言われているのに、支える側の6人に1人が倒れていて、その割合が増えているということでは、地域がもつはずがないのです。

　同時に、子どもの問題には、みなさんが深く共感するという条件があります。だからこそ、この問題を梃にして、さまざまなネットワークを一つに束ねていく。そして、そのことによって、学校教育の関係者も福祉の関係者も目の前の問題を解決していくためのツールを手にすることができ、これまでの縦割りでできたことを大きく超えていけるのです。これは、とてもやりがいのあることだと思います。

　先日、静岡県の富士宮市に行きました。ここは「総合福祉相談課」として児童関連の相談窓口を含めて、高齢者、障害者、困窮問題などの相談窓口を一つの部局に集めたのです。補助金などの関係もあり、いろいろなネットワークや部局を一束にすることはできませんが、とりあえずここへ来れば、子どもの問題、困窮の問題、障がいの問題など、福祉の問題が何でも部局ごとの解決のツールにつながるのです。課長さんに「大変ではないですか」と聞くと、「うちの課員は困難な事例ほどモティベーションが高まります」とおっしゃるのですね。

子どもの貧困と母子世帯の状況

　そのための第一歩が、学校プラットフォームです。2014年の9月に千葉県のある市で起きた母子世帯をめぐる事件の判決が下されました。ある母子世帯が県の住宅局から家賃の未払いを理由に公営住宅からの退去を命ぜられ、強制退去のために職員が乗り込んでくるその日に、将来を絶望したお母さんが娘さんを殺めてしまったという事件でした。1つの母子世帯にたくさんの行政が関わっていたにもかかわらず、どの部局もこの世帯が直面している問題を全体として理解することがなかった結果でした。

元々のきっかけや、学校が世帯の困窮をどのように理解していたのかはわかりませんが、この母子世帯が家賃の支払いにも困るようになったのは、お子さんが中学校に入るときに、制服代、体操着代、上履き代の7万円を闇金から借りたのがきっかけでした。そして、四方八方からの取り立てで、お母さんはだんだん正常な判断ができなくなってしまうようなプレッシャーにさらされていったのです。

　たしかに今は、まちを歩いていても、間違いなく困窮世帯だなというケースにめぐりあうことは珍しいです。この裁判を傍聴した方の話でも、外向きには自分たちの困窮をそれほど訴えていたわけではなく、むしろ、いろいろなかたちで"盛って"元気を装っていたというのですね。しかし、家に帰るとひたすら自殺サイトを手繰っていた。

　さまざまな部局が関わっていたと言いましたが、教育委員会事務局は就学援助を出していたけれども、福祉の部局との連携はありませんでした。保険の部局は、保険料を払っていないので短期の保険証に切り替える手続きをしましたがそれまででした。県の住宅課も立ち退きを命じながら、福祉課と連携があったわけでもない。これだけ賑々しく取り巻かれていたにもかかわらず、この母子世帯は真空のような孤立状態にあったのです。

　お母さんは給食センターで働いていて、公務の仕事なのだから兼職できないと言われていた。そういうふうに知らされて、それを信じ込んでいた。事件が起きたのは夏休み明けで、月収がゼロだという状況でした。これほどに縦割りは根深い。さきほど、子どもの問題は地域を束ねるだけの社会経済的な重要性とエモーショナルなインパクトがあると申し上げましたが、それにもかかわらず、現状では、子どもの貧困や問題をめぐる制度は縦割りがもっとも顕著な状況にあるのです。

縦割りの問題と並ぶ構造問題

　単に縦割りなだけではありません。今、日本では社会保障に対する支出が増えています。2011年のGDP比の社会保障支出は、驚いたことに「揺りかごから墓場まで」と言われて日本の目標だったイギリスを超えて、福祉大国として知られるオランダと同じぐらいなのです。それにもかかわらず、ユニセフなど

の統計で比較すると、同じだけお金を使っているオランダと比べて子どもの貧困率は約3倍、女性の貧困率も約3倍、高齢者の貧困率に至っては約十数倍という状況です。これはどういうことでしょうか。すでに社会保障や、もう少し広い生活保障の制度に沿ってお金が使われているわけですが、これまでどおりの生活保障の制度をそのままにしていては、なかなか子どもや母子の貧困に手が届かないという現実が明らかになってきているわけです。これは、縦割りの問題と並んで構造問題というべきものがあるということです。

　高度成長期以降長い間、日本の社会では「教育・雇用・社会保障」の真ん中にある雇用のステージが"潰れない会社"を抱えていて、社会保障や教育の機能も、地域でお互い認め認められて自己の有用感を高める承認の機能も、全部、会社が背負い込んでいました。ともかく潰れない会社が年功賃金を出し、家族全体の生活を支えてくれるので、社会保障は人生後半の高齢者に集中したのです。その結果、現役世代や母子への支出が少なくなりました。（図1）

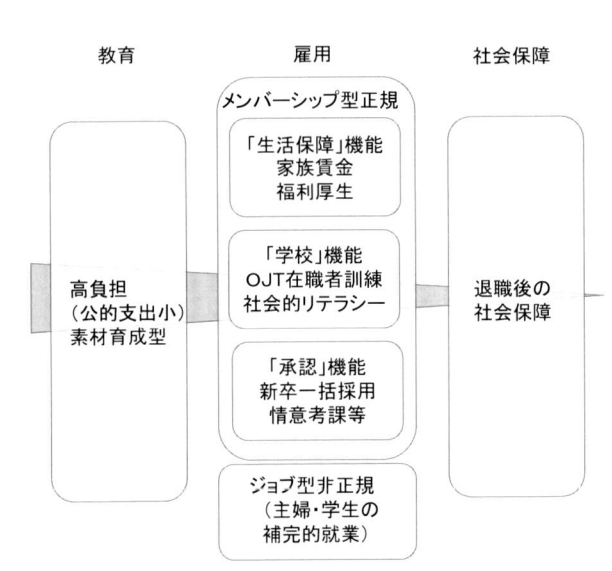

図1　教育・雇用・社会保障のこれまでの連携

教育　　　　雇用　　　　社会保障

高負担
（公的支出小）
素材育成型

メンバーシップ型正規
- 「生活保障」機能
  家族賃金
  福利厚生
- 「学校」機能
  OJT在職者訓練
  社会的リテラシー
- 「承認」機能
  新卒一括採用
  情意考課等

ジョブ型非正規
（主婦・学生の
補完的就業）

退職後の
社会保障

では、教育はどうか。みなさんは社会の中で役立つ知識はどこで覚えましたか。学校の教員としてこんなことを認めるのは大変申しわけないのですが、これまでの学校では、専門高校などを除くと、職業的な知識や技能はあまり熱心に教えてきませんでした。潰れない会社は終身雇用で、そういう知識は内で教えていた。つまり、正社員として会社に入るということは、生徒として会社学校に入ることだったので、本来の学校でよけいなこと覚えられると困るというところもありました。通常、経営者は「学校教育にもっともっとお金を使って機能を高めないと、高度な人材が獲得できない」と言うのですが、日本の経営者はそのように考えず、あまり税金を投入しなくてよろしいということでやってきました。日本の教育で使われる公費の支出は抑制されたままで、GDP比では先進国の中では最低水準になってしまっているのですが、これまでは会社が学校だったので何とかなっていたわけです。(図2)

　このように、学校の機能、生活保障の機能、承認の機能を抱え込んだ潰れない会社が人生のステージの中心になっていて、ここを軸に教育、雇用、社会保障がなり立って、この順番でそれぞれ結びつかない連携を維持してきたので、それぞれの政策的なつながりを持てなくなっていたのです。もちろん、非正規雇用はこれまでもあったのですが、それは主婦が男性稼ぎ主の安定所得を前提に補完的に補填をするためのものでした。しかし、今、こうした雇用のしくみが壊れた結果、構造的な問題が起きてしまったわけです。私は、これまで

図2　経済規模に比してきわめて低い公教育支出

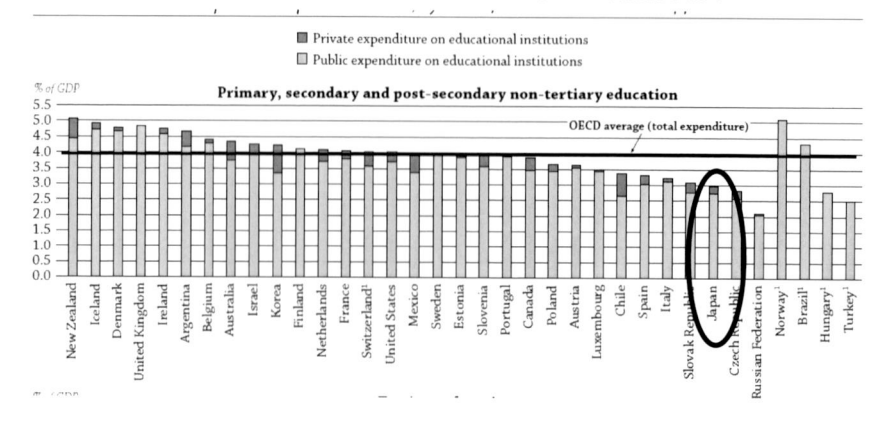

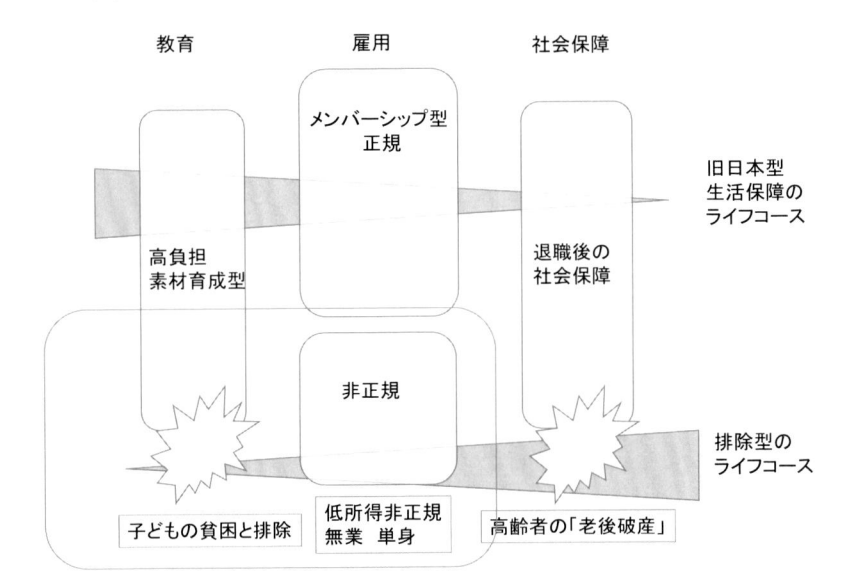

図3　困窮の世代間同居と制度の不適合が困難を倍加する

教育　　雇用　　社会保障

メンバーシップ型
正規

高負担
素材育成型

退職後の
社会保障

旧日本型
生活保障の
ライフコース

非正規

排除型の
ライフコース

子どもの貧困と排除　　低所得非正規
　　　　　　　　　　　無業　単身　　高齢者の「老後破産」

の制度が必ずしもすべて悪かったと思っているわけではないのです。少なくとも男性に関しては、みんなが仕事に就ける社会をみんなで作ってきたわけですが、これが壊れてきている中で、昔と比べて社会保障にお金使っているのに困窮が拡大してしまっているのです。これまでの制度をバージョンアップさせるためには構造転換が必要だったのですが、それができないままできてしまいました。そして、現実と制度の矛盾を集中的に背負い込んでいるのが母子なのです。(図3)

　まず、これまで男性稼ぎ主の安定所得を前提として考えられていた非正規雇用のみの収入で食べていかなければいけない、単身あるいは母子の世帯が急増しています。非正規雇用の給与水準は男性稼ぎ主の安定所得を補完するもので、103万円の壁、130万円の壁と言われるように稼ぎすぎてはいけなかったのですが、それで母子が世帯として生活していかなければならないのです。また、高負担、素材育成型の教育でお金が掛かる上に、新卒一括採用のタイミングで正社員として会社に入れなければ、学校でどんなに頑張っても社会で役立つ知識や技能をストレートに得ることはできないという構造が残っているので

す。

　子どもは、まず、教育コストの壁に行く先を阻まれ、それをきっかけに弱ってしまっています。日本の母子世帯は8割以上が働いていますが、重い教育負担を抱えながら親子が生活していけるだけの収入を得ることは難しい。学校プラットフォームだけでこの構造問題を解決することできません。しかし、この問題を直視しながら、完全に解決できないまでも軽減していくために、地域総ぐるみで取り組まなければいけない。そのためのネットワークづくりになってほしいのです。

学校プラットフォームとSSWが直面する問題

　そうなると、今、学校プラットフォームとSSWerが直面する問題は、なかなか重層的です。「エコロジカルなソーシャルワーク」という言葉をご存知かも知れません。これは、ソーシャルワークというのは、問題を抱えた子どもを家族や地域の関係から切り離して、あたかも病気を抱えた患者さんのように

図4　SSWが直面する問題

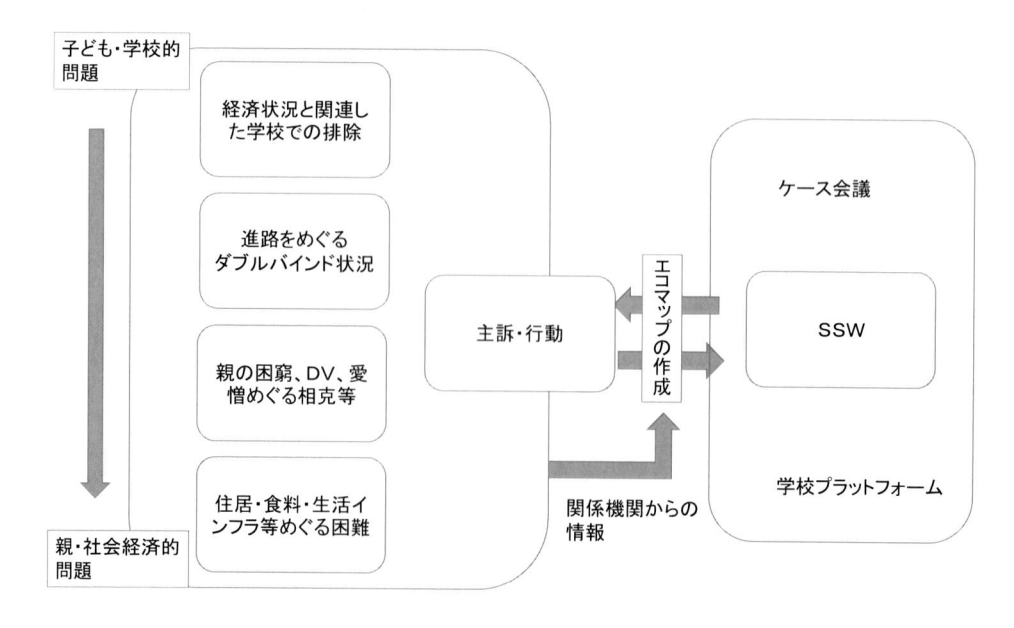

〈基調講演〉学校プラットフォームとSSWの可能性 ―福祉政治学の立場から―

ソーシャルワーカーが治癒してもダメで、子どもが地域で、どういう関係の中で生きているのか、そして、彼や彼女の苦しみはその関係のどういう歪みに起因しているのかに立ち入って考えるということです。子どもたちの主訴や行動の背後には、大きな構造が控えているのです。その構造問題は、最も抽象的にいえば、さきほど申し上げたような制度と現実の乖離に起因するものですが、そこにみなさんがどこまで分け入っていくのかということです。(図4)

　主訴や行動の背後にある問題を区分していけば、おそらく一番目の前にある問題は経済状況に関連した学校での排除で、これは学校プラットフォームが見ている問題です。しかし、みなさんご存知のように、そこで問題が済むわけではありません。一歩掘り下げていくと、次の進路の問題が出てきます。さきほど言いましたように、教育と雇用、社会保障の連携の中で、教育と社会保障は雇用から切れていました。学校の先生は子どもたちに、善意でとても真剣にかつ一般論として「みんなには無限の可能性があるよ」と言います。子どもたちの側は現実にひきつけて考えると、無限の可能性なんかないと感じている。自分たちはこのまま卒業していけばどういう状況に直面するのかがわかっているのです。何とかこの状況が少しでもよい方向に向いていくような現実的で実践的なアドバイスは、なかなか来ません。まともに食べて行くために、今、何をしなければいけないかということについて、子どもたちがリアルに感じる展望を提供してくれるところが構造的にない。無限の可能性があると言われながら、そんなことはちっともないということを子ども自身が承知してしまっているというダブルバインドです。さらにその背後には、親の困窮やDVがあったりして、そこにまた構造問題があるのです。

　では、学校プラットフォームは、このような子どもの学校における問題から親の社会経済的な問題をどこまで掘り下げていくのか。結論から言えば、冒頭で申し上げたように、学校プラットフォームが「ミッション範囲」と「パートナー」をどのように決定するかによって変わってくると思います。同時にここで大事なのは、しくみを作っていく上で、義務的に業務を増やしていくということではもちません。日々の用務にいっぱいいっぱいな中で感じているストレスを、軽減できる見通しを作っていくような問題解決への回路をどう豊かにしていくのか。そういう発想で取り組んでいくことが、まず大事だろうと思いま

す。

制度資源・社会的資源の縦割り断層の「3Dマップ」

その上で、**図5**は縦割り問題と構造問題を踏まえながら、どういう制度がマッピングできるかを示しています。上の欄は現金給付の制度で、上半分は親を対象にしたもの、下半分は子どもを対象にしたものです。下のボックスはサービス給付で、上半分は親を対象としたもの、下は、まさに学校プラットフォームなどの子どもを対象としたものです。色の違いは、さきほど子どもの問題はネットワークを束ねるものすごい可能性を持っているけれど、大変皮肉なことにこれほど縦割りが深刻な世界はないと申し上げましたが、赤で書いているのが厚生労働省の社会・援護局の、自治体だと福祉課や福祉事務所につながる福祉課系の制度です。一方、青で書いているのは、雇用均等・児童家庭局の、自治体だと子ども支援課などの子ども課系の制度です。緑は労働局のハローワーク系の制度、紫は保険局の保険課系の制度です。黒が文部科学省の教育委員会系の制度で、学校プラットフォームはここから攻め上るという発想なのですが、ここだけで全部に広げていくのは不可能に近いわけです。ただし、

図5 制度資源・社会的資源の縦割り断層「3Dマップ」を描いてみる（母子世帯支援の場合）

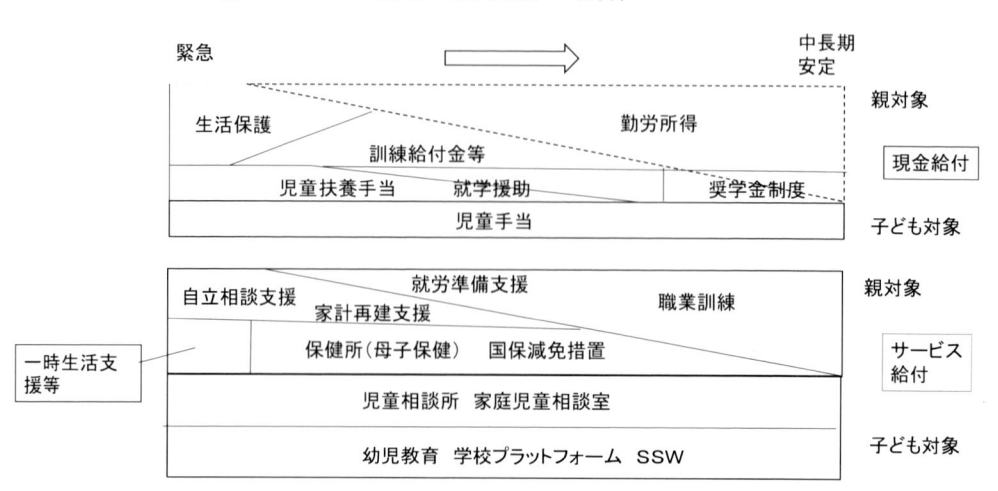

〈基調講演〉学校プラットフォームとSSWの可能性 ―福祉政治学の立場から―

福祉課系もつながろうとしている、子ども課系もつながろうとしている、ハローワーク系もつながろうとしているのです。そこに確信を持って周囲からどういうふうにネットワークが広がってきているかに注目してください。(図5)

同時に、これらの諸制度には、最初に生活保護から自立相談支援、一時生活支援という非常に緊急な事態に対処する制度のステージがあり、もう一方に、仕事に就くことができて生活がある程度落ち着いてきたステージがあり、そして、そこにつなげていく中間のステージがあるという3つのステップになっているのです。さきほどの母子世帯の事件では、緊急事態にあることに誰も気付かなかったので、これらのステージごとにネットワークをどういうふうにまとめていくのかが問われています。

子どもの貧困問題を管轄している部局がどうなっているかを調査した結果では、教育委員会が一元的な所管部署として関わっているところは15.6％に過ぎず、ここから一挙に攻め上るのはなかなか難しいということは明らかです。自分の地域は「ミッションを広げていくパターン」と、「まず確定して行くパターン」のどちらなのかということを考えてみる必要があると思います。(図6)

図6　子ども・若者の貧困問題について関わっている部署

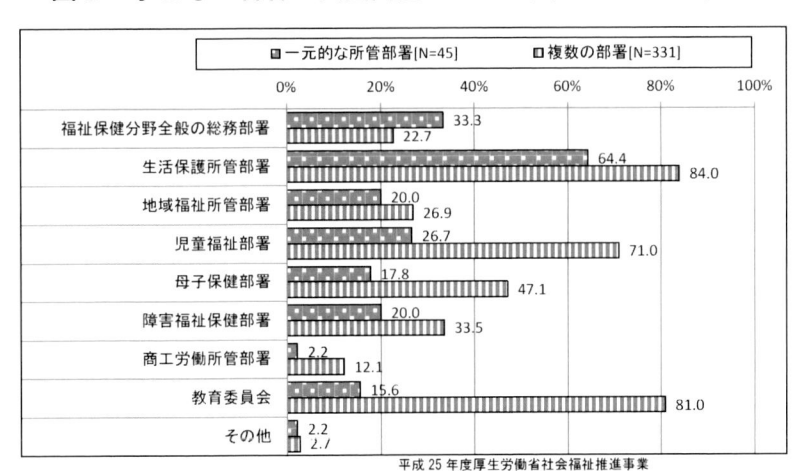

部署	一元的な所管部署[N=45]	複数の部署[N=331]
福祉保健分野全般の総務部署	33.3	22.7
生活保護所管部署	64.4	84.0
地域福祉所管部署	20.0	26.9
児童福祉部署	26.7	71.0
母子保健部署	17.8	47.1
障害福祉保健部署	20.0	33.5
商工労働所管部署	2.2	12.1
教育委員会	15.6	81.0
その他	2.2	2.7

平成25年度厚生労働省社会福祉推進事業
「子ども・若者の貧困防止に関する事業の実施・運営に関する調査・研究事業」報告書

子ども支援のダイアモンド効果

さきほど申し上げたように、子どもの貧困というのは、さまざまな縦割りの部局が出会うにふさわしいフォーカスのポイントだと思います。なぜなら、子

図7　学校プラットフォームの取組への合意と協力を
子ども支援のダイアモンド効果

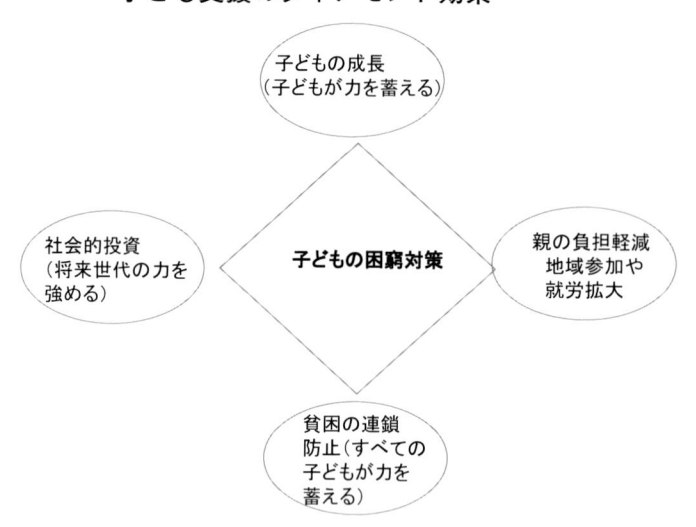

- 子どもの成長（子どもが力を蓄える）
- 社会的投資（将来世代の力を強める）
- 子どもの困窮対策
- 親の負担軽減　地域参加や就労拡大
- 貧困の連鎖防止（すべての子どもが力を蓄える）

図8　早期支援のリターンの大きさ

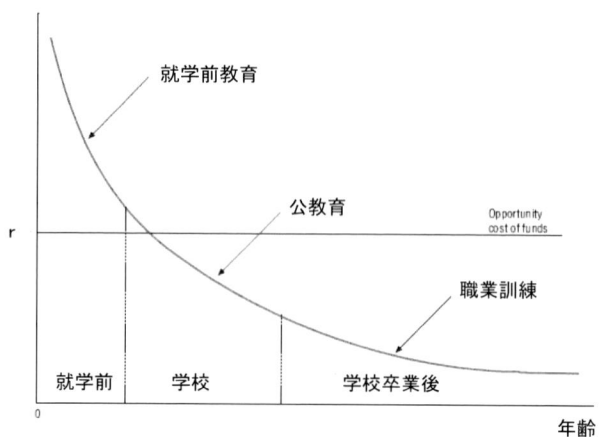

就学前教育
公教育
Opportunity cost of funds
職業訓練

就学前　学校　学校卒業後
年齢

Source: Cunha et al. (2005), Interpreting the Evidence on Life Cycle Skill Formation

どもの貧困対策は、子ども自身の成長はもちろんのこと、貧困の連鎖を防ぐことで地域の社会福祉となり、親が安心して働けるようになることで地域の活力も高まるという、まさにダイアモンド効果があることなのです。さらに、これは労働経済学者がよく言うことですが、どこでお金を使うべきかという問題では、年齢が上がるにつれて投資効果は減じていくのです。つまり、早いステージの、できれば就学前や就学後まもなくの段階で問題に対処していくことが、お金のリターンを大きくするという面でも、もちろんそれだけが大事なわけではありませんが、効果があることなのです。**(図7、図8)**

　今日は、学校プラットフォームの可能性を高めるためには３つのポイントがあるというお話をしました。取り組めば取り組むほど、構造問題が見えてくると思うのです。支援の問題ひとつをとってみても、児童扶養手当が少ない、現金給付をもうちょっと増やしたらいいのではないか、子どものためにもお母さんの雇用をレベルアップしなければならないけれど、自治体の雇用部局の動きが鈍くて就労支援がすすまないというように、いろいろな構造問題も見えてくると思います。これらを一挙に解決することは不可能です。しかし、これらの構造問題を少しずつ解決していく工夫を重ねながら、前に進んでいくことが大切だと思います。

●シンポジウム記録

すべての子どもを包括する支援システム学際的議論
―「学校プラットフォーム」の意味とは―

　はじめに問題の目標を設定したが、「すべての子どもを包括する支援システム」のモデル提示すること、提示によって、その制度モデルを実際に活用する各地での実施がなされることが目標である。結果として、教育と福祉の連携の仕組みとして連絡会がシステム化されたり増加したりして、居所不明児童、見えない貧困など落ちこぼさないことが問題の未然防止になる重要な課題を減少することのみならず、学校にとっての問題事案である非行や不登校の防止になる。このことを考えるにあたって、子どもの貧困対策の中で生じた「学校プラットフォーム」という枠組みで議論・検討してみる。

　今回は、シンポジウム記録、さらに記録を中心に、話した内容を論文化したものを掲載する。まず基調講演者であった小川先生の論文から始まり、宮本先生の基調講演記録、パネルディスカッション記録、さらに理解が深まるよう補足論文を掲載する。

パネルディスカッション

〇パネリスト：
　大谷圭介氏（文化庁、元文部科学省貧困対策担当）
　中野　澄氏（国立教育政策研究所総括研究官）
　坪田知広氏（文部科学省初等中等教育局児童生徒課長）
　松田恵示氏（東京学芸大学）
　古川夏樹氏（厚生労働省雇用均等・児童家庭局総務課長）

〇コメンテーター：
　宮本太郎氏（中央大学）
　小川正人氏（放送大学・東京大学名誉教授、中教審副会長）

〇進行：
　山野則子氏（大阪府立大学）
　潮谷有二氏（長崎純心大学）

司会：
　これから、基調講演をいただいたお二人の先生方のご提案もふまえて、議論をしていきたいと思います。
　はじめに、登壇者のみなさんをご紹介させていただきます。私は大阪府立大学の山野則子です。よろしくお願いいたします。お隣が長崎純心大学の潮谷有二先生です。続いて、最初に発表をしていただきます元文部科学省で貧困対策を担当され、現在は文化庁に異動されました大谷圭介さんです。国立教育政策研究所総括研究官の中野澄さんです。SSWの事業やチーム学校の総括をされている文部科学省初等中等局児童生徒課長の坪田知広さんです。東京学芸大学の松田恵示先生です。厚生労働省雇用均等・児童家庭局総務課長の古川夏樹さんです。それから、先ほどお話しいただいた小川正人先生と宮本太郎先生です。
　それではまず、先ほども問題提起をいただきました「学校プラットフォームをどう捉えていけばよいか」ということについて議論していきたいと思います。学校プラットフォームという言葉が出てきた子どもの貧困対策大綱について、大谷さんからご説明いただきたいと思います。よろしくお願いいたします。

（1）学校プラットフォームをどうとらえるのか（現状と課題）

〈子どもの貧困対策と学校プラットフォーム〉
大谷：
　ただいまご紹介いただきました文化庁の大谷と申します。よろしくお願いいたします。もともと文部科学省の子どもの貧困対策には大きな二つの柱がございます。一つが経済的な負担の軽減ということで、幼児期から大学に入学するときまで切れ目のない支援をしていくということで、たとえば、幼児教育の無償化とか、義務教育段階では就学援助の充実とか、高校段階では奨学給付金制度の充実、あるいは大学生以上では無利子奨学金の拡充といった施策を通じて一人ひとりに対して経済的な負担を軽減していく方向があります（図1）。もう一つが今日話題になっております学校プラットフォームでありまして、これ

図1

幼児期から高等教育段階まで切れ目のない教育費負担の軽減を目指す

※（ ）内は、平成27年度予算。

幼児教育の無償化
低所得の多子世帯及びひとり親世帯等の負担軽減等、幼児教育の無償化に向けた取組を段階的に推進する
・多子世帯の保護者負担軽減：
年収約360万円未満相当の世帯について、第2子の保育料を半額、第3子以降の保育料の無償化を完全実施
・ひとり親世帯等の保護者負担軽減：
市町村民税非課税世帯の保育料を無償化
年収約360万円未満相当の世帯の第1子保育料半額、第2子以降の保育料無償化
【H28予算案：345億円※（323億円）】
※子ども・子育て支援新制度移行分を含む

高校生等奨学給付金の充実
高等学校等就学支援金制度のほか、高校生等奨学給付金について、学年進行で着実に事業を実施するとともに、非課税世帯の給付額の増額を図る
・対象者数：34万人→47.8万人
・非課税世帯第1子(全日制等)における給付額の増額：
国公立37,400円→59,500円 私立39,800円→67,200円
【H28予算案：131億円（79億円）】

幼児期 → 義務教育段階 → 高校等段階 → 高等教育段階

就学援助の充実
要保護児童生徒に対する就学援助を実施し、また、「就学援助ポータルサイト」の整備により、必要な家庭が就学援助を受けられるよう、各市町村のきめ細やかな広報等を促進する
【H28予算案：8億円（8億円）】

フリースクール等で学ぶ不登校児童生徒への支援
フリースクール等で学ぶ不登校児童生徒への支援の在り方等に関するモデル事業を実施し、総合的に検討する
【H27補正予算：6.4億円】

大学等奨学金事業の充実
無利子奨学金の貸与人員を増員（46万人→47.4万人）し、「有利子から無利子へ」の流れを加速させるとともに「所得連動返還型奨学金制度」の導入に向けた検討を進める
【H28予算案（無利子奨学金事業）：3,222億円（3,125億円）（事業費）
880億円（748億円）（一般会計）】

各大学等における授業料減免への支援の充実
○各大学等における授業料減免への支援を充実させる
・国立大学の授業料等の減免 対象人数：57万人→5.9万人
【H28予算案：320億円（307億円）】
・私立大学の授業料等の減免 対象人数：4.27万人→4.5万人
【H28予算案：86億円（85億円）】
○専門学校生への効果的な経済的支援の在り方に関する実証研究を行う
【H28予算案：3億円（3億円）】

誰もがいつでも、希望する質の高い教育を受けられる社会を実現

図2

学校をプラットフォームとした総合的な子供の貧困対策の推進

全ての子供が集う場である学校を、子供の貧困対策のプラットフォームとして位置づけ、学校における学力保障・進路支援、子供の貧困問題への早期対応、教育と福祉・就労との組織的な連携、地域による学習支援や家庭教育支援を行うことにより、貧困の連鎖を断ち切ることを目指す。

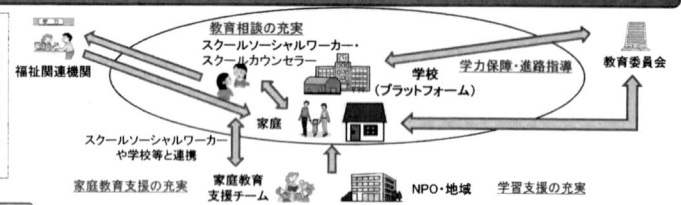

教育相談の充実／スクールソーシャルワーカー・スクールカウンセラー／福祉関連機関／学校（プラットフォーム）／学力保障・進路指導／教育委員会／スクールソーシャルワーカーや学校等との連携／家庭／家庭教育支援チーム／家庭教育支援の充実／NPO・地域／学習支援の充実

学校教育における学力保障・進路支援
■貧困による教育格差の解消のための教職員等の指導体制の充実 [H27]100人→[H28]150人（+50人）
■主に学力向上を目的とし、補習・補充学習等を行うサポートスタッフを派遣（高等学校分）【H28予算案：4.7億円(+0.6億円)】[H27]1,000人→[H28]1,150人
■定時制・通信制課程や総合学科における多様な学習を支援する高等学校の支援 【H28予算案：0.8億円(0.8億円)】

教育相談の充実
■スクールソーシャルワーカー・スクールカウンセラーの配置拡充 【H28予算案：55億円(+8億円)】【補助率1/3】

①福祉の専門家であるスクールソーシャルワーカーの配置拡充
○スクールソーシャルワーカーの配置【拡充：週1日×3h】
[H27]2,247人 → [H28]3,047人（+800人、36%増）
○貧困対策のための重点加配【拡充：週1日×3h】
[H27] 600人 → [H28]1,000人（+400人、67%増）
※併せてスクールソーシャルワーカーの質向上のため取組を支援
【目標】平成31年度までに全ての中学校区（約1万人）に配置

②スクールカウンセラーの配置拡充
○全公立中学校（10,000校）及び公立小学校（15,500校）への配置
○うち中小連携配置【拡充】
[H27] 300中学校区 → [H28] 2,500中学校区
○貧困対策のための重点加配【拡充：週1日×4h】
[H27] 600校 → [H28] 1,000校（+400校、67%増）
【目標】平成31年度までに全公立中小学校（27,500校）に配置

学習支援の充実
■地域未来塾による学習支援の充実【H28予算案：2.7億円(+0.6億円)】【補助率1/3】
[H27] 2,000か所 → [H28]約 3,100か所（+1,100か所）
【目標】可能な限り早期に5,000中学校区（全中学校区1万区）の半数）
■ICTを活用した小中高生の地域における学習活動やひとり親家庭の子供への学習支援

地域未来塾
家庭での学習習慣が十分に身についていない中学生・高校生等を対象に大学生や元教員等の地域住民の協力やICTの活用等による、原則無料の学習支援

家庭教育支援の充実
■家庭教育支援チーム等による訪問型家庭教育支援の推進 【H28予算案：0.3億円(新規)】 全国5か所

は経済的負担の軽減のほかに学校をプラットフォームに位置づけたうえで、子どもの貧困対策を総合的に進めていこうという施策でございます(図2)。

基本的には、先ほど山野先生が図示されていたものが学校プラットフォームの大きな体制図と考えていただければと思います。後ほど担当の坪田課長からご説明させていただきますけれども、文部科学省の中ではSSWerの拡充を特に重点として取り上げている他、学習支援の中身として地域未来塾を新設して、貧困世帯を中心に無料の学習塾を通じた学習支援を充実させていきます。また、学校の中の問題としましては学力保障の観点から、これは小川先生から先ほどご紹介がありましたけれども、教育格差の問題の解消に向けた教員定数の改善でありますとか、あるいはこれは高校部分でございますけれど、補習などを行うサポートスタッフを派遣する取り組みも行っているところです。さらにこれら以外のものとしては、たとえば夜間中学の設置の促進や子どもの貧困についての調査研究を行うとともに、特に食事の問題についても施策が打ちたいと考えているところであります。

文部科学省の施策とともに、国全体の施策もご紹介します。子ど

図3

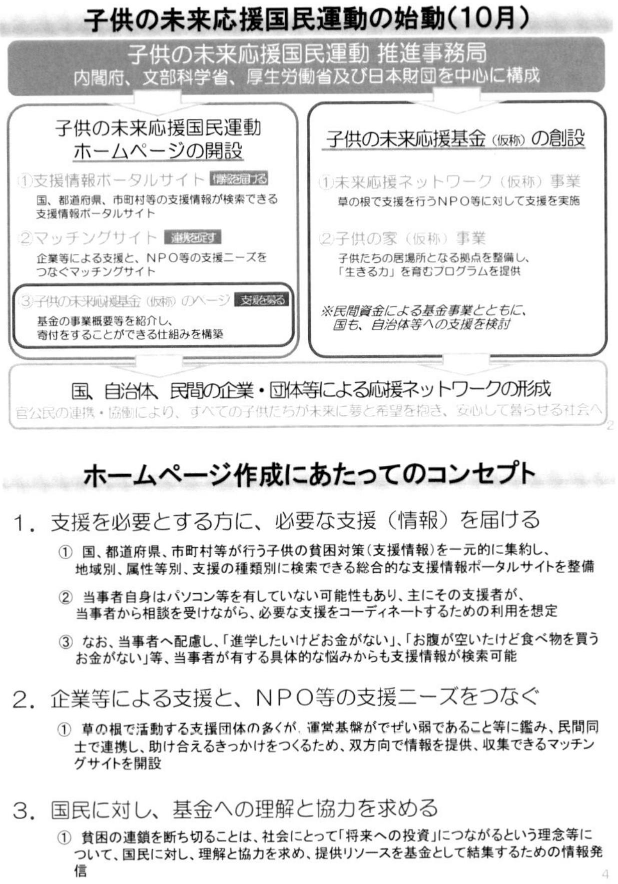

子供の未来応援国民運動の始動(10月)

子供の未来応援国民運動 推進事務局
内閣府、文部科学省、厚生労働省及び日本財団を中心に構成

子供の未来応援国民運動ホームページの開設
① 支援情報ポータルサイト [機密厳守]
国、都道府県、市町村等の支援情報が検索できる支援情報ポータルサイト
② マッチングサイト [準備中]
企業等による支援と、NPO等の支援ニーズをつなぐマッチングサイト
③ 子供の未来応援基金(仮称)のページ [準備中]
基金の事業概要等を紹介し、寄付をすることができる仕組みを構築

子供の未来応援基金(仮称)の創設
① 未来応援ネットワーク(仮称)事業
草の根で支援を行うNPO等に対して支援を実施
② 子供の家(仮称)事業
子供たちの居場所となる拠点を整備し、「生きる力」を育むプログラムを提供
※民間資金による基金事業とともに、国も、自治体等への支援を検討

国、自治体、民間の企業・団体等による応援ネットワークの形成
官公民の連携・協働により、すべての子供たちが未来に夢と希望を抱き、安心して暮らせる社会へ

ホームページ作成にあたってのコンセプト

1. 支援を必要とする方に、必要な支援(情報)を届ける
   ① 国、都道府県、市町村等が行う子供の貧困対策(支援情報)を一元的に集約し、地域別、属性等別、支援の種類別に検索できる総合的な支援情報ポータルサイトを整備
   ② 当事者自身はパソコン等を有していない可能性もあり、主にその支援者が、当事者から相談を受けながら、必要な支援をコーディネートするための利用を想定
   ③ なお、当事者へ配慮し、「進学したいけどお金がない」、「お腹が空いたけど食べ物を買うお金がない」等、当事者が有する具体的な悩みからも支援情報が検索可能

2. 企業等による支援と、NPO等の支援ニーズをつなぐ
   ① 草の根で活動する支援団体の多くが、運営基盤がぜい弱であること等に鑑み、民間同士で連携し、助け合えるきっかけをつくるため、双方向で情報を提供、収集できるマッチングサイトを開設

3. 国民に対し、基金への理解と協力を求める
   ① 貧困の連鎖を断ち切ることは、社会にとって「将来への投資」につながるという理念等について、国民に対し、理解と協力を求め、提供リソースを基金として結集するための情報発信

55

もの貧困対策自体は、内閣府が主導して文部科学省と厚生労働省が一緒に取り組む施策であります。その中で「子供の未来応援国民運動」が本年10月から展開されることになっており、この事務局には日本財団にも関与していただく予定です（図3）。

国民運動の具体的な施策としては、一つがホームページを作るということと、今後の課題になりますが、子どもの未来応援基金の創設が考えられています。このうち、ネットワーク型のものにつきましては、先ほどネットワーク過多というご批判もありましたが、どこに聞いていいのかわからないといった国民の方々のご意見も多々ございますので、まずは内閣府の中にポータルサイトを作成してアクセスをしていただくことで、援助の仕組みがいろいろきめ細かくなされていることがわかっていただけるようなものを考えているところです。いずれ内閣府のホームページからアクセスいただければと思います。

それから、もう一つの事業として、国民運動の中に「子供の家（仮称）事業」ということもできないかと考えております（図4）。先ほどお話をしました子どもの未来応援基金は、基本的には

図4 子供の家（仮称）事業

基金の管理運営体制

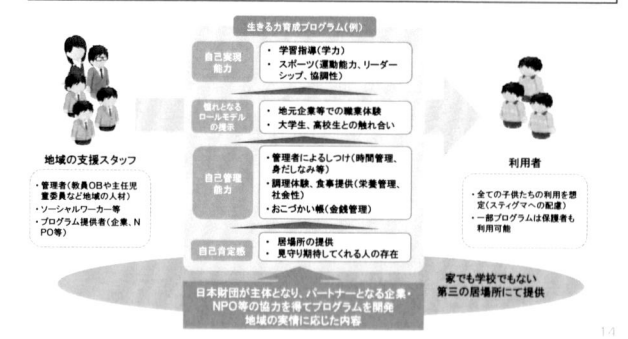

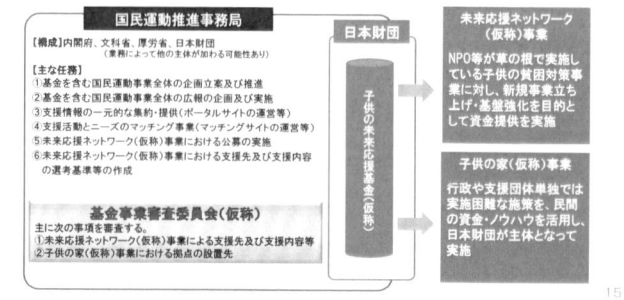

民間資金により基金事業を行うことになっておりまして、子どもの貧困問題に関心を示しているさまざまな企業の方々に協力していただき資金として得たものをプールした上で、子どもの貧困対策に当てるものでございます。私は現在担当を離れてしまったものですから正確にはわかりませんけれど、これから企業の方々にご説明に上がって協力を仰ぐ段階だと認識しています。この中に、子どもの家（仮称）事業がございまして、いわゆるモデルケースとして取り組みをしてみようというものであります。国では文部科学省、厚生労働省で施策を打っておりますけれど、国の支援のスキームではなかなか手が届かないような、きめの細かい事業を総合的に実施するものでございまして、基本的には地域の支援スタッフですとか、ここに掲げてあるようないろいろなプログラムを組み合わせることで、その地域の子どもたちの居場所を作ることを考えているところでございます。今後日本財団と3府省で具体化に向けて検討を進めていくことになっています。

　今お話しましたのが非常に大雑把にお伝えする子どもの貧困対策といわれるものの、文部科学省と内閣府で行っているものでございます。山野先生からお願いをいただいておりますのは、学校プラットフォームの形成の経緯ですが、学校をプラットフォームにという一種のキャッチフレーズは、子どもの貧困対策大綱を立案した内閣府の有識者会議の複数の委員から、学校をプラットフォームとして子どもの貧困対策を展開してほしいというご意見が寄せられて、それが報告書に盛り込まれました。それを受けて政府の子どもの貧困対策の中で、学校をプラットフォームにという打ち出しをしたものです。学校をプラットフォームにするという正確な定義は、報告書の中には特段書かれておりません。従いまして、使う人の印象やこれまでの経験によっていろいろな捕らえ方があると思っております。文部科学省の中でも学校プラットフォームの明確な定義というものはございません。ただ誤解がないように申し上げておかなければいけないのは、学校の現場の、特に先生方から「ただでさえ多忙な学校の現場にさらに仕事が押し寄せてくるのか」という批判を多々伺っておりましたけれども、そういった意味合いで作ったものではありません。学校をプラットフォームにするのは、学校が子どもの貧困問題をすべて抱えることのないように、いわゆる開かれた学校として、学校が子どもの貧困対策を展開する一つの場になっていただきたいと考えております。その中にはたとえば福祉部局で

ありますとか、民間の方々ですとか、あるいは地域の方々が積極的に関与をすることによって、子どもの貧困対策を総合的に展開していただきたいのでございます。その中で、SSWerとの位置付けは、学校と福祉、あるいは、教育行政と福祉行政の接点として活躍していただくつなぎ役としての役割が大きいのでありまして、SSWerについてもその予算の獲得も含めて施策の充実を図っております。

　ちなみに、子どもの貧困大綱は5年間の計画と考えられておりまして、5年後には見直しを行うことになっております。この大綱の中身につきましては、内閣府の中に有識者会合を作って、毎年実施の状況について指標の検討も含めて検証するということとなっております。また、子どもの貧困はまだ十分な実態調査はできておりません。こうしたものについても、それぞれ予算の措置をしまして全体像をできるだけ明らかにし、有効な施策をどのように打って行ったらいいのかを考えるとことになっています。

　最後に1件だけ私からお話をしておきたいことがございます。今回の学校プラットフォーム化への取り組みにあたって、みなさんにご理解いただきたいことですが、今回の子どもの貧困問題は、先ほど2人の先生方もおっしゃっておられましたけれど、教育の分野だけでも解決することは困難ですし、福祉部局だけでも解決することが困難な問題であります。むしろ両者がどちらのことも理解した上で、お互いに自分たちに何ができるのかということを理解していただかないと、実はあまり上手くいかないと私は実感しております。私も一生懸命に厚生労働行政を勉強したつもりでございますが、十分に理解できていないでしょうし、現場の方々のご意見も十分拝聴できたわけでもございません。これから、みなさまからのご意見も拝聴して改善しなければならない点も多かろうと思いますので、そうしたご意見につきましては、山野先生をはじめ、有識者の方に伝えていただいても結構ですし、いろいろな機会を通じていろいろな部署から国にも伝えていただければありがたいと思っています。残念ながら現在、私は文化庁に所属しておりますが、この研究所の客員研究員も勤めさせていただいております。引き続きこの問題については関心を持って取り組みたいと思っておりますので、みなさまからのご指導を賜りたいと思っております。どうぞよろしくお願いいたします。

司会：
　一緒に司会を務めさせていただきます長崎純心大学の潮谷です。山野先生からお誘いを受けて軽く引き受けてしまったのですが、宮本先生、小川先生のお話をお聞きして、本日は非常に広範な領域と対象を扱うのだなということをあらためて認識し、どのように議論をまとめていくのか。特に福祉と教育の接点にSSWerが介在して子どもの成長や発達を福祉と教育という2つの分野から支えていかなければならないといった状況を迎えているのではないかと思います。
　私は福祉人材の養成・確保等に係る福祉政策が専門であり、ソーシャルワーク分野における直接的な支援については専門ではありませんが、これからの日本の教育や子どもたちの将来が関わってくる社会のあり方をどのように構想するのかといった観点から、上手にはできないかもしれませんが、司会を務めさせていただきたいと考えています。
　先ほどまでのお話で、宮本先生は福祉政治学の立場から、学校プラットフォームを考えていくにあたり日本における貧困の問題を視野に置かないといけないということや、学校をプラットフォーム化して何らかの事業を進めていくには、ミッションとパートナーシップが重要なキー概念になってきていることを話されました。
　また、小川先生は、伝統的な学校教育における教員のあり方や資質に関連して、教員が力をつけていくなかでの協働化が「チーム学校」のコンセプトとしてあるのではないかということを話されました。
　そして、大谷先生からは、子どもの貧困対策と連動するかたちで出されてきた「学校プラットフォーム」の考え方についての背景や論点等について整理されながらお話しいただきました。
　次に、これまでの議論もふまえて、関係省庁から矢継ぎ早に出されている「チーム学校」、「学校プラットフォーム」、「子どもの貧困」という3つのコンセプトに対して、学校リードの反応や課題といった論点も視野に入れて、中野先生からお話しいただければと思います。

〈学校の側からみた学校プラットフォーム〉
中野：
　国立教育政策研究所の中野です。プロフィールにもありますように、私は中学校教員として寝屋川市と高槻市で勤めた後、指導主事として、寝屋川市教育委員会事務局、大阪府教育委員会事務局で一貫して生徒指導を担当してまいりました。
　はじめて「学校プラットフォーム」という言葉を聞いた時に、絶対に教員は言ってないなと思いました。プラットフォームをどう訳していいかわかりませんけれど、学校にあえて何か足すような発想は、学校現場にとっては決していい話ではないからです。どこから出た話かと思っていたのですが、大谷先生のほうからいろいろとお話いただいて、そういうことなのか、と理解いたしました。
　私は、「学校プラットフォーム」とは、「学校がプラットフォームになる」ということであり、これまで以上に管理職・教員が中心となって何かするということであれば大変だなと思っていました。ところが、今のお話では「（誰かが）学校をプラットフォームとする」と。管理職や教職員に負担をかけることではないと理解しました。
　では、誰が学校をプラットフォームにするのでしょうか。この「誰」は、子どもをとりまく問題が多様化・複雑化する中、なかなか決めきれません。だから、子どもに関わる「みんな」でやればいいということになれば、結局、管理職や教職員に負担が偏るのではないかという疑念は残ります。
　管理職や教職員が見通しをもてない取り組みは根付かない、たとえば虐待の問題でいえば、虐待の疑いがあれば学校の先生は通報義務があるという一定の役割が定められたから、学校での積極的な対応が広がりました。そこに、SSWerが加わることで、学校は通報後の対応についてもあらかじめ準備をして取り組むことができました。もし、学校の役割や責任を定められないまま、ともかく子どもの問題だからといって見通しがない対応を延々と続ける状況であったならば、これほど学校と福祉機関との連携は進まなかっただろうと思います。
　そんなことが先ほどの疑念につながるのですが、一方で、小川先生や宮本先

生のお話を聞いていて、そもそも私自身が、学校＝教員と思いこんでいること自体を変えなければ、この流れは理解できないのかなとも思っています。

「学校が何かをする」ということが、「管理職や教職員が何か行動を起こす」と同じ意味だととらえる前提が緩まれば「チーム学校」が進み、「学校をプラットフォームにする」ということが現実に起こることも納得できます。

ただし、その時には、たとえば、保護者が「学校は子どもに対して何をしてくれるんだ」と対応を求めた場合は、教員だけでなく専門家や関係機関も含めて対応するのが当たり前だと社会全体が認知している。たとえば、子どもに関わる痛ましい事件が起こった時に、報道関係者から「学校は何していたんだ」と責任を問われたとき、それは、管理職や教職員以外に配置・派遣された専門家や関与した関係機関も学校の一員として責任を問われる、それが学校の在りようだということになっていることが条件です。極端な話で恐縮ですが、それほど「学校＝先生」というイメージは強い。それが変わるのか、変わることが本当にいいのかという点も含めて、これからのお話を聴きながら考えたいと思っています。

司会：
ありがとうございます。学校プラットフォームの議論のなかで、「学校」の主体は誰なのかということを改めて考えなければならないという問題提起だったのはないかと存じます。また、これまで学校の先生方がトレーニングを受けてこられた集団指導と個別指導といった事にソーシャルワークといった事をどのように関連させていくのかについて、これを機会に考える必要があるのではないかと思います。

それでは、坪田先生、教育行政の立場からチーム学校と学校プラットフォームとの関係について整理していただければと思います。

〈教育行政からのチーム学校への期待〉
坪田：
チーム学校と学校プラットフォームの関係については再三説明がありましたので、あえて私からは整理しません。まず、私が思うところを話させていただきます。学校をめぐる問題行動や不登校がいつまでたっても解決せず、逆に悪

くなってきていることが調査などでも明らかになっています。つい先日も、不登校が未だ増え、暴力が小学生の特に低学年で増えているという調査結果を発表しました。教員を増やしているし、いろいろな取り組みもしているはずなのに学校の状態は悪化しているという現状を前に、我々はいろいろ手を打っていかなければならないと思っています。

さまざまな学校の課題解決に向け変化を付けるのは外部人材だということから、平成7年度にスクールカウンセラーを導入し、平成20年度からはSSWerの活躍の機会をどんどん増やしています。学校は「鍋蓋」、「同僚性のなさ」などいろいろ言われていますし、事なかれ主義の指摘もあります。そのなかで、外部人材の方々には組織に横串を刺して学校を変えるエージェントになってほしいと思っています。たとえば、岩手県矢巾町の事案も生活記録ノートに明確ないじめの訴えがあったのに、担任の先生は隣の担任にも学年主任にも生徒指導部門にも、何も伝えていませんでした。どの程度の問題なのか見分けがつかなかったからかも知れませんが、「こんなこと書いてあるんだよ」と相談したり、スクールカウンセラーにセカンドオピニオンとして「（笑）と書いてあるけれど、これは本気なのかしら？」と見立ててもらうだけでも、対応は違ったのではないかと思います。

どうして隣の先生と話ができないのかと感じましたので、それを見直してもらうための通知を、8月の初めにちょっと強い表現で出しました。私も三重県教育委員会に出向した際、いろいろな先生方に学校の状況を聞いたのですが、驚いたというか、「まぁ、そうかな」と思ったのは、自分のクラスの子の悩みや課題を職員室で他の先生方に打ち明けることは基本的にはないということ。自分のクラスのことに突っ込まれたくないという意識があるし、評価を気にするのか、学級を任されている身として助けは求めず、釣りの話など無難な話をしているというのです。そういうことは普通の会社ではあり得ませんし、我々行政は縦割りだといわれますが「ちょっと忙しいから手伝って」、「これはどうしたらいいの」と、課や職を超えて助けあっています。なぜ学校では、あの狭い職員室の中でそれができないのだろうかと思います。

そうしたなかで、職員室にスクールカウンセラーやSSWerの机が置かれたり一緒に会議をしたりするだけで、かなりの変化が起きているのではないかと思います。しかし残念なことに、ある町ではスクールカンセラーがいじめ対策

委員会のメンバーになっていたにもかかわらず、いない日に会議をしていました。形式的な会議で、個人情報が何も共有されていなかったのです。そのように形骸化していることにも警鐘を鳴らしたのが先の通知です。元々チームであるはずの学校がチームではないという大問題に対して注意喚起しているのが、「チーム学校」だと思っています。そして先生同士を接着するのが外部人材であって、スクールカウンセラーのみなさんは「我々はプロフェッショナルなよそ者だ」とおっしゃっています。つまり、学校の中に入っても外部性を失ってはいけないということです。雇用の安定や質の向上も含めて常勤化し、週5日のフルタイムにすることが最終的なゴールだと思っているのですが、それでも校長先生と一緒に飲みに行くような関係になったら、家庭や子どもから「結局一緒なんや」と思われてあまり信頼されなくなり、相談に行きにくくなってしまいます。外部性を保ちつつ、中に入って一緒にチームでやっていただくように仕掛けられないかということで、SSWerは5年間で全中学校区（10,000人）へと段階的に検証しながらやっていきたいと思っています。一人ひとりの人間力に期待しすぎる状況にはしないように、どうやって個人情報を本音で話してもらい、教員と協力して家庭訪問をしていくかなどのガイドラインやモデルを、どんどん出していかなければならないと思っています。

　また、管理職も現在は対応がバラバラで、「何でもやっていいぞ」、「どんどんやれ」という校長先生と、「あまり動かないでほしい」という人に分かれると思いますが、結局、学校はやはり校長次第、教育委員会は教育長次第で雰囲気が全然変わりますし、マネジメント、特にリスク管理が全然違ってきますので、管理職の理解の向上もしっかり図らないといけません。かたちだけチーム学校、プラットフォームと言っても、保護者の方々に一度でも期待外れだと思われたら終わりですので、着実にやっていかなければいけないと思っています。

　チーム学校の議論のなかで子どもの問題の解決のために一番期待できるのは、実は「部活動の外部化」ではないかと思っています。部活動のあり方の議論は別に置くとして、先生を部活動から解放することによって、放課後に相談に乗ったり外部の機関と情報共有したりできる時間が増えます。警察や児童相談所とも連携しやすくなりますし、学業不振で悩んでいる貧困家庭の子どもに、一番学習状況がわかっている先生がしっかり補習を行うなどの支援ができ

ます。やはりそれが先生の本業ではないかと思うのです。部活動も学校の責任を明確にしながらも外部に任せることは大改革につながりますし、子どもたちのいじめ、不登校、中退などのあらゆる問題を改善する方策になるのではないかと期待しています。

司会：

ありがとうございます。学校が本来のチームとして機能していくために、外部性を持った人材としてスクールカウンセラーやSSWerを活用して円滑にチーム化していくことについて、行政や政策分野からのお話でした。ここまでの議論をふまえて、山野先生からお話しください。

〈チーム学校を進めるうえで必要なこと〉
山野：

ありがとうございます。坪田課長が言われたことについて、私から2点お話したいと思います。1点は、今のお話の岩手の事件や最初にお話しした川崎の事件でも、担任の先生が"ここまできたら言う"、"ここまでだったら言わない"という判断基準が不明確なのです。子どもたちや家庭の問題が多様化して大きくなってきているなかで教員を助けていくためにも、スクリーニングをかけてピックアップしていくときに、"ここまできたら学年や学校全体で共有しましょう"という基準の明確化が必要だと思います。今でも、たとえば、不登校は1週間で文部科学省に報告することになっていますが、それは「うちの学校では何人います。誰々です」というような話です。そうではなくて、どういう方針なのかというラインがないと、いつまでたっても事件が起きないとは限らないと思うのです。もちろん、先生方はすごく頑張っておられ、決してさぼっているわけではないと思います。真面目だからこそ「これは言うべきことなのか、自分で対応すべきなのか」と迷われているということを、現場に入ると感じます。そのなかで、また先生の仕事が増えるという議論は置いておくとして、スクリーニングをかけられるようなラインの明確化が必要です。先ほど小川先生が言われた保健所のチェック機能では、それがはっきりしています。健診で全数把握し、「これだけチェックが付いたら保健師さんがフォローする」というふうに、カルテが回ってピックアップできる仕組みがあります。しか

し、学校では、わかりやすい欠席だけでなく、いろいろな面の判断基準が担任によってしまっていると思うのです。

2点目は地域との協働です。チーム学校は学校の中の専門家チームですが、それとオーバーラップしながら学校を助けるようなかたちで、たとえば、赤ちゃんとのふれあいプログラムを通じて中学校の非行少年が変わってきたというふうな取り組みをすでにされているところがたくさんあります。学校を居場所にして、地域人材の方が入って取り組んでおられたり、今日も来ておられる島根県では親学（おやがく）をすべてのお母さんに提供しようとするなど、社会教育や地域の人材と一体化しながら、いろいろなことが、それこそ協働というかたちで、中野先生が言われたように、先生が全部やるのではなく学校を舞台にして、子どもたちがほっとできるサードプレイスをつくるなどの取り組みをすでに実践されているところがあります。これらの取り組みを"見える化"し、みなさんがそれを選んでいける、まったくイコールでなくていいので実践していくことで、メニューがたくさんあって子どもたちの育ちの補助や課題の改善のために選べるようになっていけば、学校を助けることができるのではないかと思いました。

司会：
　子どもの課題の早期発見機能としてのスクリーニングの標準化と結果の共有が重要な課題だということや、先生方をサポートするかたちでのSSWerの活用の可能性についてご指摘いただきました。

　ここまで学校サイドの話を展開してきましたが、本日は子どもの貧困と学校プラットフォーム化を連動して議論していますので、子どもに関わる根本的な法律である児童福祉法を所管している厚生労働省の古川先生から、子どもの福祉や貧困への対応の可能性も含めてお話しいただければと思います。

〈福祉サイドの連携の仕組みと学校への期待〉
古川：
　潮谷先生から大きなテーマを頂きましたが、まずは今までの議論の延長ということで福祉サイドが学校に何を期待しているかということについて話をさせていただきたいと思います。議論の途中で文部科学省の方からいろいろ勉強さ

れたけれどなかなか福祉はわからないところがあるという話がございました。私も長く福祉に関わっていますけれども福祉の制度は非常に細かく定められていることもあり、そういった面は確かにあるだろうと思います。しかし、福祉サイドも教育サイドもお互いの制度のある程度の全体像を理解し、こういうところがそれぞれ力を発揮し合えるのではないかところさえわかっておけば、後は事が起こったときにお互い助け合えばいいのだろうと思っています。

　私は児童虐待などを担当しておりますけれど、子どもの自立という観点でお話をする時に、「助けを求めることのできる程度の自立性」という言い方をしたりします。要はわからないところは助けを求めていいと思っていますので、自分ができるところはきちんとやる、逆に自分ができないところ、責任を負いきれないところは、力を借りるということであり、福祉サイドとしてやれることをやった上で文部科学省にお力を借りることだって当然あっていいのだと思います。私は坪田課長から会議に呼ばれれば自分の日程を変更してでも必ず行っていますし、逆に彼も私の頼みごとがあれば会ってくれますし、いい関係だと思っています。私も学校の中の詳しいことはわかりませんけれど、こんなことはできないのですかという福祉サイドの視点を伝えると、坪田課長がそれを教育の観点にコンバートしてすぐ返してくださるということもあり、そんな形でお互いの専門性を生かして物事を進めていけばいいのではないかと思っております。

　そして、そういう観点から福祉サイドとして学校に何を期待するかということになれば、学校で具体的にあれもこれもすべて対応してほしいということではありません。児童虐待が起きている家庭のお子さんをどうすれば救えるかということが雇用均等・児童家庭局の立場ということになりますが、そうするといかにそのような子どもさんを具体的な支援につなげられるかということが最大のポイントとなります。しかし、そうした家庭の多くが行政と接点がないところが大きな課題です。たとえば毎年残念ながら100人前後のお子さんが虐待でお亡くなりになっていますけれども、その中で4割の方は0歳で亡くなっておられます。いろいろと状況を分析致しますと、望まない妊娠などであって誰にも相談ができない、自分一人でどうしたらいいのだろうかと悶々と抱えているうちに出産に至ってしまう。そこに至っても、親御さんは同居していたりもするのですけれど、そういうことにまったく気づかないのかあえて何もしない

のかわかりませんが、手立てが講じられないままどうにもならなくなって非常に悲しい結果になってしまうということも稀ではありません。そこで、我々が考えているのは、とにかく行政と接点を持ってほしいということです。そういう意味では、先ほど山野先生からお話がありましたが、保健センターで実施されている乳幼児健診は良い機会です（**図5**）。乳幼児健診は、自治体はほぼ100％取り組んでいただいておりますし、そこに来ていただいた方については単に乳幼児の発育度合いだけではなくて、お母さんの状況についても心理面はじめ多方面からどうですかとお話を聞いてサポートにつなげていきます。また、連絡したけど来られない方については、葉書なり電話なり、さらには訪問なりして、保健士さんはどこまでも、いい意味で追っかけて状況を把握するという取り組みにより接点の確保をしています。

ではなぜそうした方は接点が確保できるかというと、出生届けを出していただいているなど、自ら行政と接点を持とうとしていただけているという所があるからでありまして、逆にそれがない方については福祉サイドで直接接点を結ぶ有効な手立てが乏しいというのが現状です。そうした中でどう対応していく

図5
乳幼児健康診査の実施体制等の概要（S市の例示）

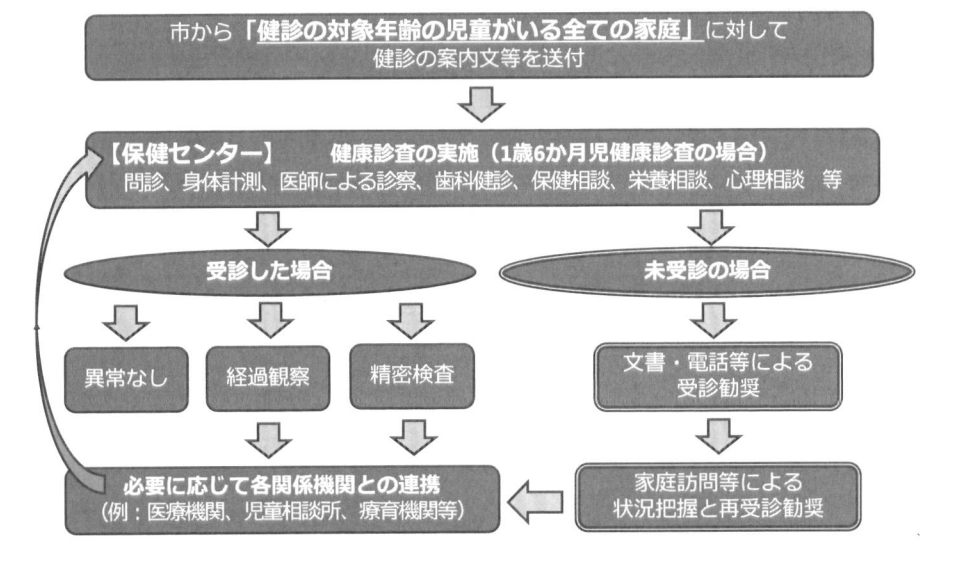

ことがありうるかと言えば、一つは地域の民生委員（児童委員）さんなど地域の方からご連絡いただくというのが一つですし、もう一つは日々子どもさんの状況を見ておられる学校から、おかしいと思ったら連絡をいただく、という手段がありえます。ただし、学校もただ気になったから連絡するということでは福祉サイドも対応しきれませんので、子どもさんの状況把握などやれる範囲でサポートしていただき、これはもう学校で対応する域を超えるのではないか、ということであれば、速やかにご連絡をいただくという事だと思っています。

　その際、どこまでの専門性が必要かという点ですが、先ほど学校の先生の本来の仕事として、授業や部活の話などありました。そうした中でまた新たな負担をお願いするというのは、大変なことです。日々子どもさんを見ているのは先生ということですけれども、見た瞬間にどう対応すべきかわかるような専門性は、先ほど申し上げたことと同じような話ですけれど、そこまでは要らないのだろうと思います。よく言われているのはチーム制にするということです。児童相談所でもそうですけれど、一人で全部抱え込むから大変なのであって、悩んだら相談できるSVrを置いてくださいとよく児童相談所にお願いしていますし、学校の先生方にもチームで対応していただきたいということです。児童虐待防止法においては学校についても、学校という機関として対応してくださいと規定されています。そうした意味で先生単独ではなく学校というチームで対応することが一つ。それから専門性については、たとえば健康状態の判断だとするとお医者さんのようなレベルの水準はまったく要らないので、これは専門家に聞いた方がよい、あるいはこれは学校では手に負えない、対応が遅れないうちに児童相談所なり自治体の子育て担当などのところにボールをつなごうという嗅覚とでもいうべき判断さえできれば、後は専門家に任せていただくことがよいのではないかとよく現場の方はおっしゃっておられます。私もそれはそうかなというところがあります。すべての専門性を学校の先生に求めるのは難しいにしても、この手法であればかなり現実的なものなのではないかと考えています。

　また、「できる範囲で」ということですが、組織全体でそうした意識を持っていただき、そうした取り組みを積み重ねて少しずつ前に出るということです。それぞれの関係者が少し前に出ることによって、一人ひとりには過度の負担にならないけれども、子どもや家族のサポートが今まで以上にできるように

なるのではないかと考えているところです。そして今、児童福祉法の改正を念頭に幅広い議論を厚生労働省において行っております。児童虐待を中心に社会的養護も含めて大きな見直しをすると塩崎大臣は明確におっしゃっておられますので、我々もその方針に沿って審議会の審議を進めているところです。そういった中でもまずは初期対応の取組を充実させて手遅れになる前に把握し支援につなげることを考えています。そしてその際には多くの地域の関係者の力をお借りするということです。行政機関はもちろんですけれどそれだけではなくて、児童委員の方、あるいはNPOの方、民間企業のお力を借りてもいいと思います。私はキーワードとして「プレーヤーを増やす」という言い方をしておりますが、多くのプレーヤーに参画していただくことによって、繰り返しになりますが一人ひとりの負担をそれほど過重なものにすることなく手厚い対応が可能になるのではないかと思っています。

　また、この分野というのは一つのぴかっと光るメニューで一気に解決できるようなものではないと思っております。私は鈍い光を放つメニューをたくさん作ろうという言い方を課内で議論するときにしておりまして、100人いれば、100人の背景があって、一つのメニューでは解決できないことが多いけれど、多くの視点、たとえば学校の視点とか、福祉の視点、保健の視点、いろいろな観点から見る。そしてそれぞれの情報を共有することによって解決できるものはたくさんあるのではないかということです。私はこの児童虐待問題に関わって10年以上たちますけれど、この考えについてはかなり確信を持っているところです。ですから、本当に重い案件でありますけれど、幅広い関係者のみなさまにちょっとずつ前に出ていただくことで結果的に大きな力が得られるのではないかと思っておりますし、みなさんのお声を私どもにお寄せいただけることも歓迎しております。みなさまと議論をしながらより現場にとって意義のある取り組みに向けて検討を進めている、というのが目下の状況です。

司会：
　古川課長からは、文部科学行政と厚生労働行政は実は連携しており、先生方には子どもの状態に「気づく」という専門性が非常に大事だというご指摘でした。また、子どもを取り巻く状況の接点となる結び目を見つけていくことが極めて大事だということを、児童虐待の例を挙げて説明していただきました。

また、これらのことは福祉職や教育職という職域に留まるものではなく、地域住民や、福祉サイドから見ると学校もひとつの社会資源であるというご指摘でした。
　それではここまでの議論を含め、宮本先生から福祉と教育とが連携するための課題提示についてお願いしたいと思います。

〈福祉と教育が連携するための課題〉
宮本：
　今までのお話を伺って、やはり、福祉と教育はこれまで以上に密接な連携ができるな、と期待を高めたところです。と同時に、みなさん異口同音に、学校プラットフォーム、あるいは「チーム学校」の中だけでは不安もあると話されました。古川課長は、やるべきことをきちっとやってくれたら、後はボールを投げてくれたらよいと言われましたので大変心強かったのですが、せっかく文部科学省と厚生労働省がこうやって力強くエールを交し合い、連携してくださっている。そして、この連携で地域を支えていくときちんと言ってくださっている中で、これがもっと大きな財源確保に繋がっていくような展望、つまり、学校関係者のみなさんが頑張れば、手元のツールも増えていくという見通しが、もう少し見えてきてもいいのかなと思います。
　ネットワークには、補い合うことでなるべくコストを少なくしようという「節約のネットワーク」と、繋がっていくことで働き掛けや施策が効率的になり、財源が上手く使われて貧困が是正され、親が働き始めることができて家庭年収が拡大し、リターンが大きくなるという「ポジティブな結果に繋がっていくネットワーク」の分岐点があります。たとえば、幼児教育の無償化は文部科学省が頑張っておられますが、ヨーロッパではeducare（エデュケア）、つまり、education（教育）とcare（福祉）は一体のものという考え方が打ち出されています。特に北欧では、就学前教育はeducareの焦点だとして、本当に潤沢なお金を投入してインクルーシブな成長を支援することが、経済の安定に結びついているわけです。日本では、私など幼児教育といってもブランド志向が強い幼稚園であると本当に困窮した世帯の子どもたちを引き受けてくれるのかという懸念もあるわけですが、そういう懸念を払拭するために文部科学省と厚生労働省が連携し、幼稚園と保育の業界がeducareという点で連携してきちんと

財源が確保されるような見通しを得たい、という気がします。
　財務省も、ここで子どもがきちんと立ち直らなければ、いくら金庫番をやってお金を節約しても、日本の地域と国が立ち行かないとわかっているわけです。しかし、それで本当に子どもたちが立ち上がり、地域が元気になることに繋がるという保証がないとお金は出せない、ということになってしまいますので、そうした好循環につなげるまで、この「チーム学校」をベースにした「チーム文科厚労」をあわせて発展させていただけないだろうかと思います。2017年に消費税を上げてもきちんと地域に循環するかたちで財源につなげていくという見通が持てて、ひいてはそれが、現場のツールが増え、だからやる気も出る、元気も出るというところに、ぜひ持っていってほしいと思います。

司会：
　ありがとうございました。コスト縮減に重点を置いた節約のためのネットワークから成長のためのネットワークを形成していくことが政策的にも大事で、福祉と教育とが連携して、先行投資としての基盤整備が、将来の日本の成長に繋がっていくのだということを「見える化」することが、教育や福祉現場の関係者と研究者の双方にとって非常に重要な課題ではないかというご指摘として受け止めさせていただきました。
　それでは前半の最後に、松田先生からネットワーク理論等も視野に入れて本日の議論の課題点について論じていただきたいと思います。

〈「プラットフォーム」と「ネットワーク」の意味〉
松田：
　みなさんこんにちは。東京学芸大学の松田と申します。今までみなさんのお話を聞いておりまして、最後というのは何かまとめるようなイメージですが、そういうことはお話を伺っていてまったくできないな、と思っています。そこで、ここまでの所で拾われにくかった別の観点をお話させていただくということで、私の役割を務めさせていただこうと思います。ここで少しご紹介したいのですけれど、東京学芸大学というのは教員養成を行う国立の単科大学なんですけれど、この４月から大学の組織を少し改変いたしまして、従来の教員養成の課程と教育支援者養成の課程の２つの課程で構成される大学となりまし

た。その背景には、今日議論がいろいろ出ておりますように、先生が単独で行ってきた学校教育において、多様な人との関わりの中で子どもたちを育てていくことがもう一般になってきているのではないか、むしろ今後そういうことがさらに進まなければいけないのではないかという思いがございまして、先ほどからお話の出ています、チームでアプローチすることを前提にできる学校の先生とか、学校の先生と一緒に活動をしていける、たとえば、SSWerの人たち、スクールカウンセラーの人たちとか、あるいは広く多文化多言語を前提とした共生教育を支援していくとか、あるいは、情報教育という問題とか、先ほど部活動の話も出ましたけれど、スポーツとかですね、そういう学校の先生では手の届きにくいところを教育支援という形で協働して子どもに関わる人材と、従来の学校教員としてみなさんでチームアプローチを前提にと学校教育を行っていくという人材と、両者の人材を関連づけながら養成していこうと動きだしているところです。

あわせまして、大学では私自身がセンター長をやっているのですが、児童・生徒支援連携センターというものを作りまして、東京の足立区と小金井市の2つの行政体と協力協定を結びまして、子どもの貧困問題に関して、教員養成大学やその附属学校が、どんなふうに公立校に対してお役に立つことができるのか、実践的なレベルでそのモデル開発を行っています。本日ここまでのお話は、児童・生徒支援連携センターで行っていること重なってくることが多く、大変勉強になっています。

そこでなのですが、私のほうからは若干観点を変えて、そもそも本日のテーマになっていますプラットフォームという言葉ですね、あるいはネットワークという言葉、この2つの言葉がキーワードになっていると思うのですが、この2つの言葉について少し考えてみることができればと思っています。基本的にネットワーク化が進むということは、ネットワークというものに対して、みなさんが、ネットワークっていいものだな、という実感を持てないと、なかなかプラットフォームを作ってネットワーク化してというところを言っても進まないと思っています。そもそもこのネットワークという言葉ですが、網目のようなイメージですから、点と、点と点の間をつなぐ線とですね、その点と線の間を行き来する流れの3つの要素を含めて指していることになります。そのように考えますと、話題になっているものは、福祉と教育というそれぞれの点が、

ある線をとり結ぶことによって、そこに流れが生じるという理解になります。もちろん、この例えでは点は2つだけですから網目にはまだなりません。けれど、実際にはそれぞれにはさらにそれぞれのネットワークや「点」がありますから、それが複合していきますとかなり大きな網目になっているというイメージだと思います。

　ところがここでよく考えてみますと、編み目になっているということは穴が開いているのですね。つまり、面になってはいるのですけれど、板のように全面張り巡らされているわけではなくて、穴が開いているのがネットワークです。この穴ってどういう意味かというと、関係性のレベルの問題として、強いつながりと弱いつながりがあったとしますと、穴が開いている場合は弱いつながりを指すと考えてよいと思います。点は点としてはっきりしてるのですが、それが一緒になって大きな面としての円となるのは強いつながりですが、弱いつながりというのは、そうではなくて点で結ばれたままの状態であるということで、なんとなく空間的には大きな面になっているのですけど、実際には中にはなにもなくて、けれども、だからこそ面のように硬くなくて、自由に動かすことができるものが、弱いつながりという状況です。そうしますと、ネットワークというものは、そもそもこのように、面としてのマテリアルな部分が拡大していくことではなく、いわば「空間」のようなものが「弱い」関係性のなかに広がっている状態を指すことになると思います。

　現在よく言われますのが、福祉と教育の連携、ネットワーク化、ですよね。つまり言い方を変えますと、福祉というのは子どもたちを護ることに力点が置かれているのに対して、教育というのは、子どもたちを伸ばす、伸ばすというと方向性が問題になりますが、それは決して一律にある所に行かなければいけないとか、同じスピードで行かなければいけないとかいうことではなくて、変わっていくということですが、出会いがあって、いろいろな状況で変わっていくということですね、そういう部分に教育では力点が置かれています。この、子どもたちに働きかける、2つの異なった作用が、結局、ネットワーク化していく必要があると言っていることになるということです。もちろん護った上で伸ばすことも考えていくのが福祉ですし、伸ばすことを考えつつまずその前提として子どもを護るというのが、教育なんですけれども、そういう意味で2つは決して切り離されているものではありませんが、アプローチが違うというの

は確かなのではないかと思うんですね。そうしますと、ネットワーク化するということは、それぞれの特性、子どもへの関わり方を、それぞれがお互い反発し合いながら認め合うといった緊張関係の中にあるということ、つまり、そのような「ぴったりではない」弱いつながりの成立を基本として考える必要があることだということではないかと思います。だからこそ、片側から見た時には見えないことが、片側からは見えるということになったり、子ども一人を取りましても、ある取り組みからはわからない、アプローチできなかったところが、別のところから接近できるということが生まれるのかなと思ったりするわけです。教育と福祉が、「子どものために」というような安易な言葉から、お互いを一面的に同一色に塗りつぶしてしまわない関係のあり方が問われているのではないかということです。

　これは付け加えなのですが、本日話題となっているSSWerの役割は、そうすると、教育と福祉のネットワークの中で、点になることなのか、流れを生みだすことなのかということもでてくるような気がします。つまり、SSWerという点、ネットワークを構成する点として入ることで、さまざまな方との線ができて、それで繋がるというイメージももてますけれど、点と線があるけれど流れがない中をSSWerの方が動かれることで流れができるという、そういうイメージも実は他方で持てるわけです。実はこの２つの感じ方というのは、あまり律儀に考える必要がないのかもしれませんが、ちょっとしたスタンスの違いというのは、えてして何か大きな問題につながるということもよくあることです。たとえば、学校の教員の側から見たときに、スクールカウンセラーもSSWerも、同じ「外部者」にしかみえない。ところが、それは、スクールカウンセラーも、SSWerも、同様にネットワークを形成する点としてしかみていないからです。最初に述べましたように、たとえばネットワークがつくられることで、どんなよいことがあるのだろうといったことを実感するときに、このあたりのことがもっと「見える化」してくると、もっと理解が深まり、原動力がもっと出てくるのだろうなと思ったりもしています。

　2つ目にはですね、もう一つのキーワードのプラットフォームという言葉についてです。駅のプラットフォームとかですね、コンピュータ関係のプラットフォームとか、今、壇上に多くのご専門を違えた先生方がいらっしゃいますけれど、本来ならば立場を違えていて一同に会する事は無いのですが、この舞台

というプラットホームがありますもので、それでみなさんがここに集まっていることで本日のシンポジウムという、ある種のネットワーク的な議論が成立している、そんな関係だと考えればいいのではないかと思います。

　そうすると、学校をプラットフォームにするということは、ここの舞台で起こることと同様で、校長先生がそのすべての責任を取るという形では現れない取り組みなのだということになります。本日のシンポジウムの責任を誰がとるのか、という話になると、ひょっとすると山野先生なのかも知れませんけれど、そうとも言い切れない曖昧さが出てきますよね。もうちょっと言いますと、この高台（舞台）が無くて話をしていますと大阪府立大学という場所が凄く前に出てきて、ということになると思うのですけれど、この高台（舞台）があることで、それがある種ちょっと区分けされているのですね。そこで起こる責任という問題の感じ方の違い、つまりそれは責任を曖昧にするのでは決してないのですけれど、その辺りの捉え方の違いが出てくるということ自体が、プラットフォームということの大きな意味ではないかと思ったりします。責任はみんなでとるもの、みたいな感じが出てくるということです。つまりプラットフォーム化するということは、一番最初に中野先生がおっしゃいましたように、従来の学校というものを違う責任意識の中で考え直していくということに繋がっていることなんだと思います。それはもちろん、子どもを育てるということは、地域や社会全体で一人ひとりが責任者となってみんなでやっていかなければならないことなのではないか、という意識を啓発することでもあります。

　また同時に、ネットワーク化を進めるということが、子どもを育てるという共通な出来事を持つことで、学校というもの自体が社会の中で新しい役割なり位置づけ方を促される一つのプロセスになるのではないかとも感じたりします。私は教育畑の人間ですので、学校教育であろうが、福祉であろうが、出会いがあって、その出会いに応じてそれぞれ参加する方が変化していくこと、つまり「学び」という言葉で表される出来事が生じることに大変強く関心を持っています。こういう状況が広がることで、何か学びの共同体みたいなものが、多くの方が関わることで生じていくのではないかと思っているということです。プラットフォーム化する学校というものが、コミュニティとか、もう少し広く社会とかいうものに対して、再構築を図るといった違う機能をはたそうと

するきっかけにもなるのではないかと期待しています。

　最後に、こういうことは言うのはかなり簡単ですけれど、実際には難しいことだとは思うのですが、ネットワーク化を進めるといったときに、社会的文化的な土壌という問題がですね、少し横たわっているような気がしています。その一つはですね、子どもをめぐる活動に関して、安心という言葉を求める場合と、信頼という言葉を求める場合があるのではないかという面です。預けて安心ということと、あの人を信頼できるから子どもを任せようというのは、信頼の場合はある程度の幅を許容していますが、安心の場合は一つ何か問題が起こったら許さないぞという態度や姿勢が潜在的には意識の中にあったりするわけです。今の社会は全般的に安心を求める社会になっていて、信頼という形で関係を構築することが難しくなって来ているということはよく指摘されます。それがコミュニティの崩壊とか社会的絆の崩壊というような言葉で言われることですね。そういう中で、学校をプラットフォームにしてネットワーク化していくという事は、おそらく信頼という言葉に何か寄り添っていくような作業だと思うのですけれど、学校の先生の方からも壁が高いとか、あるいは地域の方からも、ということがあると思っているわけです。その意味では、少し失敗してもいいじゃないかという、そういう余白や幅というのが重要なのではないかと考えています。もちろん福祉という観点から考えますと、そんなにいい加減なことを言っている余地は無い、重篤な状況があるのもよくわかりますので、こういう話をどういう風に聞いていただけるかはそれぞれだと思いますが、そのような面についてはやはり意識的に取り上げていく必要があることではないかなと考えております。

　そうなりますと、そうしたことをさらに進めていくということになった時に、やはり一番力があるのは、成功事例とか成功体験とか、フェイス・トゥー・フェイスで何かこれはよかったよということを共有化していけるという、そういう場面がたくさん出てくる必要がたぶんあると思っていて、そういうことを促す何がしかの仕掛けづくりということをさまざまな形でできればいいのかなと考えているところです。体験の積み重ねは、潜在的な意識を変えていったり、共通の土俵を作ったりするときにはやはり力強いものです。具体的、そのような場面を多く作っていくことが必要ではないかと強く感じています。

司会：
ありがとうございました。ネットワーク理論として、特に弱いつながりに着眼したネットワークの重要性のご指摘がありました。プラットフォームをどう理解するかという観点についても整理していただき、子どもたちを育てる共通の「場」や「学び」の共同体に必要不可欠な要素としての「安心」、そして「安心」の前提となる「信頼」の確保が大事ではないか、また、ネットワークでは専門職間にある種の緊張関係も大事であり、外部の専門家であるSSWerやスクールカウンセラーを、ネットワークのなかの点と線という関係で捉えていくのかといったことや、流れとして捉えていくのかといった新たな視点から理論的に位置づけていく必要があるのではないかといったご指摘もあったのではないかと思います。

それでは、これで前半を終了させていただきます。

（2）課題を解決するために必要な仕組み・施策

司会：
ここまでの議論でネットワークというキーワードなどのいろいろなお話があり、潮谷先生が随時まとめてくださいましたので、それをイメージしながら、後半は課題解決をしていくために必要な仕組みについて議論したいと思います。

たとえば、古川課長は、学校は子どもたちが一番見える場所という意味で、初期対応につなげられる可能性がある場所なのではないかとおっしゃいました。そうした可能性が本当にあるのか。また、すごくよいチームワークができたときに、宮本先生がおっしゃられたようなさらによい循環するための財源確保の可能性があるのかなどについて、文部科学省に答えてほしい、厚生労働省に答えてほしいということではなく、どのような仕組みや施策に反映していけばよいか、いろいろな角度からご意見をいただければと思います。

まず、文部科学省の坪田課長から、SSW事業の可能性を含めて、いろいろなご意見を聞かれた後の補足でも結構ですので、お話ください。

〈SSW事業の可能性〉

坪田：

　SSW事業では、お世辞ではなく、SSWerが我々の施策のすべての期待の星になっており、無限の可能性を持っていると思っています。ですので、その期待に応えられるよう、ワーカーを目指す人に頑張っていただくとともに、支える仕組みをきちんと作っていかなければなりません。スクールカウンセラーは７～８割の人が認識する言葉になっていると思いますが、SSWerはたぶん２割ぐらいで、しかも、きちんと説明できる人はごく少ないと思います。私も山野先生から何度レクチャーを受けても半分しかわかっていないかもしれないと思うぐらい自信がありません。カンファレンスやアセスメントと聞くだけで頭が痛くなる人が多いと思いますので、どう噛み砕いて説明し、成果や効果を示していけるかが、今後、財源的にも人材的にも伸ばしていくひとつのキーだと思っています。

　スクールカウンセラーは学校の入学式で紹介され、「何かあったら気軽に相談してください」と伝えられていますが、SSWerは、まだそのようにはされていないと思います。市区町村の教育委員会と学校の連携の問題でもありますが、SSWerがPTAの総会などにお邪魔して「家庭と福祉をつなぐ、こういう重要な役割をしているんです」と紹介すれば、安心できる家庭があるかもしれませんし、すぐに頼ってみたい人も出てくると思いますので、地道ですが、そういうこともやっていかないといけません。もちろん、風は間違いなく吹いていますが、「SSWerを置いている方が議会答弁が楽だ」というアリバイではなく、「不登校が減った」、「いじめが激減した」、「虐待が早い段階で発見できて救えた」というような事例をたくさん吸い上げて発信し、ちゃんと役立っているという手応えをみんなが感じながらやっていかないと、SSWer自身も学校や設置者も確信が持てないと思います。SSWerについては総理が国会でも、５年間で１万人にすると述べていただいていますので、ぜひこの期待に応えられるよう、我々はみなさんと一緒に頑張りたいと思っています。

　そこで重要なのは、何でもそうですが情報の共有だと思います。抽象的な情報ではなく個人情報です。そのため不登校対策の有識者会議を設置し、８月末に中間報告まとめを行いました（**図６**）。フォーマットを示して「児童生徒理解・教育支援シート」を学年間で引き継いで情報を積み上げて、小学校から中

シンポジウム記録 ― すべての子どもを包括する支援システム学際的議論

図6

チームとしての学校の在り方と今後の改善方策について（中間まとめ）

○「チームとしての学校」が求められる背景

社会の変化と学校を取り巻く状況の変化

○ **多様化・複雑化する子供の状況への対応**
・いじめ・不登校などの生徒指導上の課題や特別支援教育への対応など、子供を取り巻く環境が複雑化・困難化
・貧困問題への対応や地域活動など、学校に求められる役割も拡大

○ **学校教育の質的充実に対する社会的要請の高まり**
・主体的・協働的に学ぶ課題解決型授業（アクティブ・ラーニング）の実施や小学校英語教育などの新たな教育課題への対応

我が国の教職員の現状
・我が国の学校は、教員以外の専門スタッフの割合が諸外国と比べて低い現状
・日本の教員は授業以外に生徒指導、部活動等の授業以外の業務を多く行っており、授業等に専念することができない現状

○ 教員の専門性だけでは対応が困難になっており、教員の専門性の向上を図るとともに、教員に加えて多様な専門スタッフを配置し、様々な業務を連携・分担してチームとして職務を担う体制を整備
⇒ 学校の教職員構造を転換し、学校の教育力・組織力を向上させ、一人一人の子供の状況に応じた教育を実現

○「チーム学校」を実現するための視点とその方策

視点1　専門性に基づくチーム体制の構築（教員、事務職員、専門スタッフ等が連携・分担し、それぞれの専門性を発揮できる体制の構築）
▶ 多様な専門スタッフが子供への指導に関わることで、教員のみが子供の指導に関わる現在の学校文化を転換

（制度関連）
○心理的・福祉的な専門スタッフの学校における位置付けを明確にし、配置充実につなげるため、スクールカウンセラー、スクールソーシャルワーカーを法令に位置付け
○教員以外に、部活動の指導、顧問、単独での引率等を行うことができるよう部活動支援員（仮称）等を法令に位置付け
学校との連携の推進を担当する地域連携担当教職員（仮称）を法令上明確化

（予算関連）
○アクティブ・ラーニングの実施や特別支援教育等に対応するために必要な教職員定数措置の拡充
○スクールカウンセラー、スクールソーシャルワーカーを将来的に教職員定数として算定し、国庫負担の対象とすることを検討
○部活動支援員（仮称）を任用する際の必要な研修について検討

視点2　学校のマネジメント機能の強化（校長がリーダーシップを発揮できる体制の整備）
▶ 多様な専門スタッフをひとつのチームとしてまとめるために、これまで以上に学校のマネジメントを確立、学校の組織力・教育力を向上

（制度関連）
○学校教育法上の事務職員の職務規定の見直し
○主幹教諭養成のため実践的な研究プログラムを開発
（その他）
○校長裁量経費の拡大等、学校の裁量拡大を一層推進

（予算関連）
○事務職員の配置の更なる拡充を実施
○管理職を補佐する主幹教諭配置促進のための加配措置の拡充

視点3　教員一人一人が力を発揮できる環境の整備（教職員の人材育成や業務改善等の取組を推進）

（その他）
○効率的・効果的な校務運営を実現するため、業務改善に関する取組事例等をまとめた指針の作成
○文部科学大臣優秀教職員表彰において、学校単位での取組を表彰
○人事評価の結果を任用・給与などの処遇や研修に適切に反映

（予算関連）
○アクティブ・ラーニング実施等のために必要な研修が実施されるよう、小規模市町村における指導主事配置を支援

学校にファイルごと渡していく仕組みを作り、福祉部門とも共有します。もちろん、スクールカウンセラーやSSWerとも情報共有し、家庭訪問が必要なところにはチームを組んですぐに行って状況を把握する。先ほどお話しした欠席日数の3日・7日ルールは川崎の事件を受けて重視しているもので、理由なき不登校が3日になると学校の管理職に、7日以上になると教育委員会に伝えるということですが、これは単に統計を取るためではなく、組織的にどう対応するのか、どういう手段で学校につなぐのかを真剣に考えるためのものです。まだまだ考えなければいけませんが、意識を持てるようになっただけでもよかったと思いますし、川崎の事件を契機に自治体でもSSWerの活用がかなり意識されて浸透してきたことも、子どもを一人でも多く救えるという意味で、いい流れができたと思っています。

　まず、情報連携をしっかりやることです。子どもが傷つくとか情報が漏れた

らどうするかなど、いろいろ懸念してできない理屈を言う人がいますが、「子どものためなので、知恵を出して乗り越えましょう」ということです。また、子どもへの対応を最初にするのは教員ですので、先生にカウンセリングマインドを持ってもらったり、家庭への配慮、問題を受け止めたときにどうすればよいかなどについて研修やコンサルテーションをしていただくことは、スクールカウンセラーも同じですが、SSWerの非常に大きな役割だと思います。職務内容を標準化し、週1日の配置が週2日以上になったときにどんな職務をしてもらうか、厚生労働省や福祉部門にもご意見をいただいて考えていくことが重要だと思っています。

　先ほどもご指摘がありましたが、プラットフォームを作る際の窓口やコーディネートは、やはり教員が担わなければいけないと思います。そのためにも生徒指導加配などもきちんと活用して、「この先生が学校の窓口となり、コーディネーターの役割をはたしてくれる人だ」と位置づけ、学級担任はもちろん、養護教員、生活指導主任、スクールカウンセラー、SSWerとの連絡調整をしっかり責任を持ってやり、外部との窓口も担うということを明示して、福祉部門などとののりしろの役割を果たしていくことが大事だと思います。

　また、SSWerだけが福祉をわかっているのではなく、教員も福祉のちょっとしたイロハぐらいは知るべきだと思います。養成段階や現職研修の機会に福祉の意義や諸制度を学ぶことで、教育と福祉が乗り越えられることはもっとあるのではないかと思います。実は、私は2年前に独学で保育士の資格を取りました。私は元祖育メンだと思っていて、文部科学省の男性で初めて育休を取ったのですが、だんだんみんなが追いついてきて、これはいけない、元祖だから頑張らないといけない、保育士を取って後輩たちにアドバイスできるようにしようと思い、通信教育で勉強して4万5千円かかりましたが取りました。ちょうど社会教育課長をしていて、放課後子ども教室を厚生労働省の学童保育とどう上手く連携してやっていくかという話もしていましたので、厚生労働行政や保育、ソーシャルワークのこともぜひ知りたいと思ったことも動機となりました。こういう心がけは教育ガイドの方々にもできると思いますし、そのことでもっと上手く福祉サイドと協働できるのではないかと思っています。このSSWer事業をしっかり成功させることが、何よりそのきっかけになりますし、成果を積み上げて「上手くいくんだ」という実感を福祉と教育の両方の方々が

司会：
　ありがとうございました。坪田課長の保育士資格取得の奮闘記もありましたが、SSWerや教育委員会の方には非常に心強いお話だったのではないでしょうか。フォーマットや連携の仕組みの標準化などの具体的施策に繋がるお話もいただきました。また、私たちに課せられている「エビデンスを発信していく」ことの重要性にも繋がると思いました。
　続いて、厚生労働省の立場での施策や仕組みづくりについて、SSWerに限らず教育と福祉の協働という面での可能性なども含めて、古川課長からお願いいたします。

〈新たな子育て支援の仕組み〉
古川：
　先ほど発言の中でかなり調子に乗って現在の取り組みなどもお話をしてしまったので、それほど追加することは無いのですけれど、若干宮本先生からご指摘のあったことも含めまして、補足をさせていただきたいと思います。まず財源の話ですが、今年の4月から子ども子育て支援法という新たな子育ての仕組みが施行されました。認定こども園という言葉もお聞きになった方がおられるかも知れませんが、まさに内閣府中心に文部科学省と厚生労働省が一体となって、新たな取り組みを進めているところです。
　そして消費税が8％に上がりました。今後10％に上がることが予定されていますけれども、10％に上がった段階で7,000億円相当を子育てに充てるということが決まっておりまして、その財源を活用して子ども子育て支援の体制を拡充していくということです。ただ、今申し上げたようにこの金額は10％に上がった時にという条件付です。現時点で消費税は10％に上がっておりませんので、その意味では税収として本来想定されたものが入ってきていないという状況にあるのですが、安倍総理のご判断も頂き、29年度の7,000億円に相当する金額として27年度にどれくらい要るかというと約5,200億円になりますが、その全額を消費税8％の中でも子育ては優先度が高いということで予算を確保していただきました。そして、これは消費税といういわゆる恒久財源であります

ので、そういう意味では財源も明確に確保されたということになります。もちろんまだ足りないという御意見もあろうかと思いますけれど、現実問題としてこうした取り組みが行われています。

さらに中身の話といたしまして、利用者支援事業など地域でできる限り相談しやすい拠点をたくさん展開して接点を増やすこととしています。その実施主体は行政ばかりでなく、NPOの方々でも当然よいわけです。それから、妊娠・出産包括支援事業という事業も広く展開していきます(図7)。出産届けを出していただいた段階からずっと切れ目無く、お子さんなりお母さんなりの状況に応じてテイラーメード型の支援を行っていくものです。生まれるまでと生まれてからで支援機関がお互いに関係ないまま支援していくということではなくて、データを共有して継続性をもって支援していくということです。もちろん同じ方がサポートする必要はないと思いますが、それぞれの機関が情報を共有して、その親子の状況を把握し続けて出産前も出産後もサポートしてい

図7

妊娠・出産包括支援事業の展開

○ 現状様々な機関が個々に行っている妊娠期から子育て期にわたるまでの支援について、ワンストップ拠点(子育て世代包括支援センター)を立ち上げ、切れ目のない支援を実施。
○ ワンストップ拠点には、保健師、ソーシャルワーカー等を配置してきめ細やかな支援を行うことにより、地域における子育て世帯の「安心感」を醸成する。
 ➢ 平成27年度実施市町村数(予定):150市町村

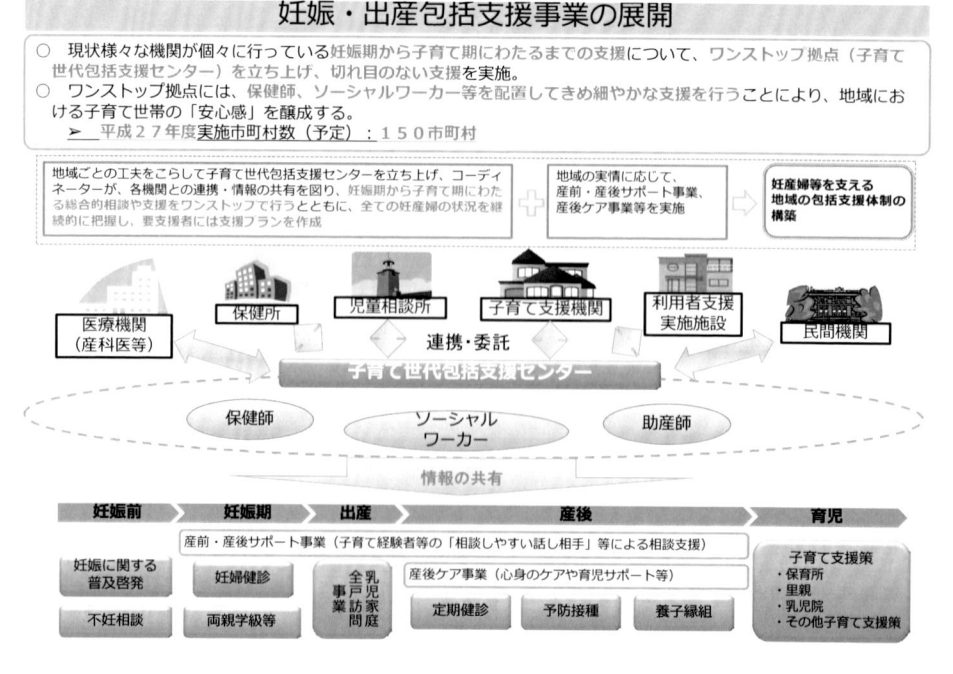

く。そういうものを初期段階の事業として全国的に展開していくということです。今後、こうした切れ目のない支援や初期対応が遅れないよう接点を持てるメニュー等がたくさんできていくのではないか思っております。そうした子育て事業がたくさんできていく中で、全部の案件が児童相談所に話が振られることになると対応しきれないということは先ほど申し上げたとおりですので、まず学校では学校でやれる範囲のことをやっていただき、福祉サイドで受けとめる場合でも、児童相談所につなぐもの、保育等につなぐもの、地域子ども・子育支援事業で対応するものなどに振り分け、できるだけ現場で取り組んでいただいている方の負担に配慮しながら、サービスの質を拡充していくことを目指して取り組んでいるわけです。

　厚生労働省は最近珍しいフレーズを使いましたので、そのことを紹介して終わりにさせていただきます。最近「生産性」という表現を使いました。厚生労働省が生産性という言葉を使うのですかなどと言われますが、先ほど宮本先生がおっしゃられたように、これからの日本の人口構造などを考えた時に、どんどん財源を確保でき、若者もいたるところに居るという世の中ではなくなっていきます。そうしたことを背景に生産性とか効率性というと、何か必要なサービスの質や量を低下させるのではないかという誤解があるのですけれど、決してそういうことではありません。チーム内でお互いがサービスを効率よく提供しあうことによって生産性を上げ、それを質の担保や量の確保につなげることを目指していく、という趣旨で言っているということです。厳しい状況の中でも必要なものはきちんと確保するべく厚生労働省も検討を進めている、ということをお伝えさせていただきまして、私の説明とさせていただきます。

　司会：
　ありがとうございました。みなさんが非常に勇気づけられるお話だったのではないかと思います。次に、福祉専門人材という視点で、潮谷先生から今後の展望をお話しいただけますでしょうか。

〈SSWerの養成とスキルアップ〉
潮谷：
　前半の司会の大役から解放され、やっと話せる立場になりました。本日は教

育と福祉の連携をどのように図っていくかということも、ひとつの大きな議論になっていると思います。現任の先生方の研修やこれから教員になる方々に対する養成課程における福祉に関する理解も課題として挙がっていますので、そのことと関連させて、私が現在行っている活動について紹介させていただきたいと思います。

　私は長崎純心大学において医療・福祉連携センター長をさせていただいています。高齢者の分野では、近年「地域包括ケア」の推進が喫緊の課題として認識され、さまざまな取り組みが行われています。地域包括ケアでは、地域住民の住み慣れた地域において医療と福祉サービスとが一体的に提供できる体制を確立するよう、2025年を目途に各市町村で整備が進められています。

　地域包括ケアシステムの構築にあたって重要になってくるのはサービス利用者である地域住民を主体として認識することに加えて、そこに関わる専門職のあり方です。地域包括ケアを推進にあたっては、医療関係者だけでは完結できないことがすでにわかっており、医療と福祉とが連携して地域住民の生活を支えるシステムづくりが進められているのです。

　この地域包括ケアを担う医師を長崎大学の医学部が養成するにあたり福祉との連携が不可欠であるという認識の下で、文部科学省から研究事業の補助金をいただき、長崎純心大学と長崎大学医学部医学科とが連携してプロジェクトを進めているところです。我々が現在取り組んでいますのは、他職種、つまり福祉から見れば医療職、医療職から見れば福祉職が何をする人なのかということについて、学生のうちから学ぼうということで、平成27年の11月には、長崎大学医学部の学生と長崎純心大学の学生が、1つのケースを想定して一緒に解決策を生み出していくための共修授業のためのプランが進んでいます。教育と福祉だけでなく、医療と福祉においてもこうしたコラボレーションによる専門職養成や人材確保が大きなプロジェクトとして進められているということです。

　また、罪を犯した人が刑務所から出てきても地域社会において自立した生活がなかなかできず、再犯で刑務所に戻ってしまうといったケースが多々見られる状況の中で、司法と福祉とが一体となって自立支援を行っていく事業を、厚生労働省と法務省が中心となって展開しています。このように、わが国における社会保障をはじめとする国民の安全・安心を確保するためのさまざまなとり組みが特定の分野を超えて、分野横断的な連携として展開されるようになって

きているのではないかと認識しているところです。
　私は、社会福祉士という国家資格を取る学生を養成する全国280の学校で構成される一般社団法人日本社会福祉士養成校協会（社養協）の事務局長代理を仰せつかっており、社会福祉士の養成にいろいろ携わっています。
　社養協の活動としましては、平成20年に文部科学省の補助事業としてSSWer活用事業が立ち上がった際に、当該事業を支える質の高いSSWerを養成、確保するために、一般社団法人日本精神保健福祉士養成校協会と一緒になって、協会認定のカリキュラムを作成し、SSWerの養成に努めてきています。社養協では、山野先生にもSSWer活用事業が始まる時から、その中心的な役割を担う学識経験者として、ずっと関わっていただいています。
　さて、当該事業の開始から7年ほど経ち、SSWerがある程度配置されるようになってきていますが、調べてみますと、実態として社会福祉士や精神保健福祉士といったソーシャルワークに係る国家資格を持った人だけがSSWerになっているわけではないということが明らかになってきています。
　また、そのような状況の中で、国家資格を持つ人と持たない人との間で少しコンフリクトが起きているという話を耳にしたりしています。せっかく学校を基盤に子どもや家庭、地域社会との関係も視野に入れながら、子どもたちの安定した教育機会の確保や福祉の向上に寄与するためのSSWer活用事業によって、専門職がSSWerとして配置されても、専門職同士の関係性が上手くいっていないのはよくないなと思っております。このような課題を解決するためには、どうすればよいかと考えたところ、だったらSSWerとして配置される専門職みんながソーシャルワークを勉強すればいいのではないかと考えました。
　安倍総理もSSWerを増やしていくという方針を打ち出されております。このことは、量の確保と質の向上を同時に図っていくという非常に難しい課題も有しております。
　そこで、社養協としましては、学校教育に造詣の深い先生方がSSWerとして採用された場合であっても、ソーシャルワークの入口として「ソーシャルワークとは何なのか」、「ソーシャルワーカーは何をするのか」といったことについて学ぶ機会を確保しなければならないという観点から、平成27年の11月に同志社大学の空閑先生と山野先生に研修会において講義をしてもらうことにしています。これからSSWerになる人や、ならなくても学校現場でソーシャル

ワーカーを活用するためにどういう知識があればよいのかというところに重点を置いてカリキュラムを組みつつ、国の政策であるSSWerの確保と質の向上に、我々社養協としても取り組んでいきたいと考えているところです。

　日本は人口減少社会に入り、どんどん若者が減ってきています。そういう状況のなかで質の高い人材を確保していくためには、さまざまな工夫が必要だと考えております。そのような観点から、一度教育現場で活躍された先生方が、SSWerとして再度教育現場に戻られるための学びの機会を確保したり、新卒のSSWerについても養成、確保したりといった取り組みを通して、教育と福祉とのつなぎ役としてのSSWerが広がっていくような事業が展開できればと考えています。先ほどご紹介させていただきました本年11月に開催します研修にご興味を持っていただいた方は、社養協のホームページに案内がありますので、ぜひご覧いただきますようお願い申し上げます。また、社養協としましては、将来的には、遠方の方が東京などに出向かなくても、ビデオ教材などを活用して研修が受講できるような仕組みについても整備していきたいと思っております。以上で私の方からの話を終わらせていただきます。ご静聴ありがとうございました。

司会：
　お話しいただきましたコラボレーション教育については、大阪府立大学で文部科学省のGPの補助金をいただいて5年間取り組んできた教育と福祉のコラボレーションのパンフレットがありますので、またご覧いただければと思います。現在、教員になる教育課程の学生と社会福祉士の教育課程の学生が現場に行って同じ体験をし、議論をする取り組みを行っています。その人たちが教員になって今日も来てくれています。大学院でSSWerを経験した人が教員になったり、その逆など、大学教育の中で新しい試みで頭の柔らかいうちに違いを知って柔軟に異職種を一緒に教育することに取り組んでいます。教員免許に必要な科目に社会福祉の科目は一切はありません。その重要性を文部科学省の会議でずっと言わせていただいておりますが、壁がたくさんあるのだと思います。長崎純心大学の取り組みは、それを乗り越えることにもつながるのではないかと思います。

　それではここで、フロアからご質問やご意見等をいただきたいと思います。

〈フロアとの意見交換〉
フロア：
　大阪の府立高校で教育相談担当をしています。私の学校でも大阪府の青少年課の事業である「高校内居場活動におけるスクールプラットフォーム化事業」をしていますので、スクールプラットフォームにすごく関心があるのですが、お話をお聞きしていて、学校のプラットフォーム化は小中学校を前提にしているような気がしました。高校生年齢は妊娠や家出などもっと問題が大きくなり、ソーシャルワークがもっと必要な年齢だと思うのですが、引きこもりや子ども・若者支援の対象が15歳からである一方で、SSWerが配置されるのは小中学校が中心で、高校にはあまりないというのが実感です。しかも、福祉関係の支援機関はだいたい市町村単位で、高校は都道府県立が主ですから、そういう意味でも連携がすごくしにくく、そうしたところにSSWの課題あるのではないかと思っています。先生方のご意見をお聞きしたいです。

坪田：
　ご質問ありがとうございます。おっしゃるとおり、高等学校になると非行の面も含めて課題が重いものになっています。高校に入ったときに初期対応ができず、結局中退して行政が関われない世界に行ってしまうことや警察のお世話になってしまうことは防がなくてはいけません。高校でも深く受け止め、チャレンジスクールのようなかたちで再チャレンジできる学校など、いろいろな体制を組んでくださっているところがあります。プラットフォームについては、文部科学省としては就学義務がかかっている義務教育では最低限受け止められるようにしなければいけないと思っていますが、高校も次の段階としてSSWerを増やしていこうということで、貧困の加配と同様に、来年度以降、伸ばしていこうと考えています（図8）。最初に立ち上げたときは高校ほとんどゼロだったのですが、昨年度30を超えるぐらいになりました。各都道府県の判断がありますので、まず小中学校からというところも、高校も一緒に始めようというところもありますが、来年度は全体として大きく伸ばしていきますので、大阪府の中でも協議していただき、またご要望いただければと思います。あわせて、先生方の学校でSSWerが活動して成果が出たという先進的事例を、

図8

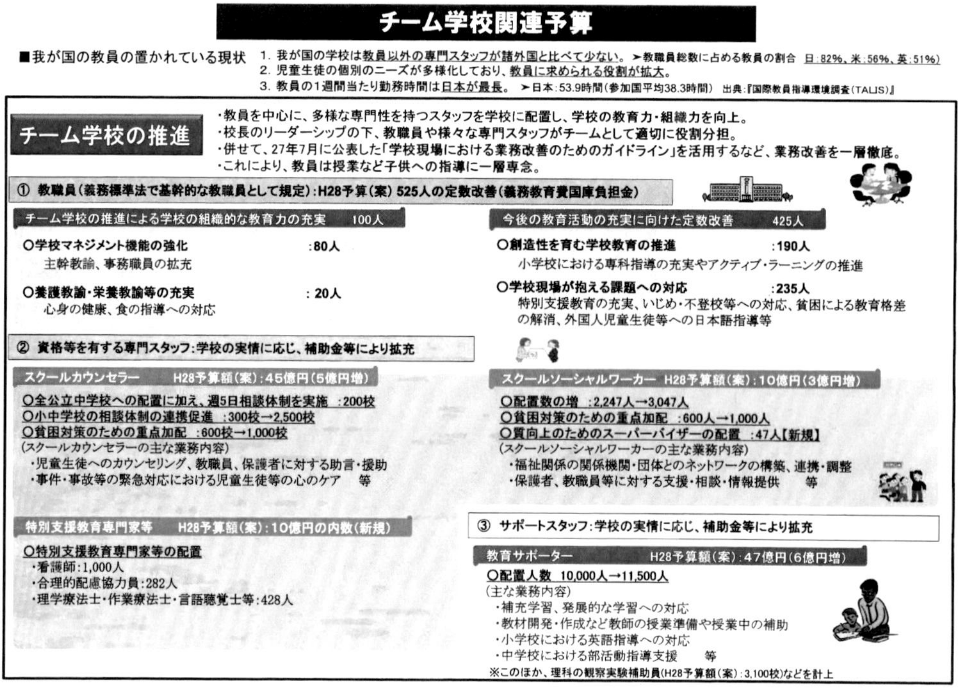

チーム学校関連予算

■我が国の教員の置かれている現状
1. 我が国の学校は教員以外の専門スタッフが諸外国と比べて少ない。 ▶教職員総数に占める教員の割合 日:82%、米:56%、英:51%
2. 児童生徒の個別のニーズが多様化しており、教員に求められる役割が拡大。
3. 教員の1週間当たり勤務時間は日本が最長。 ▶日本:53.9時間(参加国平均38.3時間) 出典:『国際教員指導環境調査(TALIS)』

チーム学校の推進
・教員を中心に、多様な専門性を持つスタッフを学校に配置し、学校の教育力・組織力を向上。
・校長のリーダーシップの下、教職員や様々な専門スタッフがチームとして適切に役割分担。
・併せて、27年7月に公表した「学校現場における業務改善のためのガイドライン」を活用するなど、業務改善を一層徹底。
・これにより、教員は授業など子供への指導に一層専念。

① **教職員**(義務標準法で基幹的な教職員として規定):H28予算(案)525人の定数改善(義務教育費国庫負担金)

チーム学校の推進による学校の組織的な教育力の充実 100人
- ○学校マネジメント機能の強化 :80人
  主幹教諭、事務職員の拡充
- ○養護教諭・栄養教諭等の充実 :20人
  心身の健康、食の指導への対応

今後の教育活動の充実に向けた定数改善 425人
- ○創造性を育む学校教育の推進 :190人
  小学校における専科指導の充実やアクティブ・ラーニングの推進
- ○学校現場が抱える課題への対応 :235人
  特別支援教育の充実、いじめ・不登校等への対応、貧困による教育格差の解消、外国人児童生徒等への日本語指導等

② **資格等を有する専門スタッフ**:学校の実情に応じ、補助金等により拡充

スクールカウンセラー H28予算額(案):45億円(5億円増)
- ○全公立中学校への配置に加え、週5日相談体制を実施 :200校
- ○小中学校の相談体制の連携促進 :300校→2,500校
- ○貧困対策のための重点加配 :600校→1,000校
(スクールカウンセラーの主な業務内容)
・児童生徒へのカウンセリング、教職員、保護者に対する助言・援助
・事件・事故等の緊急対応における児童生徒等の心のケア 等

スクールソーシャルワーカー H28予算額(案):10億円(3億円増)
- ○配置数の増 :2,247人→3,047人
- ○貧困対策のための重点加配 :600人→1,000人
- ○質向上のためのスーパーバイザーの配置 :47人【新規】
(スクールソーシャルワーカーの主な業務内容)
・福祉関係の関係機関・団体とのネットワークの構築、連携・調整
・保護者、教職員等に対する支援・相談・情報提供 等

特別支援教育専門家等 H28予算額(案):10億円の内数(新規)
- ○特別支援教育専門家等の配置
  ・看護師:1,000人
  ・合理的配慮協力員:282人
  ・理学療法士・作業療法士・言語聴覚士等:428人

③ **サポートスタッフ**:学校の実情に応じ、補助金等により拡充

教育サポーター H28予算額(案):47億円(6億円増)
- ○配置人数 10,000人→11,500人
(主な業務内容)
・補充学習、発展的な学習への対応
・教材開発・作成など教師の授業準備や授業中の補助
・小学校における英語指導への対応
・中学校における部活動指導支援 等
※このほかに、理科の観察実験補助員(H28予算額(案):3,100校)などを計上

府教委を通じてたくさんいただけると、これだけ意味があるということを対外的に説明して伸ばしていけますので、ぜひともご協力いただければと思います。

フロア:
　市の教育委員会に在籍しています。今日は元気の出る、夢の持てるお話をたくさんいただきありがとうございます。SSWerが非常な重要な役割を持っているということは、私どももずっと考えながら展開しているのですが、今後、学校プラットフォームとして機能的に活動していくためには、中野先生のお話にあったチーム学校として、先生方の意識をどのように変革させていくかが大きな課題だと考えています。そのとき、チーム学校の中に、今までのような外部人材ではなく、外部性をもった内部の専門家という位置づけでSSWerやス

クールカウンセラーを位置づけていくことがとても大事ではないかと思うのです。その際、雇用の面で、学校の定数の中でSSWerやスクールカウンセラーをきちんと位置づけることが将来的な大きな夢だと思っているのですが、このことについてお考えやご意見をお聞かせいただければと思います。

坪田：

まず、行政の方からお答えします。我々の心づもりとしては、まさに言われたような将来構想を持っています。学校での定数化のために関係法令に役割が位置づけられなければならないと考えており、また議員立法でチーム学校を推進する法律をまとめる動きもあります。もちろん、法律ができても財源の裏付けがないと空打ちになります。限られた財源の中で、たとえば、幼児教育の無償化とどちらが大事なのかなどの選択を迫られるわけです。私はいじめ、不登校問題の担当課長ですから、当然、何よりもSSWerなどの拡充が大事ですが、世の中にはいろいろな考え方やバランスがありますので、そのなかで前に進めるためには、いじめ、不登校、中退、自殺などのいろいろな問題が現象として起こっているなかでSSWerの活躍によってこれだけの成果がすでに出ており、さらに職務の標準化などを進めていけば、個人情報の管理などもきちんとできて成果が期待できるということ。そしてそれによって負のスパイラルを防ぎ、人口減少の中で一人も取りこぼしなく社会で活躍できる人材づくりをする。それで税収が増えて社会的にプラスになるということを言っていかなければなりません。そのために、今日お集まりのみなさんから「こんな成果ありますよ」という情報が必要になってきますので、ぜひともお願いしたいと思います。

司会：

ありがとうございます。まさに、先ほどの宮本先生の「プラスの循環のイメージ」のお話ですね。

フロア：

市の教育委員会に在籍しています。本日はいろいろな先生方から参考になるご意見をありがとうございました。すべての子どもをどう支援していくかということで、行政との接点として初期対応を大事にするために、専門家に聞いた

方がいいと気づく感覚や嗅覚が大事だというお話しが古川先生からありました。また、山野先生からは情報共有化の基準を明確化する必要があるのではないかというお話がありましたが、大阪府では2,000人規模で若手の教員を採用し学校現場にたくさん入っているなかで、そうした基準が個々の教員に行き渡るのは難しいので、何でも言いあえる教員集団ができることが重要だと考えています。そのなかで一定のスクリーニングをかけ、対応のレベルが変わってくると思うのですが、そうなると要保護児童対策地域協議会（要対協）と役割がかぶってくる可能性はないでしょうか。すべての子どもに網をかけて先生方がキャッチし、必要な子どもを上げていくというシステムがあるなかで、学校プラットフォームは要対協どういう点が異なり、素晴らしい点があるのか、ご説明をお願いします。

坪田：

いろいろお話をさせていただいた中にあったかなと思いますので、ご質問の趣旨とは少し違ってしまうかも知れませんが、プラットフォームは、まずは「発想」なのです。この発想にどう魂を入れていくか、どう実質的に動くようにするかは、まさにこれからのことです。こうしたらもっとよいのではないか、うまくいくのではないかということを教育サイドからも提案していかなければなりませんし、福祉サイドとのすりあわせも必要だと思っています。

古川：

要対協は平成16年当時、どうしたら虐待対応に不可欠な個人情報を上手く関係者間で共有できるだろうかという事を考えて児童福祉法改正の際に盛り込んだものです（図9）。それから10年が経ちましてほとんどの自治体で実施をしていただいて、情報を共有する事ができるようになっていますが、対応すべき件数が多すぎて上手く機能しなくなっているのではないかという話も聞いております。とはいえ、要対協という学校も含め多くの関係機関の方に入っていただいて情報を共有できる仕組みが既存のものとしてありますので、そこに新たに学校プラットフォームという形の活用を仕組んでいただくのもいいですし、それとは違う別の形でもよいのだと思います。要はつなぐ工夫は地域によっていろいろな形がありうるのだろうと思っていますので、学校をプラットフォーム

図9

要保護児童対策地域協議会について

果たすべき機能

要保護児童等（要支援児童や特定妊婦を含む。）の早期発見や適切な保護や支援を図るためには、
・ 関係機関が当該児童等に関する情報や考え方を共有し、
・ 適切な連携の下で対応していくことが重要
であり、市町村において、要保護児童対策地域協議会を設置し、
① 関係機関相互の連携や役割分担の調整を行う機関を明確にするなどの責任体制を明確化するとともに、
② 個人情報保護の要請と関係機関における情報共有の在り方を明確化することが必要

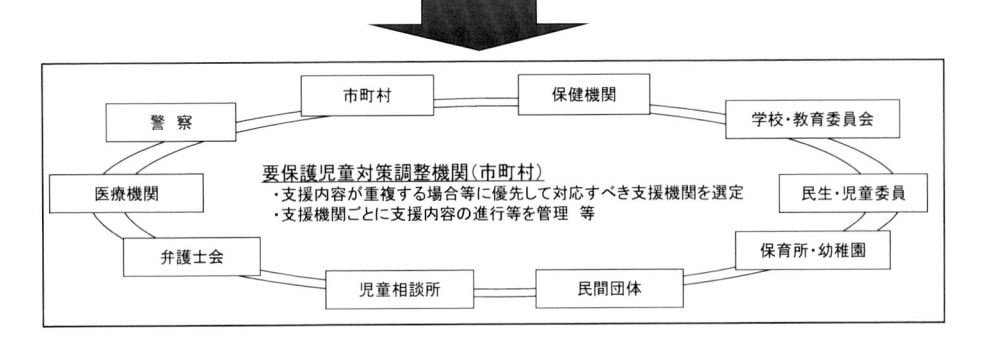

↓

警察／市町村／保健機関／学校・教育委員会／民生・児童委員／保育所・幼稚園／民間団体／児童相談所／弁護士会／医療機関

要保護児童対策調整機関（市町村）
・支援内容が重複する場合等に優先して対応すべき支援機関を選定
・支援機関ごとに支援内容の進行等を管理　等

としてそこに情報を集める工夫と要対協という仕組みを上手に組み合わせて活用していただくということだと思います。厚生労働省にいていつも考えることは、制度化をするということは全国統一ルールであるがゆえに大阪府の事業も北海道の事業もその内容が地域それぞれの事情がありながら同じになりかねないということでありまして、そういう意味でできる限り、あまり細かくこうした方がよいということは言わずに、学校プラットフォームという形で情報を共有してやっていくということであれば、地域に応じた発展をさせていっていただければと思っています。

司会：

ありがとうございました。それでは最後に、基調講演をいただきました宮本先生と小川先生から、今までの議論をふまえて一言ずつコメントをいただけたらと思います。

〈福祉的な事業と教育的な事業を結び付ける方法〉
宮本：
　学校プラットフォームについてはすでにお話があり、もう私の方からはいいと思いますので、みなさんへの提起になるかも知れませんが、子どもの貧困対策という観点からの福祉と教育の連携として、今、地域にある福祉的な事業と教育的な事業を結び付ける方法が、たとえば4つぐらいの分野で考えられると思うのです。
　ひとつは、放課後子ども総合プランとしてもう進んでいますが、放課後児童クラブと放課後子ども教室の連携です。すでに連携が進んでいるところもありますが、さらに今の子どものしんどさを見据えて事業の幅を広げていく。私はスウェーデンに行った時、子どもがスウェーデンの学校に通っていたのですが、少しびっくりしたのは、朝の6時半から学童保育をやっていて、学童保育で朝食を出すのです。朝食が経済的に余裕のない家庭の子どもの支援という点でも親の支援という点でもいかに重要かということであり、親もちゃっかり付いて来て、一緒に食べているのです。これは、国の補助金でやるのは大変かもしれませんが、放課後子ども総合プランに自治体のお金を連動させて朝食を出したら、画期的だと思うのです。
　2つめは学習支援です。これは生活困窮者自立支援法の学習支援のプログラムがありますし、教育委員会が退職した先生たちを活用して放課後学校として学習支援の塾をやっているところもありますので、2つの事業をどんどん連携させて、自治体独自のものも含めて、1つのしっかりした仕組みにしていったらどうだろうか、ということですね。
　3つめは子どもの居場所作り。これは先ほど、子どもの家のお話がありましたが、ここに高校生、大学生を絡めようということです。たとえば、若者サポートステーションを子どもの家と連携させて、若者を単にお客さんとして扱うのではなく、子どもたちを指導する事で若者、高校生・大学生にも元気になってもらうという形で事業を連携する。
　最後に、一番大切で一番厄介なのが幼稚園と保育所の連携強化です。それぞれの業界がありますので難しいところがあり、ご苦労されていると思いますが、長期的には、知識社会においては子どもへの投資は社会的投資として最大のリターンがある、ということです。

今、4つの例を挙げましたが、まずここから福祉と教育を結び付けて地域でネットワークにしていき、それと並行して学校プラットフォームを考えていくというアプローチもあるのかなと思います。
　いずれにしても、今日は大変刺激的な議論を、みなさまどうもありがとうございました。

（※）小川先生のコメントは、論文『子どもの貧困対策と「チーム学校」構想をめぐって―教育行政学の立場から―』にまとめていただきました。

〈それぞれの地域で絵を描いていく〉
司会：
　ありがとうございました。みなさんがイメージできる非常に具体的な4つのご提案をいただきました。宮本先生がおっしゃったような地域を中心としてすべてをつなげる実践されている方々が、今日も来てくださっています。好事例をあげてくださいと厚生労働省からも文部科学省からも何度も言われましたが、地域でのNPOなど含めた連携の活動を学校拠点に行うというのが、私の学校プラットフォームのイメージです。古川課長が言われたように、一律にするとできる地域とできない地域がでてきますので、それぞれの学校によって違っていいと思います。フードサービスも、今日も来られている山梨でも行われていますし、子どもの貧困対策の会議でも、まず朝食の提供が大事なのではないかと議論されており、重要ではないかと思いました。
　いろいろなご意見が出てまとめ切れません。このシンポジウムのひとつの狙いは、いろいろなことを考えている人が国の政策を考える部署にいらっしゃるということがみなさんに伝わるということでしたが、みなさんが各自治体でそれぞれ絵を描いていけるような勇気をいただいたのではないかと思います。私自身も大変勉強になりました。長時間になりましたが、登壇者のみなさま、本当にありがとうございました。

アンケートからのピックアップ

- 文科省と厚労省が共同作業としてSSWの活用を実践化されていかれる事は、今までに考えられなかった政策だと思います。貧困問題には福祉事務所、学校問題は文科省と別々の視点に立った政策が考えられていましたが、つながっていく事の重要性を現実的に考える事が出来ました。(50代)
- 分野横断的な問題設定で興味深く拝聴させていただきました。個々の教員の対処を超えて、連携協働していく仕組みづくりの重要性について理解できました。制度、仕組みを作ることに加え、学校の人員構成の変革が重要であるという小川先生のご指摘に、解決の糸口がある(それなしに制度、仕組みを作っても形式的なものに留まる)と強く感じました。(40代　大学教員)
- 文科省、厚労省からの力強い言葉もあり、学校拠点にあくまでもこだわった学校プラットフォーム、チーム学校に期待します。軸となるSSWerの養成が課題となるが、日本の学校教育の良さを継承しつつ、今日の課題解決、子ども達の未来へつなげていきたいと思います。(60代)
- 就学後の子どものフォローアップができる場として学校を中心として考える取り組みは効果的だと感じられましたが、具体的に誰がプラットフォームの中心を担うのか、どのような構造とするのか等課題があるということが分かりました。ネットワークを形成する際にも、ネットワークを維持することで負担が増す状態ではなく、協働することで前に進め、かつ各々の負担も最終的には軽減させる仕組みづくり、認識が大切だと感じられました。財源の問題もありますが、「子どもの家」が地域の中で誰もが脚を運びやすい場として、子どもと家庭全体、子どもの育ちと将来の可能性をも支えていく拠点として機能することが実現されて欲しいです。(20代　公務員)
- 「学校プラットフォーム」について、理想像ばかりではなく、実際の学校現場のめまぐるしい実態にも即してのお話があり、より実現に向けた内容のお話が聞けたかなと思います。学校現場は坪田様や山野先生のお話にもあったように、何かと基準が不明確である一方、管理職、担任の裁量に任されることが多い日々と感じております。(20代　中学校教諭)
- 学校をプラットホームにしたとき校長、教員の意識改革が必要だと思う。文科省や厚労省の思いとは別に、福祉人材が入ったときに丸投げされないか

心配する。「チーム学校」「学校プラットホーム」の意味や意義は困った子供や家庭の包括的、早期的な支援のためにはとても大切な考えと思うので、ぜひ進んでいくことを期待している。世の中の期待に添えるようにスクールソーシャルワーカーの資質向上が大変重要であると感じた。学校現場では、一人きりの職なので職務の標準化も必要と思う。(40代)

- 現在の教員たちに負担感・義務感を持たせずにSSWの配置やチーム学校構想にすんなり入っていけるか。元気になるポジティブなシンポジストの先生方のご意見やお考えをうかがっていて希望が持てました。議論から実践へ、「助けを求められる程度の自立性」との古川課長のことばにもはっとさせられました。皆がちょっと一歩前へ、で成果が出てくると思います。私はPTAの立場から学校の子供たちの応援団を長くつとめてきました。どうぞ実効性のある施策が目に見える形で貧困が根っこに横たわる様々な子供の課題を解決していって欲しいです。皆が出来ることをしていこうと私の社団法人の広報誌の中でも扱っていきます。(50代　広報誌編集長)

- 仕事柄、教育と福祉の連携は非常に大切だと感じています。学校を舞台にした新しいシステムなど勉強させていただきました。また、プラットフォームや要保護児童対策協議会などのネットワークをどう束ねていくのかは課題であろうかと思いますが、実効性のあるものにするには地域のネットワークの現状を調べ、その特性等を把握してどういう方法を行うのかが必要であると思います。こういう研究が今後求められるのではないかと思います。また、SSWはコーディネート等だけでなく、親教育まで出来るようになれば活動範囲が広がり、期待度は高まると思っています。ありがとうございました。(50代　地方公務員)

- これだけいろいろな立場の方々が集まってご提案、ご議論いただき、すでにチームは動き出しているのかな、と思います。1万人以上のSSWをどう養成するのか。SCとどう協働していくのか。今の実践をどうまとめていくのか、たくさん課題を頂きました。また、SSW受け入れ側の学校体制をどう作っていくのか。一人ではできないことを学校関係機関と一緒にやっていきたいと思います。(50代　SSW)

- 基調講演がいずれも良かったです。"ネットワーク"の課題や、SSW増員の陰で教員定数が減るかも知れない恐れなど現実的な話が聞けたことは貴重

でした。市町村レベルでは行政や地域の児童福祉の横断的な会合の場がない為（ある所もあるのかもしれませんが）じくじたる思いでしたが、宮本先生のお話を聞いて少し展望も見えました。SSWはよく"つなぐ"仕事と言われているが、つなげた先の受け皿（人・物）や専門性にまで予算を投じないと機能不全になると思います。SSWは追い風にあることは喜ばしいが、スーパーマンではないことを確認しつつ一歩ずつ前進していけたらと思いました。(40代)

- SSWの重要性がはっきりわかるディスカッションでした。厚労省や文科省からも登壇して頂き、今、中央ですすめられようとしていることがよく分かりました。「チーム学校」「学校プラットフォーム化」などというと多忙な学校現場で教員からの不満が出そうですが、もっと開かれた学校、風通しの良い学校となるためにも、SSWがその効果を発揮して、多くの子どもたちを救えるような施策がすすめられるといいと思います。もっと広く、多くの教員がこの重要性を知り、SSWの充実した活躍を期待します。(40代 教育研究者)

COLUMN パネル議論を終えて

中野　澄[1]

学校という言葉のイメージについて

「学校」は、しばしば教員全般をさす言葉として用いられる。ゆえに多くの教員は、「学校」が児童生徒、保護者、地域住民から信頼される存在であるのは自らの教育活動の成果であると考え、学校教育のプロとしての矜持を胸に、授業や行事に積極的に取り組んできた。これが教員のやりがいのひとつであり、そのことは学校でさまざまな事案が起こり続ける現在も変わらぬ、また、変わるべきではない教員の姿勢だと考える。

昨今、中央教育審議会等での議論が大きなうねりとなり、「チーム学校」「学校のプラットフォーム化」等、「学校」という言葉が従前にもましてさまざまな意味合いで使われるようになった。そのこと自体は、これからの義務教育の在り様を考える上で、特に生徒指導でいえば、児童生徒の健全育成に向けた専門家や関係機関の関わり方を考える上で大変有意義に思える。

しかし一方で、学校の当事者を自負する管理職や教員が、「学校」の役割が増大する印象だけを感じるとすれば、教員の多忙化の解消策とは映らず、むしろ学校現場への理解不足に途方にくれ、一方的な学校現場への期待にモチベーションが下がるのではないかという懸念をもつ。

そこで、パネル議論をふまえ、改めて生徒指導から見た「チーム学校」「学校のプラットフォーム化」について感じるところを述べ、批判も含め理解の一助としていただきたいと思う。

1　文部科学省　国立教育政策研究所　総括研究官／大阪府立大学スクールソーシャルワーク評価支援研究所客員研究員

生徒指導からみた「チーム学校」について

　生徒指導から見た「チーム学校」とは、「教員と専門家・関係機関職員が、生徒指導上の課題のある児童生徒に対して、互いの強みを生かして指導・支援が行える体制の確立と充実」をさすととらえている。教育に携わる者だけでほぼ構成されていた組織に、心理、福祉等の専門家が正式メンバーとして加わるのが「チーム学校」の基本編成である。

　ともすれば教育的アプローチによる問題解決に終始せざるを得なかった現状に、他の専門的視点に基づく日常的支援が加わることは、管理職や教員にとって心強いことである。しかし、専門家からは「管理職や教員は、なぜ積極的に専門家を活用しないのか」という声も聞く。管理職や教員が専門家の関与を期待しながら、現実には機能していない状況があるとすれば、そこに足りないのは、「専門家との協働は子どもにとって確かに有効だ」という教員の実感、またはその広がりである。

　その不足を補うために、専門家には、教員の矜持の何たるかを理解することを求めたい。一人ひとりの教員が多忙をあえて引き受け教育活動を行っている根幹の部分に触れようとしてほしい。また、管理職や教員には、自分たちと考えを異にする存在（専門家）をチームのメンバーとして受け入れる体制と度量を求めたい。「児童生徒の最善の利益は何か」を判断のものさしに、その指摘されているところを受け入れ、成果へとつなげられる組織や教員の意識が必要なのである。

　こうした相互理解・尊重の延長に、お互いの知見を活かした「診断（診とおし）」「観察（視とおし）」「支援（看とおし）」等が生まれ、それが効果につながった時、「チーム学校」の有効性を管理職や教員が実感し、自ずと専門家との連携が深まり広がる。この順序がこれまでスクールカウンセラー、SSWerを問わず、学校組織に位置付き機能している専門家をみてきた私の実感である。

生徒指導からみた「学校のプラットフォーム化」について

　「チーム学校」の文脈で「学校のプラットフォーム化」をとらえようとすると、どうもわからなくなる。「学校」という言葉、教員の有りように対する焦点の当て方が違う気がする。

　話はそれるが、かつて指導主事としてSSWerの方々と接していて驚いたのは、SSWerが「学校」を児童生徒にとっての資源ととらえている点であった。「学校」ばか

りか、事業運営している教育委員会も「資源」である。その乾いた言葉の響きを、「学校のプラットフォーム化」と聞くと思い出す。

「公立小中学校」を資源としてとらえるならば、地域のある年齢に達した子どものほとんどが通う機能の可能性をさらに追及するのが「プラットフォーム化」の目指すところだというのも納得ができる。ただ、このとらえ方には教員が学校の当事者だという意識はない、あるいは薄い。だから、教員にあれこれさらに何かを求めるということもおそらくない。

むしろ、教員は、そのプラットフォームに標準装備される要員として、最低限備えておくべき資質や技術の範囲内でその充実を図ることが一義的には期待されると思う。生徒指導でいえば、すべての教員に求められるのは、授業や行事を通して一人ひとりの児童生徒理解を進めることであり、その上でさまざまな兆候があれば、プラットフォームを活用してしかるべき専門家や関係機関につなぐということであろう。

「チーム学校」では、教員が他領域の専門家と交わることで互いの強みを生かし弱みを補完することが求められるのに対し、「学校のプラットフォーム化」では、一人ひとりの教員が、セーフティネットの一翼を確実に担う存在であることが求められている。前者が教員の抱え込みを防ぐことでチームとして大きな範囲の対応を目指そうとしているのに対して、後者は教員に限定された範囲の確実な抱え込みを求めているように感じるのは、私の思い込みすぎか。

そもそもパネル議論のコンセプトは、「学校」という機能をいかし、教員と専門家がチームを組み、あまねくすべての児童生徒の個に応じた指導・支援の充実を図ることであり、だから「学校のプラットフォーム化」と「チーム学校」は矛盾なく関連する、ということであった。

その方向性は理解するが、ただ、これまで「学校＝教員」というイメージのもとで育まれ受け継がれてきた教員の矜持やモチベーションをどこにどう置きなおせばいいのかという点については、残念ながら今の私には見えてこない。その思いをパネル議論でしっかり伝え、やり取りできればよかったと少し後悔している。

子どもの貧困施策の動向と考察

大谷　圭介[1]

1．はじめに

　子どもの貧困対策は、平成25年6月に成立した「子どもの貧困対策の推進に関する法律」に基づき、平成26年8月に閣議決定された「子供の貧困対策に関する大綱」に沿って推進されている。大綱では、子どもの将来がその生まれ育った環境によって左右されることのないよう、また、貧困が世代を超えて連鎖することのないよう、必要な環境整備と教育の機会均等を図るため、内閣府を主務官庁として文部科学省・厚生労働省が連携・協力して各種の施策を総合的に推進するとされている。

　子どもの貧困を解決していくには、国や地方公共団体だけでなく、子どもの貧困に関わる支援団体や民間団体の協力も得て、まさに総合的に施策を推進することが必要である。

　筆者は「子供の貧困対策に関する大綱」の策定時に、文部科学省の子どもの貧困担当参事官として施策のとりまとめを行うとともに、内閣府、厚生労働省との連携を進めた。その過程では、内閣府に設置された「子供の貧困対策に関する検討会」（座長：宮本みち子放送大学教授、山野則子教授も委員を務めた）にも出席したほか、子どもの貧困に関わる各種団体や現役大学生を中心とする「STOP！　子どもの貧困ユースミーティング」の方々とも意見交換をするとともに、地方公共団体の担当部局からも数次にわたり実態を伺った。

　筆者は、その経験を通じて、子どもの貧困に関心を有する人々がおのおのの役割をはたして真摯に取り組むことが大切なことは言うまでもないが、子どもの貧困対策が総合的に実施されることによって初めて効果が得られることを考

---

[1] 前文部科学省生涯学習政策局参事官／大阪府立大学スクールソーシャルワーク評価支援研究所客員研究員

慮すると、教育関係者は福祉行政の、福祉関係者は教育行政の、それぞれの考え方や仕組みを正確に理解し、相互の施策を活かした取組をしていかなければ、真の意味での連携はできず、子どもの貧困対策の「総合的な推進」はできないと実感した。子どもの貧困対策は、貧困状態に陥っている子どもだけの問題ではなく、その根本にある家庭状況を改善しなければ解決できないのであり、とりわけ親（保護者）への支援が重要であることは論を待たない。

　そこで、本稿では、子どもの貧困対策に関して、文部科学省と厚生労働省の施策を中心として概括するとともに、その課題を明らかにしていきたい。

2．子どもの貧困対策に関する主な施策

　子どもの貧困対策に関する施策は5つの支援策によって構成されている。これを平成28年度政府予算案で分類してみよう。

　第1は「教育の支援」であり、高校生を対象とした奨学のための給付金制度（131億円）、大学等の無利子奨学金事業（3,222億円）、中学生を対象とした原則無料の学習支援事業（2.7億円）、幼児教育の段階的無償化（345億円）、生活困窮世帯への学習支援（19億円）、SSWer・スクールカウンセラーの配置（55億円）などである。第2は「経済的支援」であり、主なものは児童扶養手当である。第3は「生活の支援」であり、児童養護施設の退所児童へのアフターケア（7.7億円）、児童相談所の相談機能の強化などである。第4は「保護者の就労支援」であり、ひとり親家庭の親の高卒認定試験の合格支援（2.3億円）や在宅就業や雇用型テレワークへの移行支援などがある。第5は「施策の推進体制」として官公民による国民運動の展開がある。次に各項目についてもう少し具体的に見てみよう。

（1）教育の支援

　教育の支援においては、「学校をプラットフォームとした総合的な子どもの貧困対策」が打ち出されている。学校はすべての子どもが集う場であることから、貧困状態にある子どもを発見し、教育支援を行うとともに、教育と福祉・就労との組織的な連携を図ることを目指している。まず、学校教育の根本である学力保証・進路支援として、貧困による教育格差の解消を図るための教職員の充実を図るため、教職員定数の改善（150人）と補習・補充学習を行うサ

ポートスタッフを高校に派遣する（1,150人）。
　また、子ども・保護者のみならず教員が相談する先として福祉の専門家であるSSWerの配置を拡充して教育と福祉の組織的な連携を促す。このため、平成27年度2,247人分の配置を3,047人（800人増）にするとともに、貧困対策のためのSSWerの重点配置を600人から1,000人に拡充することのほか、さらに、SSWerの質的向上を図るための研修等の取組も支援することとなっている。これらの施策を通じて、平成31年度までにすべての中学校区にSSWer（約1万人）を配置するという目標が目指されている。なお、スクールカウンセラーについても、平成31年度までにすべての公立小中学校（27,500校）に配置することが目標とされており、貧困対策のための重点加配として1千校への支援が打ち出されている。
　また、学習支援として、家庭での学習習慣が身についていない中・高校生を対象に大学生や元教員などの地域住民が教えたり、ICTを活用して学習したりする場である地域未来塾を1,100ヵ所増やして約3,100ヵ所に拡充することとしている。ちなみに、この地域未来塾については可能な限り早期に5,000ヵ所（全中学校区の半分に相当）することが目標となっている。
　さらに、家庭教育支援チームによる訪問型の家庭教育支援を新規で全国5ヵ所において行うこととしている。
　教育の支援としては、幼児教育の段階的無償化に向けた取組も進んでいる。平成28年度予算案においては、多子世帯の保護者負担の軽減として、年収360万円未満の世帯について第2子の保育料を半額にするとともに、第3子以降の保育料をすべて無償とする。また、ひとり親世帯の保護者負担の軽減としても、市町村民税非課税世帯の保育料を無償化することとともに、年収約270万円から約360万円までの世帯の第1子保育料を半額とし、第2子以降の保育料も無償とする（所要額345億円）。これにより、低所得者のひとり親世帯・多子世帯が保育所・幼稚園に子どもを通わせる際の教育費が大幅に軽減されることが期待できる。

（2）経済的支援
　経済的支援において特に重要な施策は、児童扶養手当の支給である。児童扶養手当の受給者は平成26年3月で約107万人いるが、国庫負担分だけで1,718億

円かかっていた。児童扶養手当の増額は、子どもの貧困対策の中でも特に要望が強いものであったが、多額の予算増を伴うことから、なかなか進展の得られなかったものである。今回、平成28年度予算案の形成過程において、「ひとり親家庭・多子世帯等自立応援プロジェクト」が総理官邸の主導により検討された結果、児童扶養手当の充実が図られることとなった。具体的には、多子加算について、第2子加算額を現行の5千円から1万円に、第3子以降加算額を3千円から6千円にそれぞれ倍増するとされ（初年度所要額は28億円増）、これを実現するため平成28年1月に招集される通常国会に児童扶養手当法の改正案を提出することとなっている。

今回の増額では、所得要件が新たに導入され、収入に応じて支給額が逓減され、低所得者に重点を置いた改善がなされる予定である（第2子では年収171万円7千円未満であれば満額の1万円）。法律改正が成立すれば、支給額が2人目以降は36年ぶり、3人目以降も22年ぶりに増額されることになる。

(3) 生活の支援

生活の支援においては、児童養護施設の退所児童へのアフターケアが図られる。

児童養護施設の子どもに関しては高校卒業後の支援が不十分であることから、20歳までの措置延期が要望されているが、措置の延期は見送られたものの、施設にいる小学校段階から学習支援を行って標準的な学力を身につけさせることを目指している。

福祉行政の細かな話ではあるが、貧困層の高校生にとって大きな問題となっていた生活保護受給世帯の子どもの学習塾等費用の収入認定除外についても改善が図られた。

生活保護受給世帯の子どもに対しては、教育扶助や高等学校等就学費が支給されるほか、自立更生のために充てられる奨学金やアルバイト収入などは収入認定から除外されていた。近年、大学や専門学校などへの進学を希望する子どもが増加している一方で、学習塾にかかる費用については、現行の運用上、保護費の支給対象および収入認定除外の対象となっていなかったため、保護費が減額されることとなり、結果として子どもが大学などへの進学を断念する事態が見られた。そこで、平成27年10月より生活保護世帯の高校生の奨学金やアル

バイト収入を学習塾などの費用に充てる場合には、収入認定から除外することなり（小学生、中学生についても同様の取扱い）、学習塾に通いやすくなった。

貧困家庭においては、住居の確保も大きな課題である。そのため、国土交通省の施策として、公的賃貸住宅等におけるひとり親家庭・多子世帯等が優先的に入居できるようにするとともに、民間賃貸事業者団体と連携して空き家の活用を図る事業を進めることとなった。

（4）保護者の就労支援

保護者の就労支援としては、ひとり親家庭の親の約14％が中学卒であり、よりよい条件で就職や転職できるよう、高校卒業と同様の学歴を持てるような支援を行う。具体的には、高等学校卒業程度認定試験に合格できるよう通信講座などの受講料を2割補助するとともに、合格した場合には受講費用の4割を支給することで、最大で受講費用の6割（上限15万円）を支給する。

先にも触れた「ひとり親家庭・多子世帯等自立応援プロジェクト」ではひとり親の就労支援が特に充実されているので、ここでまとめておこう。まず、前述のように就職に有利な資格を取得することで、安定した職業に就けるよう、高等職業訓練促進給付金の支給期間を2年間から3年間に上限を延長する。これにより、たとえば、養成期間が3年間となっている正看護師になれるよう、全期間にわたり給付金の支給を受けることが可能となった。また、これまで2年以上就学する資格に限定されていたものが1年以上就学する資格にも拡大されたので、調理師や製菓衛生師なども対象となった。さらに、高等職業訓練促進資金の貸付事業が創設され、入学準備金（50万円）、就職準備金（20万円）の貸付が可能となるとともに、5年間継続して就業した場合には返済が免除されることとなった。

上記のほか、自立支援教育訓練給付金についても訓練受講費用を現行の2割助成（上限10万円）から6割助成（上限20万円）に充実し、働きながら一層のキャリアアップを図れるような対策を講じている。

また、ハローワークでは「ひとり親全力サポートキャンペーン」として、地方公共団体と連携して児童扶養手当受給者が地方公共団体に現状届を提出する8月に、市役所などにハローワークの臨時相談窓口を開設するほか、マザーズハローワークにもひとり親の就職支援担当の専門相談員を新たに21名配置する

など、ひとり親の就労支援を強化することとしている。

　ひとり親が利用しやすい職業能力開発を推進することも重要である。特に雇用保険を受給できない求職者を対象とした求職者支援訓練では、ひとり親の女性も多いことから、託児サービス付きの訓練コースや1日の訓練時間を短くした訓練コースを新設し、育児に配慮した職業訓練の拡充を図っている。

(5) 子どもの未来応援国民運動

　子どもの貧困対策は国や地方公共団体による施策のみならず、国民の幅広い理解と協力を得ることが不可欠である。そのため、経済界や教育・福祉の関係団体、支援団体、マスメディアなどとのネットワークを構築し、国民運動としての支援の輪を広げるため、官公民の連携プロジェクトとして「子供の未来応援国民運動」が行われている。この国民運動では、各種の支援情報を一元的に集約した上で、地域別、属性等別、支援の種類別に検索できる総合的な支援情報ポータルサイトを整備することしており、平成28年度中には国、都道府県のみならず、すべての市町村の支援情報が提供される予定である。また、子どもの貧困に関する支援ニーズと支援活動のマッチング事業や地域における交流・連携事業による応援ネットワークも計画されている。

　さらに、企業や個人などからの寄付金をはじめとする資金を「子供の未来応援基金」としてまとめ、草の根で支援を行っているNPOなどに対して支援を行う「未来応援ネットワーク事業」が開始されている。本稿執筆時点では、寄付金は数百万円程度しか集まっておらず、今後、国民運動を盛り上げていく中で企業や個人などに寄付を募っていくことが課題となっている。

　なお、民間からの資金を中核とする子どもの未来応援基金の他に、政府の取組として平成28年度予算案においては「地域子供の未来応援交付金」を創設して市町村に補助することで、各地方公共団体において子どもの発達・成長段階に応じて切れ目なくつないだり、教育と福祉をつないだり、関係する行政機関や地域の企業、NPO、自治会などをつなぐ地域ネットワークを作ることを支援することが計画されている。

(6) 都道府県の子どもの貧困対策

　子どもの貧困対策法第9条では、都道府県では子どもの貧困対策についての

計画を定めるよう努めるとされており、平成27年3月に京都府が「京都府子どもの貧困対策推進計画」を策定したのをはじめ、現在、東京都を除く46道府県において計画を策定または計画中となっている。なお、東京都が計画を策定していないのは、東京都では「子供に関する他の計画（子供・子育て支援総合計画及びひとり親家庭自立支援計画）において子供の貧困が取り上げられており、改めて計画を策定しなくてもよい。東京都は組織が巨大でとりまとめが難しい。」という考え方のためとのことである。

　道府県では政府の「子供の貧困対策大綱」を踏まえて子どもの貧困対策計画を策定しているが、各計画の内容に関しては大きな差異は見られない。この理由としては、はじめて策定される計画であることから、とりあえず政府の大綱に沿って関係部局の施策をとりまとめがちであることが考えられる。ただし、千葉県のように県の素案を提示して県民に広く意見を募集した上で、計画を策定しているところもあり、県民の関心を喚起し、関与を促していくのに有効な取組である。

3. 子どもの貧困対策に関する施策への考察

　ここまで平成28年度予算案における子どもの貧困対策に関係する施策を取り上げてきた。冒頭でも述べたとおり、子どもの貧困対策は、ひとつの行政組織による施策で解決されるものではなく、数々の課題に応じた施策を総合的に実施してはじめて効果が生まれるものである。

　子どもの貧困問題は、突き詰めれば、子どもの属する家庭の経済問題であり、親をはじめとする保護者の経済状況が子どもに影響し、貧困の世代間連鎖が生じて、貧困が再生産される悪循環を招くという意味において、我が国のみならず世界的にも大きな（社会的）問題と言える。もちろん、家庭が裕福であったとしても児童虐待や育児放棄などの問題は生じ得るし、家庭が裕福でなかったとしても子どもが健やかに成長していくことはある。ただ、近年、子どもの貧困が特に問題視されるようになったのは、世帯の経済格差が拡大し、貧困層にある世帯では貧困の連鎖が起こり、世帯の経済格差が一層拡大する傾向が顕著になったためである。特に日本においては、貧困問題が表面化しづらく、「豊かな日本に貧困問題はあり得ない」との誤った先入観が強くあり、多くの国民が子どもの貧困についての理解が不足している。また、貧困問題は個

人的な問題であり、個人の努力不足や保護者の無責任さに由来するものという一面的な見方があり、貧困が世代を超えて連鎖するという社会構造的な問題であることが認識されていないことが、日本の貧困を解決しようとするモーメンタム（世論）を著しく損なっている。

しかしながら、貧困問題は日本経済の将来にも大きな影響を与えるものである。具体的な例を挙げると、先に日本財団により公表されたレポートによれば、子どもの貧困に対策を講じなければ、現在15歳の子どもだけで推計したとしても、生涯所得が2.9兆円減少し、政府の財政負担は1.1兆円増える。一方、子どもの貧困対策が講じられ、高校への進学率が一般家庭と同じなり、大学進学率が現状より20％上昇して54％に上がると仮定すると、正社員になる人が9千人増加することとなり、64歳までの生涯所得が国全体で25.5兆円になるとされ、日本全体では2.9兆円の損失になるとしている。また、社会保障費についても国の負担が1.1兆円減るとのことである。

ただし、このデータは約120万人いる現在15歳の子どものうち、生活保護世帯、児童養護施設、ひとり親家庭の子ども（合計約18万人）だけを対象として集計したものであり、他の年齢の子どもを合わせれば莫大な金額になることは明らかである。子どもの貧困は、子ども一人ひとりと保護者の問題に止まらず、日本経済にも深刻な悪影響をもたらすものであるとの認識を国民が広く共有することが必要である。

このため、政府では子どもの未来応援国民運動を始動したわけであるが、前述のとおり国民の間の盛り上がりに欠けているのが実態である。子どもの貧困対策を進めていくには行政だけの施策では十分でなく、民間や個人の参画が不可欠であるのに論を待たないが、そのための仕組み作りはまだ確立されていない。今後、行政、学校、民間、支援団体の関係者そして研究者が一緒に検討し、試行し、検証することが求められている。

（参考文献）
文部科学省（2015）「文部科学省における子供の貧困対策」
内閣府（2015）「子供の未来応援国民運動」
日本財団（2015）「子供の貧困の社会的損失推計レポート」
朝日新聞（2015）12月31日朝刊31面

朝日新聞（2016）1月13日朝刊29面
千葉県ホームページ「子供の貧困対策推進計画案に関する意見募集結果について」

教育支援とネットワーク化する学校教育

松田　恵示[1]

教育支援とは何か

　ここでは、子どもたちの育ちを支える社会の仕組みづくりについて、「教育支援」と「ネットワーク」という言葉をキーワードに、いくつかの視点から考えてみたい。「教育支援」という言葉がよく使われるようになってきたのは、比較的新しいことである。たとえば平成25年に閣議決定された「第2期教育振興基本計画」では、「教育支援人材」「学習支援」「学校支援」「子どもの支援」「社会参画」「ネットワーク化」など教育支援に連なる言葉が多く見られ、連携と協働という言葉と相まって、社会全体で子どもたちを育てることが目指される現在の教育動向を現すひとつのトレンドとなっている。また、学校教育や社会教育、家庭教育においては、「チーム学校」「地域学校協働本部」「家庭教育支援」といった施策も進み始めており、この「教育支援」を扇の要とした取り組みなどが広がっている。

　ここで、「教育支援」という言葉は、以下のように概念化することができる。

　教育支援とは、子どもを支援する場合と教育者を支援する場合の2つを含む、学びに関わる他者の行為への働きかけであり、その意図を理解しつつ、補助・連携・協働することを通して、教育の営みの質を維持・改善する一連の活動を指し、最終的には、「学び」ということがらをなす、子どもの力をつけることをいう。（連携・協働が進むこれからの学校教育と教育支援、日本教育新聞、2016年1月25日付掲載）

　この定義は、東京学芸大、大阪教育大、北海道教育大、愛知教育大の4大学

---

[1] 東京学芸大学芸術・スポーツ科学系　教授

が協働して行った「教育支援人材養成プロジェクト（HATOプロ）」で報告されたものであるが、その多くを次の「支援」の定義に依っている。「支援とは、何らかの意図を持った他者の行為に対する働きかけであり、その意図を理解しつつ、行為の質を維持・改善する一連のアクションのことをいい、最終的には他者のエンパワーメントをはかる（ことがらをなす力をつける）ことである」（支援基礎論研究会編者、『支援学―管理社会をこえて』、東方出版）。

一方で、教育という営みは、「学び」という営みをめぐって「教える人」と「学ぶ人」がセットでなり立つ行為である。このことから、教育支援は、「教育のための支援」であるとともに「教育という支援」でもあるという性質が生じる。つまり、教育支援には、支援の対象を「子ども」とする場合と「教育の主体者」とする場合があることになる。ただそれは、最終的に子どもを支援することに向かうので、「教育の主体者」を支援することも、より豊かな子どもへの支援につながってこそ、教育支援と呼ぶにふさわしい営みであるということになる。

学校教育支援の現在

次に、教育支援の中でも、とりわけ学校を中心とした教育支援（教育の主体者である教員への支援）の現状について表したものが、次の**図1**である。

ここでは、教育支援を次の3つのタイプに分類している。「補助的支援（assist）」「連携的支援（coordinate）」「協働的支援（collaborate）」の3つである。

まず「補助的支援」とは、たとえば子どもの登下校の安全管理等の手助けや行事等でのお手伝い、情報機器の準備や操作など、教員の補助を行う教育支援活動を表している。次に「連携的支援」とは、たとえば小学校6年生の社会の授業で「幕末」の歴史を学ぶ時期に、学校近くの図書館で地域の方が文献に基づいて解説する「幕末展」などを合わせて企画し、学校と連絡を密に取りながら社会教育施設が地域の方と子どもの学びの場を広げるなど、学校外部が学校と連携する教育支援活動を表している。最後に「協働的支援」とは、社会教育の主体者である専門職員、地域住民、企業社員・団体職員や、健康支援や社会福祉に携わる専門職支援者などが、学校教育を担うスタッフの一員として、教員と協働して行う教育支援活動を指している。

「連携」とは、それぞれの教育主体がそれぞれの目標に応じた活動を行う際

図1 学校教育支援の現在

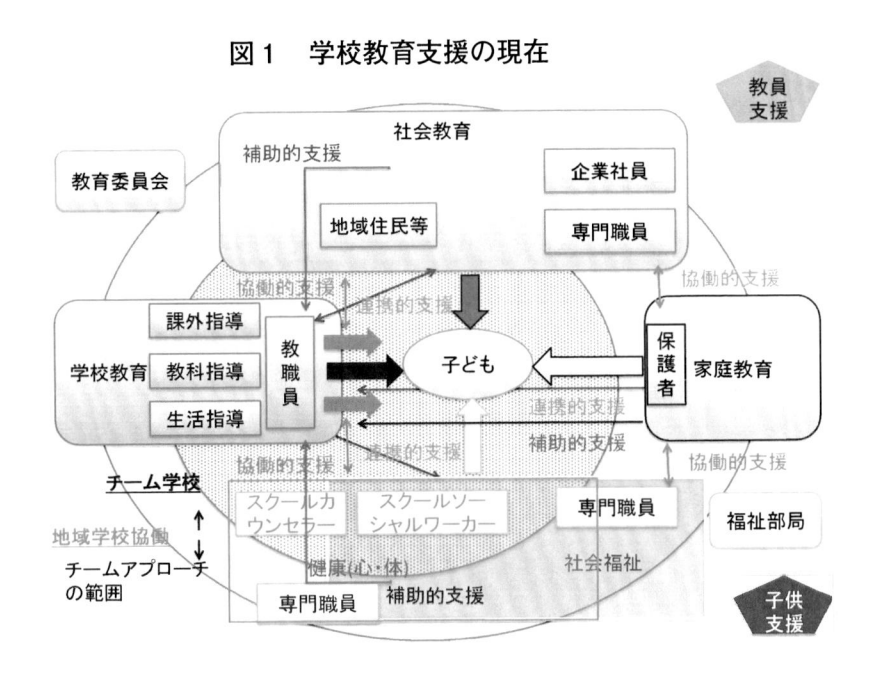

に連絡を取り合い相互協力することを言う。それに対して「協働」とは、それぞれの教育主体が、学校教育の目標を共有し、学校教育のスタッフとして、しかしながらそれぞれの教員区主体の専門性を生かし、力をあわせて活動することを指す。たとえば、学校運営協議会を構成し、地域住民が学校の教育課程や学校運営についてともに考えたりするコミュニティースクールは、学校教育における地域が協働する教育のあり方の一つである。また、教員とICT支援員、共生教育支援員、社会教育専門職員、企業社員、地域住民などがともに授業づくりをパートナーとして行ったり、ある部分を分担したりといった協働的な教科の学習指導などもこれにあたる。また、部活動等の課外活動における、地域住民や地域のクラブ指導者がなどによる教育支援も、「協働的支援」のひとつである。さらには、スクールカウンセラーやSSWerなどの専門職支援者が教職員と一緒になって、不登校やいじめ、貧困の問題などにあたるのも「協働的支援」の大きな働きである。

また、学校教育と社会教育の「協働的支援」や、学校教育と健康支援、社会福祉との「協働的支援」を囲う内側の楕円が図には描かれている。これは、

「チーム学校」を担う人材の範囲を表すものである。「チーム学校」のスタッフは、この意味ですべてが「協働的支援者」ということにもなる。これに対して、図の中に描かれる、その外側にあるもうひとつの楕円は、社会教育、家庭教育、健康・社会福祉に携わる人々が学校を支援し、子どもを守り育てていくことに社会総掛かりで取り組むとともに、学校からも支援を受け、学校をプラットホームとした「学び」のネットワークを形成し、地域コミュニティーまでをも再生したり、新たに構築したりする取り組みの範囲を指すものである。今般の中央教育審議会（平成27年12月答申）で示された「地域学校協働本部」は、この範囲を表す言葉であり、学校から見た場合、地域が「協働的支援」を行うとともに、学校と地域が「連携的支援」を互いに行いあったり、場合によっては、社会教育を学校が地域と一緒に「協働的支援」を行ったりする仕組みづくりが提言されている。

教育支援とネットーク

それでは、教育のネットワーク化が進む現在、教職員や教育支援人材に求められるあり方とは、いったいどのようなものなのであろうか。ここではそれについて、特に「協働」という言葉から検討することにしてみよう。

日本の教育政策は「協働」や「連携」をキーワードに、さまざまな人々がネットワークを構成して子どもを支え伸ばす方向へと大きくシフトしている。たとえば、「チーム学校」と呼ばれる施策では、教員だけでなく、スクールカウンセラーやSSWer、あるいは部活の外部指導者を「学校スタッフ」と制度上も位置づけ、「チーム」としてそれぞれの役割に基づき、子どもたちを支え伸ばすことを進めていこうとしている。

ところで、この「チーム学校」という取組の核となっている、そもそもの「チーム」という言葉は、一体、何を指しているのだろうか。「チームワーク」「チームビルディング」「チームプレイ」など、「チーム」に関わる馴染み深い言葉は確かに多い。しかし、人が集まるだけでは、集合や集団（グループ）という言葉もある。では、「チーム」とは、いったい、何をいうのであろうか。

「チームワークの心理学」を著した山口は、もっとも広く使われる「チーム」という言葉の定義のひとつとして、E.サラスの次のようなものを挙げている。

「チームとは、価値のある共通の目標や目的の達成あるいは職務の遂行のために、力動的で相互依存的、そして適応的な相互作用を行う二人以上の人々からなる境界の明瞭な集合体である。なお、各メンバーは課題遂行のための役割や職能を割り振られており、メンバーである期間は一定の期限がある」(山口裕幸、2008、p.11)。山口は、このサラスの定義について、「目標の共有」「協力と相互依存関係」「役割の割り振り」「境界が明瞭」の４つの要素からなるものとまとめている。ここにある要素は、「チーム」をマネージメントしていくときの視点としても有用性の高いものであるが、「協働」という言葉を具体的に考えていくときにも、大いに役立つと思われる。ただそのためにも、特に「協力と相互依存関係」そして「役割の割り振り」という点には、少し注意を促しておきたい。

　教育場面で考えてみた場合、「相互依存関係」とは、チームのメンバーが密接にお互いに依存しあって子どもを支援したり、指導したりすることを指している。この「相互依存」という関係は、しかしなかなか難しいものでもある。たとえば、大人が子どもに注意を与える、あるいは「諭す」場合、厳しい役割を演じる人と、優しい役割を演じる人の２つの立場が整えられていることが望ましい、ということはよく言われている。一方では、厳しい態度で「ダメなものはダメ」というある種の厳然たる基準があることを理解させるとともに、一方では、そうした厳しい場面を肯定的、主体的に捉え、よりよい方向に自分を変えていくためにも、自分を支え理解してくれる大人の優しい態度に、子どもの傷つきやすさは護られそして励まされる。このときに、厳しい役割を演じる人と、優しい役割を演じる人は、異なった視点や異なった価値観から子どもに接することが求められている。擬似的な厳しさや優しさでは、２つの立場が迎合してしまったり、あるいは逆に抑圧にしかならなくなってしまったりするからである。

　この意味では、教育主体として自立していることや信念を強く持っていることが求められており、他方では同時に、異なった視点や立場を持つ人とも、子どもを巡って、それぞれを尊重しつつ、それぞれにしかし迎合してしまはないことが求められる。そして、もっとも重要なことは、そのような異なった視点や立場を持つ人を「信頼」できなければ、このような関係性や子どもへの接し方がなり立たないのである。相互依存関係や役割の割り振り、とは、そもそも

このような「信頼」を欠いてはなり立たない要素でもある。支援をお互いに受け合うことで相互依存がなり立ち、それは協働へと発展し、そこでの集合体が「チーム」へと整えられていく。しかし、その基盤には「信頼」という言葉が深く横たわっているのである。ここで、改めて「信頼とは何か」という問題が問われなければならないということになろう。

信頼とは何か

　ここで「信頼」という言葉は、「信じて頼ること」であるが、これは類似する「信用」や「安心」という言葉とは一体何が異なっているのだろうか。私たちは、この「信頼」という言葉と「信用」という言葉を、確かに日常的には使い分けている。たとえば、「信用金庫」は存在するが、「信頼金庫」は存在しない。「信頼関係」も存在するが、「信用関係」はやはり存在しない。また、「信用できる人」と「信頼できる人」は、やはり少し語感が異なっていることを私たちはよく経験し理解している。周りの人を「信用」と「信頼」という言葉で見渡したときに、確かに、「信用」という言葉が馴染む人と、「信頼」という言葉が馴染む人が区別できるといった感じである。父親や母親は「信用」できないわけではもちろんないが、むしろ「信頼」という言葉の方が似つかわしい代表格であろう。

　ここで、社会心理学者の山岸は、「信頼の構造」という著書の中で、「安心」と「信頼」の意味の違いについて次のように述べている。「相手が自分を搾取する意図をもっていないという期待の中で、相手の自己利益の評価に根差した部分」を意味するのが安心であるのに対して、信頼とは「相手が自分を搾取する意図をもっていないという期待の中で、相手の人格や相手が自分に対してもつ感情についての評価にもとづく部分」を意味する、と述べる（山岸、1998、p.39）。つまり、相手自身の不利益になるからそんなことはしないだろう、と期待するのが「安心」で、相手の人格からしてそんなことはしないだろうとか、相手に対しての感情に根ざしてそんなことはしないだろう、と期待するのが「信頼」であるとの指摘である。ここには、「安心」が行為として確認できる範囲において、広い意味での経済性や合理性、あるいは過去の実績に基づいた言葉であるのに対して、「信頼」は人格や感情といった、行為の奥にある特性や主体性を捉えて、頼ることができる、という未来に対する期待であるとい

う区別が示唆される。この区別からすると、「信用」と「信頼」も、目に見えた実績に基づいて「間違いない」と受け入れ任用する、といった条件付きの期待が「信用」であるのに対して、「信頼」は無条件での未来に対する開かれた期待であるといえよう。

　ここで山岸はさらに、「安心が提供されやすいのは信頼が必要とされていない安定した関係においてであり、信頼が必要とされる社会的不確実性の高い状況では安心が提供されにくい」(山岸、1998、p.50) と述べる。「安定した社会的不確実性の低い状態では安心が提供されるが、信頼は生まれにくい．これに対して社会的不確実性の高い状態では、安心が提供されていないため信頼が必要とされる」(山岸、1998、pp.50-51) とも言い換えている。つまり、「チーム」における相互依存関係、あるいは「協働」について考えるときも、そもそもチーム内のメンバー間には、ある種の「社会的不確実性」が前提とされていなければならず、それは、学校教育支援においては、「教員」「職員」「こども支援専門職」「外部支援職」「企業社員」「社会教育専門職」など、そもそも異なる背景や専門性をもつ人々が、つながるからゆえに生じることである。このような、異なっているという「他者性」が現在の学校には必要であるということとも言い換えることができるし、この「他者性」から生じる「社会的不確実性」を消失させないように、信頼関係を構築しつつチームとしての子どもへの働きかけが求められている、ということになろう。

　逆に言えば、チームが過度に帰属意識や愛着意識が強くなりすぎ関係性があまりにも安定しすぎてしまうと、外部との接点を持つからこそもたらされる、新しい知見や広い意味での資源を失ってしまうという機会コストが生まれ、チームとしての力やその意味を失ってしまうということになる。山岸は、「強い紐帯に囲まれている人々は安心して暮らすことができるが、そのために手に入れられる情報の量が制限されるというかたちで機会コストを支払っている」(山岸、1998、p.99) と、「弱い紐帯の強さ」という言葉で知られるM.グラノベッターの議論を引いて論じている。そして、むしろこの意味では、機会コストが高い環境においては、「信頼」こそが外部へと関係性を開く大きな役割をはたすことになるとも述べている。現在の学校教育において、教育支援が外部とのつながりとして求められ、またそれが多様化、複雑化する教育課題を解決する一つの方法として力を入れられている理由がここからも理解できるところ

である。またこの側面を、福祉の側からの支援者も理解することが求められているように思われる。このように考えてみると、先の「協力と相互依存関係」「役割の割り振り」というチームを成立させる要素が、「信頼」という言葉の中に潜む、独特の関係性を踏まえることを必要とするものであることが理解できよう。

ネットワークと信頼

　ところで、そもそもネットワークという言葉は、網目のようなものをイメージするわけであるから、基本的には、「点」と、点と点の間をつなぐ「線」と、その点と線の間を行き来する「流れ」の3つを指している。そのように考えると、たとえば「チーム学校」では、福祉と教育というそれぞれで多様な「点」が、ある「線」をとり結ぶことによって、そこに「流れ」が生じるという理解になる。ところがここでよく考えてみると、編み目になっているということは、そのネットワークには「穴」が開いているということでもある。つまり、面になってはいるのだが、板のように全面張り巡らされているわけではなくて、ネットワークとはそもそもすきまがいっぱいであるということである。この「穴」の存在の意味が、関係性のレベルの問題として、先のM.グラノベッターが述べた「弱い紐帯の強さ」を指し、面のように硬くなくて、自由に動かすことができる部分の強みが、そもそものネットワークの特性であると考えてみたい。つまり言い方を変えると、福祉が子どもたちを護ることに力点が置かれているのに対して、教育は、子どもたちを伸ばす、あるいは出会いによって変化していくというところに力点が置かれている。この、子どもたちに働きかける、2つの異なった作用が、それぞれの特性、子どもへの関わり方を、それぞれがお互い反発し合いながら認め合うといった緊張関係の中にあるということ、つまり、そのような「ぴったりではない」弱いつながりの成立を基本とし、お互いを一面的に同一色に塗りつぶしてしまわない関係のあり方が問われるのではないかということである。

　附記　本稿は「松田恵示「教育支援とは何か」「チームと複眼的思考」『教育支援人材養成プロジェクトテキスト教材報告書』2016」の一部を転載するとともに、大幅に修正・加筆したものである。

【引用文献】

宮原浩二郎(1998)『ことばの臨床社会学』ナカニシヤ書店
山岸俊男(1998)『信頼の構造―こころと社会の進化ゲーム』東京大学出版会
山口裕幸(2008)『チームワークの心理学』サイエンス社
支援基礎論研究会編者(2000)『支援学―管理性をこえて』東方出版
脇田愉司(2003)「支援とは何か―その背後にあるものから」『社会臨床雑誌』
　　11巻1号

第 2 部

「効果的なスクールソーシャルワーク事業モデル」活用自治体からの報告

◇

　2010年から現在に至るプログラム評価に基づく研究を開始し、2015年2月には研究成果を『エビデンスに基づく効果的なスクールソーシャルワーク～現場で使える教育行政との協働プログラム』(明石書店)としてまとめた。この開発したプログラムを2014年WEB化し、本格的に実践現場(地域)への活用へ取り組み始めた。本部は、その各自治体の活用の実践報告である。効果が実証されたプログラムの活用であるが、数値データを単に集めるというものではなく、実践を振り返る基軸ができ、苦労と共に、何とか子どもたちのために自分たちの実践を明確化し、実践に価値づけを行う繰り返しの取り組みの具体的な姿が垣間見える。各自治体での活用の参考にしていただきたい。

取り組みの概要

1．研究体制

　文部科学省「平成27年度いじめ対策等生徒指導推進事業は、大阪府立大学スクールソーシャルワーク評価支援研究所（**図1**）において受託し、6機関（図中マーカー：**表3**）を中心に実施してきた。

2．研究目標

①7地域によるSSW事業プログラム実施するためのワークショップの開催
　SSW事業プログラムの正しい実施を行うためにワークショップを活用した進め方を実践家と意見交換を行いながら開発する。

②7地域におけるワークショップを活用したSSW事業プログラム実施
　各地域のスーパーバイザーなどこれを進める実践家を核としながら、7地域において、プログラム実施していくためのワークショップを進める（**図2**）。その際、本研究所から評価人材を派遣し、実施支援を行う。1年かけてプログラムを丁寧に実施する。そして絶えず現場の教育委員会やSSWerの反応を聞いていく。

③SSW事業プログラム実施することによってSSW実践の明確化、SSW事業の拡充
　プログラムを実践したことでWebに作りこんでいるアウトカムをすぐに確認することができる。これらの結果に関しても自治体ごとに公表しワークショップを中心に行う地域ファシリテーターによって実践を明らかにし、不足点や課題、強みなどを明確化し、各地域で意見交換を行う。そして改善に向かう改善評価の支援を行う。
　この一連の流れによって、スクールソーシャルワーク事業プログラムの実施支援、実践家が自分たちの実践をふり返り、よりよいものにしていくプログラム評価の支援を行う。

取り組みの概要

スクールソーシャルワーク評価支援研究所

北海道班
久能 由弥
(北星学園大)

関東甲信越班
米川和雄・横井葉子
(帝京平成大・上智大)
6 横浜市教育委員会

近畿・北陸班
安原佳子(桃山学院大)
吉田卓司(藍野大)
4 三重県教育委員会
5 福井県社会福祉士会

日本社会事業大学社会事業研究所
(評価支援研究)

評価支援アドバイザー
大島巌
(日本社会事業大学学長)

大阪府立大学
研究所代表　山野則子
統括補助　駒田安紀
担当(1)星野聡孝、厨子健一
担当(2)川原稔久、大友秀治
担当(3)総田純次、楢木野裕美

活用支援アドバイザー
中野澄
(国立教育政策研究所)

※再委託先以外の地域に対し、本事業で経費が配分されることはないが、内容面で本事業がバックアップする位置づけにある。

沖縄班
比嘉 昌哉
(沖縄国際大)
再委託先1

九州班
岩永 靖
(九州ルーテル大)

四国班
香川県
3 香川県 SSWer

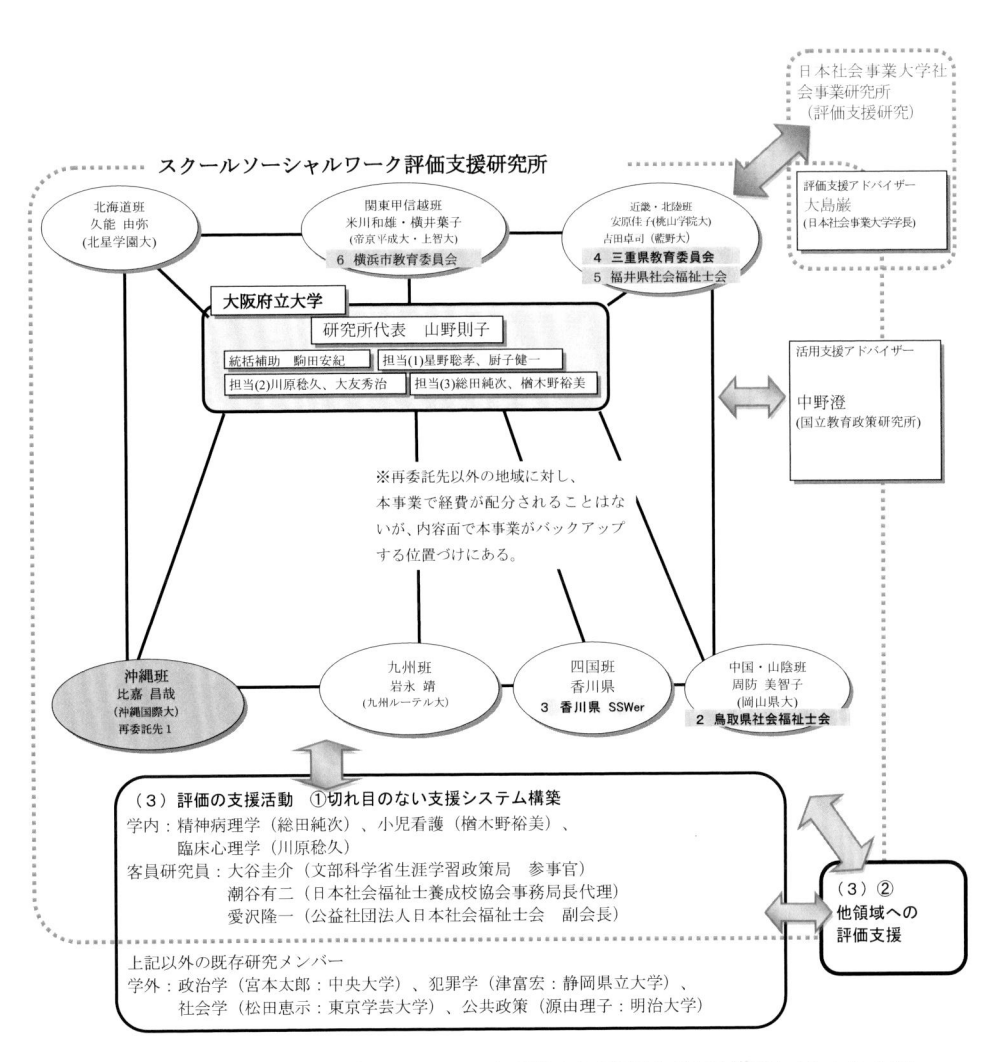

中国・山陰班
周防 美智子
(岡山県大)
2 鳥取県社会福祉士会

（3）評価の支援活動　①切れ目のない支援システム構築
学内：精神病理学（総田純次）、小児看護（楢木野裕美）、
　　　臨床心理学（川原稔久）
客員研究員：大谷圭介（文部科学省生涯学習政策局　参事官）
　　　　　　潮谷有二（日本社会福祉士養成校協会事務局長代理）
　　　　　　愛沢隆一（公益社団法人日本社会福祉士会　副会長）

（3）②
他領域への
評価支援

上記以外の既存研究メンバー
学外：政治学（宮本太郎：中央大学）、犯罪学（津富宏：静岡県立大学）、
　　　社会学（松田恵示：東京学芸大学）、公共政策（源由理子：明治大学）

図1　スクールソーシャルワーク評価支援研究所組織図（文末注参照）
（2015年7月14日時点）

121

図2　評価ファシリテーションの流れ

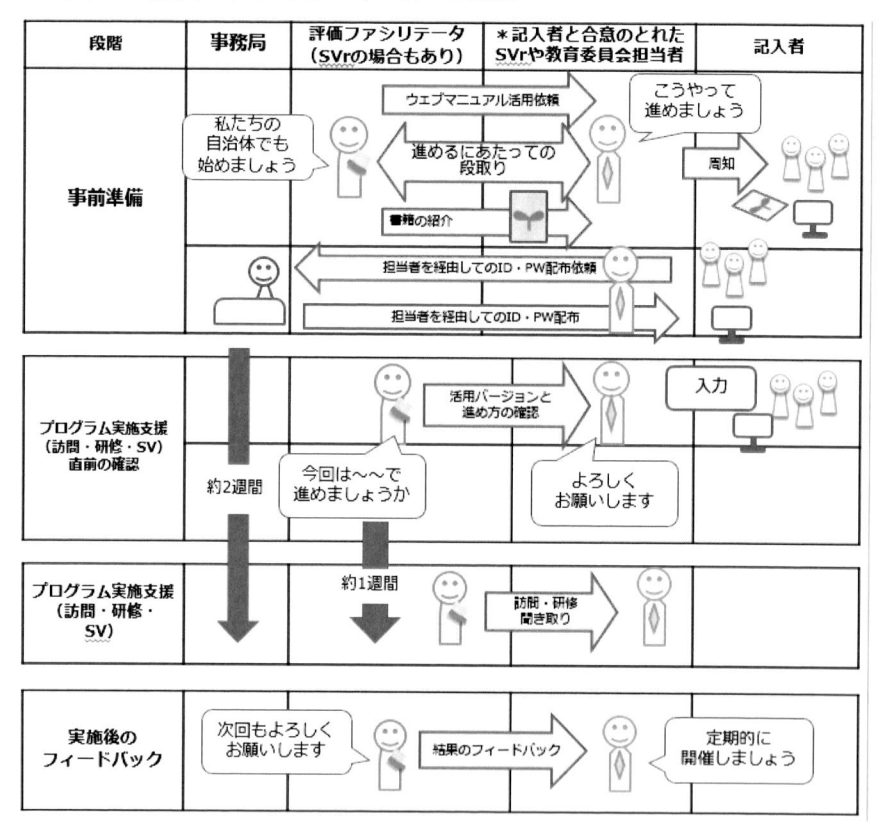

段階	事務局	評価ファシリテータ（SVrの場合もあり）	*記入者と合意のとれたSVrや教育委員会担当者	記入者
事前準備	私たちの自治体でも始めましょう	ウェブマニュアル活用依頼 → ← 進めるにあたっての段取り 書籍の紹介 ← 担当者を経由してのID・PW配布依頼 担当者を経由してのID・PW配布 →	こうやって進めましょう	周知
プログラム実施支援（訪問・研修・SV）直前の確認	約2週間	今回は〜〜で進めましょうか	活用バージョンと進め方の確認 よろしくお願いします	入力
プログラム実施支援（訪問・研修・SV）		約1週間	訪問・研修聞き取り	
実施後のフィードバック		次回もよろしくお願いします	結果のフィードバック	定期的に開催しましょう

表1　取り組み状況

時　期	内　容	備　考
平成27年5月	・評価ファシリテーター養成の開発（ワークショップ開発）のための第1回会議	於・大阪府立大学参加者16名
6月	・評価ファシリテーター養成の開発（ワークショップ完成）のための第2回会議	於・大阪府立大学参加者14名
5月〜9月	・7地域における評価ファシリテーター支援のための調査と訪問支援（各地で第1回ワークショップの開催）	各県合計14回（下表参照）

9月	・SSW事業プログラムの実施報告会（各地の報告）	於・大阪府立大学 参加者88名
10月〜3月	・7地域における評価ファシリテーター支援のための調査と訪問支援（各地で第2・3回ワークショップの開催）	各県合計12回（下表参照）
12月	・評価ファシリテーター養成講座 各地域でワークショップを行うファシリテーターの養成	於・大阪府立大学 参加者45名
平成28年3月予定	・SSW事業プログラムの実施報告会（各地の報告）	於・大阪府立大学（申し込み45名）

3．取り組み内容と成果

　Web化し実践しやすいように作成してきたこのプログラムを全国展開する前に、これを活用する7地域の自治体においてワークショップにおいてプログラム実施を行い、そのプログラム評価を行うことが目的であった。

① 　7地域によるSSW事業プログラム実施するためのワークショップの開発

　各班のリーダーを集めて春に2回の会議を行い、SSW事業プログラム実施するためのワークショップの構造化、議論、実習を行なった。さらにその構造化したワークショップを実践するために、12月に2日間ファシリテーター養成講座を実施した。まさに実践家参画型によるワークショップの開発である。その方法を活用して各地でワークショップを実施するよう働きかけた。

② 　地域におけるワークショップを活用したSSW事業プログラム実施

　各地域のスーパーバイザーなどこれを進める実践家を核としながら、7地域において、プログラム実施していくためのワークショップを進める上で、本研究所から評価人材を派遣し、実施支援をリードしていった。地域でのワークショップ開催は**表2**の通りで、合計35回の開催である。

表2

地域	関東班	近畿・北陸班			中国・山陰	四国班	沖縄班
地域詳細	横浜市他	福井県	三重県	堺市・茨木市・尼崎市ほか	鳥取県	香川県	沖縄県
ワークショップ実施時期	4月	9月	5月	5月	7月	1月	5月
	5月	2月	11月	6月	12月	1月	6月
	9月		2〜3月	7月	2月	時期未定	9月
	2月			10月	2月		9月
	3月			11月	2月		2〜3月
				12月	育成研修		
合計回数	5回	2回	3回	9回	8回	3回	5回

③ SSW事業プログラム実施することによってSSW実践の明確化、SSW事業の拡充

　プログラムを実践したことでWebに作りこんでいるアウトカムをすぐに確認することができる（**図3**）。この取り組みについては以下の通り2学期までであり、今後3学期にアップされ、今までの変化を含め分析していく予定である。

　以上の取り組みを行うことで、2点の成果があった。

　1点目は、SSW事業プログラムを実施するためのワークショップの開発によって、SSWerが本プログラムを活用して実践し、自身の実践を客観的に、振り返ることができた。実践できなかった項目に対して障壁分析を行い、仲間、教育委員会やスーパーバイザーと議論を行うことで、新たな実践に価値と意味が生まれ確かなものになっていくという、プログラム評価の本来の意味に各班のリーダーたちが気づくことができた。本プログラムの本当の良さを確証することができた。つまり、プログラムに基づいた項目のチェックのみをしていても自身のものにならないが、いかに仲間や教育委員会、スーパーバイザーとともにワークに取り組むかが重要である。まさに教育委員会との協働プログ

図3 スクールソーシャルワーカー・教育委員会担当者の実践状況（プログラム実施度）

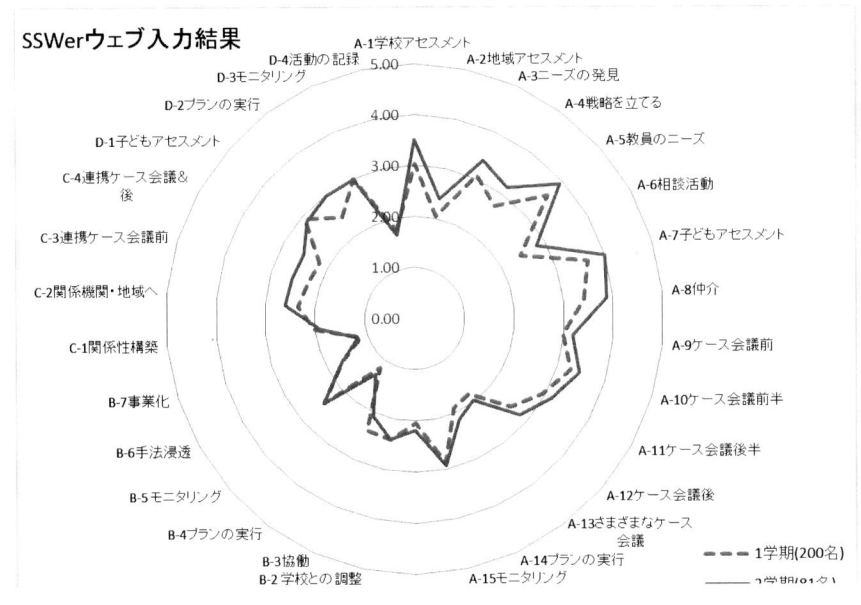

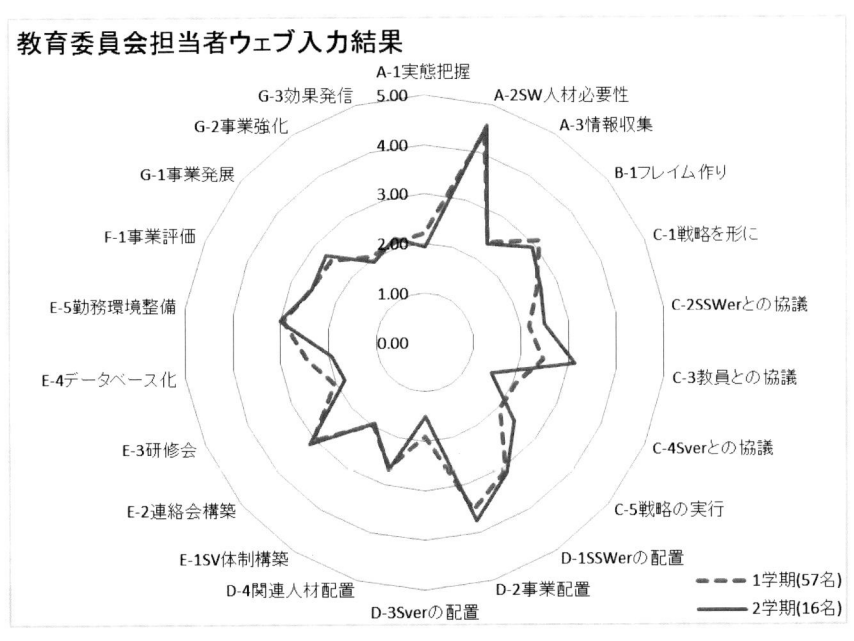

SSWerウェブ入力結果

(レーダーチャート：A-1学校アセスメント、A-2地域アセスメント、A-3ニーズの発見、A-4戦略を立てる、A-5教員のニーズ、A-6相談活動、A-7子どもアセスメント、A-8仲介、A-9ケース会議前、A-10ケース会議前半、A-11ケース会議後半、A-12ケース会議後、A-13さまざまなケース会議、A-14プランの実行、A-15モニタリング、B-2学校との調整、B-3協働、B-4プランの実行、B-5モニタリング、B-6手法浸透、B-7事業化、C-1関係性構築、C-2関係機関・地域へ、C-3連携ケース会議前、C-4連携ケース会議&後、D-1子どもアセスメント、D-2プランの実行、D-3モニタリング、D-4活動の記録)

凡例：---- 1学期(200名)、── 2学期(81名)

教育委員会担当者ウェブ入力結果

(レーダーチャート：A-1実態把握、A-2SW人材必要性、A-3情報収集、B-1フレイム作り、C-1戦略を形に、C-2SSWerとの協議、C-3教員との協議、C-4Sverとの協議、C-5戦略の実行、D-1SSWerの配置、D-2事業配置、D-3sverの配置、D-4関連人材配置、E-1SV体制構築、E-2連絡会構築、E-3研修会、E-4データベース化、E-5勤務環境整備、F-1事業評価、G-1事業発展、G-2事業強化、G-3効果発信)

凡例：---- 1学期(57名)、── 2学期(16名)

ラムであることが確かなものになった。
　2点目は、確実に今後SSWerを増員する文部科学省の方向性があるなかで、どのようにSSWerを育成していくのかが現在の課題である。これはそのまま現任研修を実施する自治体、社会福祉士会、そして学生の養成を行う社会福祉士養成校協会としての課題となるため、本プログラムに興味を抱いて参画したいと希望する自治体や団体が増えた。さらに、そのために参加したファシリテーター養成のワークショップでは、初めて参加した自治体のメンバーの多くから満足であったという感想が得られた。

4．研究成果の普及方法
　9月に、自治体の取り組みについての報告会を行い、制度モデルにつながるシンポジウムと同日に連続して開催したために、多くの参加者が集まり大変好評であった。そして、来年度、参画したいという意思表示も得られている。毎年、シンポジウムと共にこのように企画し、年間を通じてコンスタントに実践家参画型の検討会を企画し進んでいけるよう、内容の自由度を高め徐々に普及していきたい。成果物として、自治体からの報告を中心とした本報告書とともにシンポジウムの記録も含め、本として出版する。また、ホームページなどに見やすい形で掲載していく予定である。

5．今後の課題
　本プログラムは、まだ7地域の複数自治体における実施であり、その定着にも危うさがある。つまり、今年度初めてワークショップとセットで提示するプログラムとして検討し始めた。さらに継続して取り組みを確実なものにしていく必要がある。また各自治体からの希望も出てきたために、自治体数が現在より増えても対応できるよう、継続期間が必要である。内容的には、さらにわかりやすいワークショップを進めるための手引き（同時作成中）とファシリテーターを養成するガイドを作成していく必要がある。

6．本事業の推進自治体・メンバー（表3）

氏　　名	勤務先・役職、資格、経験等
山野　則子	大阪府立大学・教授、大阪府SSWスーパーバイザー
比嘉　昌哉	沖縄国際大学・准教授、沖縄県SSWスーパーバイザー
福島　史子	鳥取県社会福祉士会 子ども家庭支援委員長・SSWer
藤澤　茜	まんのう町教育委員会等・SSWer
伊藤　雅子	三重県教育委員会生徒指導課
三好　良子	福井県教育委員会　SSWer
渡邉　香子	横浜市教育委員会事務局東部学校教育事務所・SSWer

プログラム実施のためのワークショップについて

山野　則子[1]
大友　秀治[2]
横井　葉子[3]
厨子　健一[4]

　第1章では目標の1つめの「すべての子どもを包括する支援システム」の制度モデルを提示することによって、そのモデルを実際に活用した各地での実施がなされることであった。結果、教育と福祉の協働のシステム化が進み、連絡会の増加や子どものさまざまな問題の解決、見えない貧困が減少するであろう。
　2つめのそのモデルの柱になるべくSSWerの実践が確かなものになるために、すでに効果を実証し開発してきた「効果的なSSW事業プログラム」が各地に普及されること、SSWerを置く自治体が増えること、よって児童虐待やさまざまな子どもの改善がなされるようプログラム実行のためのワークショップを繰り返してきた。以下、その概要と具体的手法や成果を教育行政である教育委員会とともに取り組んできた例とSSWerが主体的に仲間ともに取り組んできた例を示す。

1．包括する支援システムづくりのためのプログラム

1）．効果的なSSW事業プログラムの開発

　自治体における先進事例、全国調査、実践家参画型意見交換会、試行調査

---

[1] 大阪府立大学 スクールソーシャルワーク評価支援研究所 所長／大阪府立大学 地域保健学域 教育福祉学類 教授
[2] 龍谷大学短期大学部社会福祉学科　講師／大阪府立大学スクールソーシャルワーク評価支援研究所客員研究員
[3] 上智大学　総合人間科学部　助教／大阪府立大学スクールソーシャルワーク評価支援研究所　客員研究員
[4] 奈良教育大学教育学部　特任講師

などを経て、SSW事業プログラムを開発してきた。プログラム開発では、プログラム評価の理論と方法（Rossi 2004＝2005）を用いた。プログラムは、インパクト理論、サービス利用計画、組織計画から構成される。インパクト理論は、プログラムが目指す効果であり、SSWerの効果を明らかにしたものである。サービス利用計画は、サービスをどのような順序で提供するのかを示したもので、SSWerによる実践プロセスを表す。組織計画は、プログラムを実施する際に必要となる資源、設備などであり、主に教育委員会担当者による事業設計・運営のあり方である。

　プログラム評価の理論と方法に着目した理由は、つぎの2つである。1つ目は、プログラム評価では、常にインパクトが意識されていることが挙げられる。新領域であるSSWでは、実践の効果は明らかにされつつあるが、実践と効果とが関連づけられていなかった。SSW事業プログラムでは、どのような実践が効果につながるのかを可視化できる。2つ目は、実践だけでなく、事業主体の事業設計・運営も含めたプログラムとしていることによる。SSWerの専門性発揮には、学校だけでなく教育委員会としての主体的な関与が必要不可欠だと指摘されている（中野 2015）。これは、都道府県・市区町村として、どのようにSSWerを活用するのかという、とくに、教育という福祉とは異なる教育現場に入る専門職にとって必要な観点だといえる。SSW事業プログラムでは、いかなる事業のあり方がSSWerの専門性に好影響を与えるのかを示している。

　以上、①インパクトとの関連、②教育委員会担当者の事業設計・運営を意識したことにより、「効果的なSSW事業プログラム」というプログラム名が付けられている。

2）．評価ということば

　プログラムの開発段階、この後、説明される実践家参画型ワークショップにおいて、プログラム評価の理論と方法を活用している。ここで、評価ということばについて説明する。

　従来、評価というと、「評価する」「評価される」という構図をもったものとイメージされている。本事業プログラムにおける評価は、自身の実践を客観視するもの、実践活動を補完するもの（安田 2011）といった意味でとらえられ

る。つまり、日々の実践を再認識したり、改善するために、評価は使われる。評価活動において重要な点は、3つである。第一は、実践者の主体性が重視される点である。SSWer・教育委員会担当者が、実践の振り返り、実践と効果との結びつけなどを、評価というツールをとおして、主体的に実施することが求められる。第二は、実践における価値を創出する点である。評価活動から、効果ある実践が明確になることを意味する。これは、SSWer・教育委員会担当者の自信や専門職としての説明責任をはたすことにもつながる。第三は、意見の再形成を生み出す点である。他者との意見交換を通じて、自身ができていた実践、できていない実践の障壁を明らかにする。個人の評価活動にとどめず、グループで共有することで、新たな気づきが生まれる。気づきや改善策を共有することは、最終的には自治体の事業評価にもつながるものである。

以降の自治体報告では、①主体性をもち、②価値ある実践を、③グループで共有し、改善していく魅力的な報告が紹介される。

2．実施のためのワークショップについて

1）．実践家参画型評価の意義と本稿の目的

効果的なSSW事業プログラムの特徴の一つは、プログラムの開発に際し、必ずデータに基づき、先行自治体等で先駆的かつ熱意ある実践を行うSSWerやスーパーバイザー（以下、SVrとする）、事業担当者（多くは教育委員会の指導主事）などの実践家が参画する意見交換会を行う方法で取り組んできたことである（山野 2015：24）。開発段階では計7回の意見交換会が実施され、全国調査結果や自治体における試行調査結果にもとづき討議を重ね、「修正モデル」の作成を経て、「効果モデル」の完成に至っている（横井 2015：116-129）。このような実践家の参画による討議の場は「実践家参画型ワークショップ」と呼ばれ、多様な経験と知識を持った人々による討議を通して、相互の意見の相違を踏まえた「意見の再形成」がなされる（源 2015：38）。

研究開始当初から上記の方法論を共有しつつ、実践家と協働してプログラムの開発に取り組んできた。開発を終えてプログラムの評価・普及を進めている現在は、プログラムが各自治体の実践現場で、現地人材のリーダーシップのもとに実施されるよう、プログラムの活用・普及に向けた実践家参画型ワークショップを開催している。それは、①効果的援助要素を理解し効果モデルの実

践的活用を促すための議論であり、各自治体で実施するワークショップのあり方・構造化についての5回の討議（実践家参画型意見交換会、ワークショップなど）、②その討議を踏まえた、自治体におけるワークショップの開催（次の項で報告する効果モデルを活用した研修、マニュアルを活用したスーパービジョン（以下、SVとする）など）、③自治体におけるワークショップを実施・普及し、実践の改善に取り組める人材の養成、という3段階で捉えられる。本稿は、主に①について報告することを目的とする。

2). 自治体でのプログラム活用・普及に向けた実践家参画型ワークショップの内容と成果

（1）各自治体で実施するワークショップのあり方についての討議（上記①）

それぞれの実践現場においてプログラムの「効果モデル」を記した「プログラム実施マニュアル」の活用を促すために、自治体でどのようなワークショップの方法が実施可能であるのかを、実践家参画型の討議・演習を5回実施して検討した（大友ほか 2015）。その概要を表1に示す。参加者は、全国からエビデンスに基づいた実践を展開しようと意識している教育委員会担当者、SVr、SSWerである。また、これら5回の討議・演習と並行して、大阪府立大学内の研究メンバーにて23回の議論と分析を重ね、その内容を実践家参画型の討議・演習の議論の焦点とし、議論を発展させることを繰り返した。

このうち、2014年度に行われた3回の討議・演習では、各自治体において実際に活用されている場や方法について、多様な参加者と情報収集および意見交換を行った。その過程で、効果的援助要素を簡単にチェックすることができるWEB化したマニュアル（以下、「WEBマニュアル」と表記）を開発し、その試用結果も報告・討議した。また、各自治体でのマニュアルの理解と活用を促進するためのワークショップのパッケージとして、「項目読み合わせバージョン」と「事例検討バージョン」を提示し、その場で実際に演習を行い、方法を精査した。

（2）各自治体で実施するワークショップの構造化についての討議（前記①）

これらの成果を踏まえ、2015年度に実施した2回の討議・演習では、各自治体で「効果モデル」を先駆的に活用しているSVrとSSWer約9名をコアメン

バーとして、マニュアルの理解と活用促進のためのワークショップの構造化について議論した。各自治体で実践しているSSWerの経験や力量が多様化している実状に合わせるため、「項目読み合わせバージョン」と「事例検討バージョン」のほかにもパッケージを増やし、各自治体でのワークショップ内容・方法に大きなばらつきが生じないように一定の構造化をはかった。演習に基づく討議を通して、「DVD視聴バージョン」、「初任者バージョン」、「チェック結果活用バージョン」が生み出された。現在、前述のバージョンの実施手順を可視化した手引き書、「評価ファシリテーションの手引き」の完成を目指している。

表1　実践活用に向けた実践家参画型ワークショップの概要

（大友ほか2015を加筆修正）

年月　時間 参加者	主な討議内容
2014年5月 13〜16時 13名（8自治体）	○「実施マニュアル」の活用方法について：各自治体でどのようなファシリテーションの方法が可能か議論。研修や連絡会で活用、SVで活用、ピアグループで活用、教育委員会との協働活用などが提案された。 ○今後の課題：エビデンスの伝え方やマニュアルのWEB化についても検討。
2014年11月 13〜15時 43名（23自治体） 文部科学省、国立教育政策研究所、日本社会福祉士養成校協会、日本社会福祉士会含む。	○「WEBマニュアル」の試行実施報告：5自治体による報告。各地域での工夫点、困難点、項目を参加者で読み合わせてチェックする法式やチェック結果を分析する法式での試行状況、教育委員会の反応などが報告された。 ○「実施マニュアル」の活用事例についてグループワーク：マニュアルの開発過程を説明する方法、グループで相互に項目をチェックする方法、毎月の連絡会でチェック結果に基づき障壁分析をする方法などの事例を共有した。 ○今後の課題： 意味が難しい項目はファシリテーターによる説明が必要、 教育委員会や行政との連携が不可欠、 活用方法のパターンを類型化した手引きの必要性、 などが指摘された。

2015年2月 10〜16時 20名（14自治体）	○演習に基づくグループワーク：「項目読み合せバージョン」と「事例検討バージョン」を提示して演習を実施。参加者からの感想は、「プロセス理論図の全体像を意識しながらの読み上げはプログラムを構造的に理解できた」、「ファシリテーション手法のイメージが明確になり導入の目安ができた」など。 ○今後の課題： 評価ファシリテーターの機能と役割の明確化、 ファシリテーターの予算化 など。
2015年5月 11〜17時 16名（8自治体）	○今後の研究方向について：①「WEBマニュアル」の完成度を上げること、②データ蓄積とRCT（ランダム化比較試験）について、③ファシリテーションの構造化について、どのように各自治体で展開していくかを議論。全国発信の方法や予算についても確認した。 ○ファシリテーションの構造化に向けたグループ演習：「項目読み上げバージョン」、「DVD視聴バージョン」、「事例検討バージョン」について、ファシリテーター役と実践者役を参加者が担い、演習を行った。また改善すべき点を議論した。
2015年6月 11〜17時 14名（7自治体）	○今後の研究方向について：①WEBマニュアルを完成させること、②データ蓄積とRCT（ランダム化比較試験）について、③ファシリテーションの構造化について、各自治体の展開状況を共有。教育委員会との具体的な協働方法やファシリテーター養成方法を議論。 ○ファシリテーションの構造化に向けたグループ演習：ファシリテーションとは何かを改めて確認、共有した。「初任者バージョン」、「WEBチェック結果活用バージョン」について、ファシリテーター役と実践者役を参加者が担い、演習を行った。改善すべき点を議論した。改めて、開発されたプログラムの意義や評価ファシリテーターとしての主体性を意識化できたという意見が出された。

3）. 課題と今後の取り組み　―評価者人材の育成に向けて―

　以上のように、実践家参画型のワークショップにおいて、協議、試行、集約という参加型評価を繰り返した。その結果、実践家がプログラム開発の意義を再確認し、評価主体としての意識やプログラムに対する当事者意識（源 2015：38）が促進されたと考える。それらを背景として、以下に報告される各自治体におけるワークショップ（上記②）にてさまざまな成果が生じている（紙面の都合上、このことについての詳細な報告は別の機会に譲りたい）。

　現在の課題は、これらのワークショップを実施・普及することを通じて継続的に評価を実施し、実践の改善を重ねていくことのできる人材の養成である。

大島（2015：11）は、実践家参画型評価アプローチ法を実効ある形で進めるためには、その評価アプローチ法を活用できる評価者人材（実践家評価担当者や評価ファシリテーターなど）を育成する評価リカレント教育法と、実践家評価支援法の開発・定式化が必要であるとしている。つまり、地域、さらには全国の実践現場に効果的な取り組みが進められるためには、プログラムモデルに関わる実践家や評価者人材が、実施・普及のための方法論を身に付ける必要性がある（大島 2010：35）。この課題に対しては、実践家評価担当者や評価ファシリテーターを養成することを目的に、2015年12月の2日間、「効果的なSSW事業プログラムのあり方研究会評価ファシリテーター養成講座」を開催した（上記③）。その結果、プログラムを活用する主な自治体の関係者の間で、構造化されたワークショップの方法への一定の理解と浸透が得られたほか、理解・活用が進むための創発的意見が数多く提案され、成果と課題が一層明確になった。今後も本プログラムの実施・普及、継続的改善評価と、それらを担う人材育成を進め、SSW評価の社会的合意形成を図っていく。

〈文献〉

藤島薫（2014）『福祉実践プログラムにおける参加型評価の理論と実践』みらい．

源由理子（2015）「社会福祉領域における実践家が参画する評価の意義と可能性」『ソーシャルワーク研究』40(4), pp. 35-43.

中野澄（2015）「指導主事とスクールソーシャルワーカーの協働への期待」山野則子編『エビデンスに基づく効果的なスクールソーシャルワーク―現場で使える教育行政との協働プログラム』明石書店．pp. 8-9.

大島巌ほか（2010）「科学的な実践家参画型プログラム評価の必要性と実践的評価・評価研究者養成の課題」『リハビリテーション研究』（145），pp. 32-37.

大島巌（2015）「ソーシャルワークにおける『プログラム開発と評価』の意義・可能性，その方法」『ソーシャルワーク研究』40(4)，pp. 4-15.

大友秀治・横井葉子・山野則子（2015）「実践家参画型ワークショップによる評価ファシリテーションの構造化：効果的なスクールソーシャルワーク事業プログラムの形成評価」日本ソーシャルワーク学会第32回大会．

Rossi, P.H., Lipsey, M.W., & Freeman, H.E. (2004) Evaluation：A systematic approach. Thousand Oaks：Sage.（＝2005, 大島巌・平岡公一・森俊夫・ほか〔監訳〕『プログラム評価の理論と方法―システマティックな対人サービ

ス・政策評価の実践ガイド』日本評論社)
山野則子(2015)「効果的なスクールソーシャルワーク事業プログラム・モデルの開発」『ソーシャルワーク研究』40(4), pp. 23-34.
安田節之(2011)『プログラム評価―対人・コミュニティ援助の質を高めるために』新曜社.
横井葉子(2015)「実践家参画型ワークショップの方法によるプログラム再構築:修正モデル」山野則子編著『エビデンスに基づく効果的なスクールソーシャルワーク:現場で使える教育行政との協働プログラム』明石書店, pp. 116-129.

横浜市における取り組み

渡邉　香子[1]

　平成27年12月に中教審から答申された「チームとしての学校の在り方と今後の改善方策について」には、SSWerをはじめとする専門スタッフやサポートスタッフの学校配置が書かれている。チーム学校の一員としてのSSWerは、「地域の人々にとって、支援対象の子どもたちを地域の課題として認知するのではなく、応援団に変えていくための働きかけ」（齋藤　2013）を行っていかなければならない。

　ここでは、横浜市教育委員会事務局東部学校教育事務所における平成25年度から27年度までの「効果的なSSW事業プログラム」を用いたSSWer活用事業の改善への取り組みを報告する。

1．横浜市におけるSSWer活用事業の動向

　横浜市は、日本の市町村で最も多くの人口（約370万人）を抱える政令指定都市である。市域は神奈川県の約18%を占め、京浜工業地帯や観光の中心部であるみなとみらいを含む東部地域、ベッドタウンとして開発され急激に人口が増加している北部地域、豊かな田園の広がる相模野台地の西部地域、三浦丘陵北部に位置し、風光明媚な金沢八景などを含む南部地域に大きく分類される。地域の様相や住民の生活スタイルは、まさに多種多様である。横浜市統計書によると、住民登録している外国人の国籍は50ヵ国を越え、その多く（約42%）は東部地域に居住している。また、生活保護における被保護世帯の保護率は、一番高い中区で64.2‰、一番低い都筑区で7.9‰であるなど、18ある行政区はそれぞれに違った課題を抱えている。

　これらの状況を鑑み、横浜市教育委員会は所管する小学校342校、中学校147校、高等学校9校、特別支援学校12校、計510校への迅速かつきめ細やかな対

1　横浜市教育委員会事務局　スクールソーシャルワーカー

応を目指し、平成22年度より東西南北の４つの方面事務所を設置して学校を支援している。

　本市におけるSSWer活用事業は、平成22年９月、市長の指示のもとに設置された「児童虐待防止対策プロジェクト」において、学校における支援体制・組織的対応の強化策として、児童支援専任教諭の増員とともにSSWerの配置が位置づけられたことからスタートしている。

　多くの児童生徒と学校を抱える横浜市において、すべての子どもにSSWの実践を届けるためには、相応のシステムの構築が必要である。そこで、本市におけるSSWer活用事業は各学校に１名配置されている児童支援専任教諭、生徒指導専任教諭（以下、両者を「専任教諭[2]」とする）との連携に着目し、その狙いを「学校の組織的取り組みの中心的役割を担う専任教諭、特別支援教育コーディネーター等が、SSWerと協働し、問題を抱える児童生徒を支援するとともに、その支援の過程で、学校自らの問題解決力をつけていくこと」とした。本事業におけるSSWerは、学校現場において直接子どもに働きかける専任教諭（直接支援型SSWer）を援助する、間接援助型SSWを行うもの（間接援助型SSWer）としている。この専任教諭とSSWerの連携のシステムを「横浜型スクールソーシャルワークシステム」と名付けている。

　SSWerの所管は指導部人権教育・児童生徒課である。事業開始の平成23年度は教育職（校長経験を有する者）SSWer４名と福祉職SSWer４名の計８名を採用し、各方面事務所指導主事室に２名ずつを配置した。平成25年度にはその有用性が認められ、新たに福祉職４名を増員、平成27年度はさらに福祉職６名を増員し18名体制となった。教育職SSWerの任期満了退職にあたっては福祉職での補充を行ったことから、現在、18名全員が福祉職となり、行政区ごとに担当SSWerを割り当てている。東部学校教育事務所が所管する行政区は５区あり、現在、５名のSSWerが勤務している。

　身分は週４日（１日7.5時間）勤務の非常勤嘱託職員で、学校長からの要請により区担当指導主事等とともに学校に赴く派遣型SSWerである。事案対応の他には、指導主事室内の諸会議や、児童支援・生徒指導専任教諭協議会、対外的には区で主催される子ども家庭支援連絡会、要保護児童対策地域協議会、地

---

　[2]　生徒指導専任教諭、児童支援専任教諭は、子どもに関する諸課題の対応への校内の中心的役割と、地域連携を進める対外的な窓口を担う。（横浜市教育委員会　2010）

域若者対策会議等に参加している。

2. 東部学校教育事務所指導主事室における「効果的なSSW事業プログラム」を用いたSSWer活用事業の改善への取り組み

①平成25年度

　事業開始3年目となった平成25年度、東部学校教育事務所におけるSSWerの活動はそのほとんどがケース会議への参加にとどまっており、指導主事、SSWerともに活動の場が広がらないことを課題として認識していた。また、SSWerによって対応にばらつきが生まれるという課題も上がり始めていた。

　それらの課題の背景要因として、SSWerの認知度の低さや、個々のSSWerの見識や活動が共有されていないことなどが推測できたが、詳細に分析することはなく、実践に反映されることもなかった。これは、SSWerを所管する人権教育・児童生徒課、配置された指導主事室、SSWerともに事業の課題分析やあり方の検討などが年間計画に組み込まれていなかったことやSSWerを所管する側と配置される側、互いの役割の範囲が不明確であったことに起因すると考えられる。

　人権教育・児童生徒課でSSWerを担当していた主任指導主事は、これらの課題解決の方策を得るため、大阪府立大学山野教授が主宰する「効果的なSSWer配置プログラムのあり方研究会」に、東部学校教育事務所のSSWer1名とともに7月から参加。この主任指導主事の呼びかけにより、4方面事務所のSSWer担当指導主事とSSWerは、同研究会の第1回自治体試行調査であるプログラムの項目（以下、「項目」とする）チェックを、平成25年9月と翌年1月の2回、行った。

　東部学校教育事務所では、この結果を基に指導主事室長（以下、「室長」とする）とSSWerで現状と課題について話し合いを行った。SSWer担当指導主事とSSWerのチャート図と分析は以下の通りである。

図1　平成25年度SSWer担当指導主事のチャート図：市平均

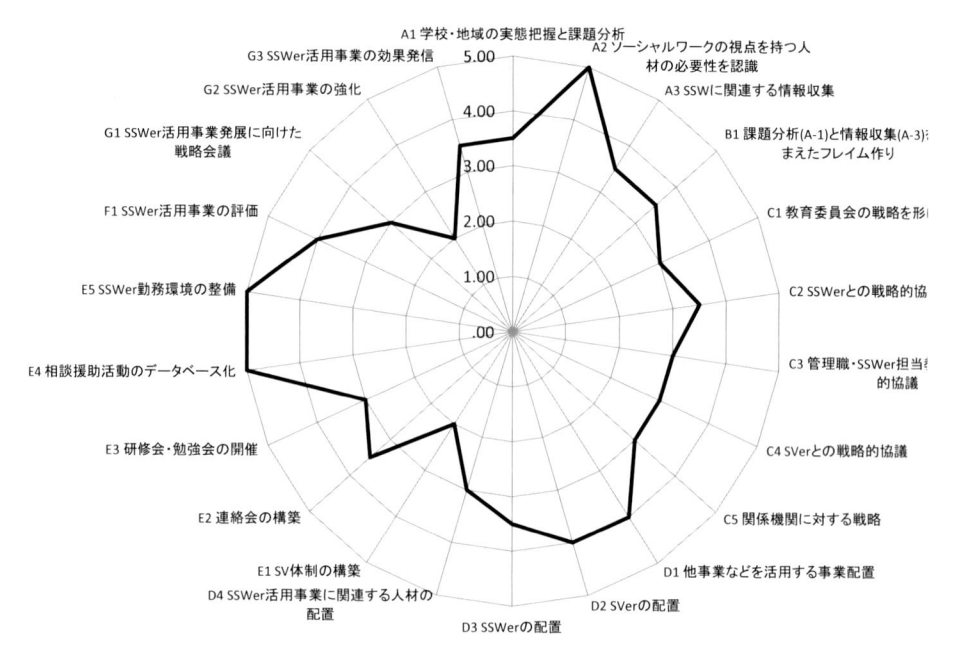

　SSWer担当指導主事のチェックで実施度が高かった項目は、E-4：事例のデータベース化と、E-5：SSWerの勤務環境の整備である。E-5については、事業開始から週4日勤務の非常勤嘱託職員として雇用するなど、比較的安定した雇用条件を整えたことが、SSWerの定着率が高く、経験を積み重ねやすいという結果を生んでいる。

　一方、実施度が低かった項目は、C-4：SVrとの戦略的協議と、G-2：SSWer活用事業の強化であった。横浜市では、SSWer活用事業の効果測定のためSSWerを派遣した学校へのアンケート調査を毎年度末に行っているが、二つの項目の低さからは、調査結果が次年度の戦略に活かしきれていないことと、年度ごとの戦略が十分に練られていないことがうかがえる。

　SSWerのチェックで実施度が高かった項目は、A-1：学校アセスメントとA-8〜12：ケース会議である。A-1については、SSWerが指導主事室に配置さ

図2　平成25年度SSWerのチャート図：市平均

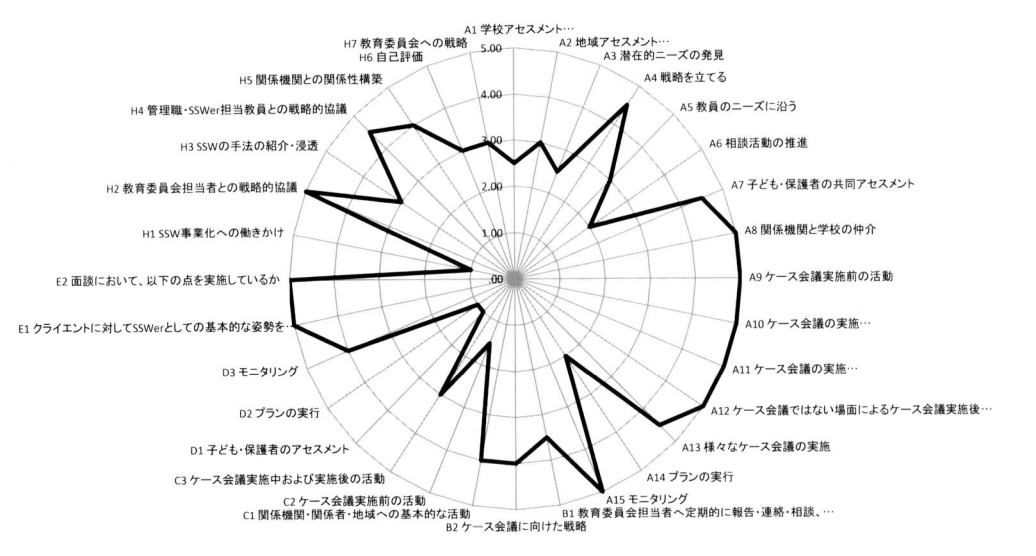

れていることにより、指導主事や学校支援員[3]など、さまざまな視点からの学校情報が得やすくなっていることが分かる。これは事務所への配置という戦略の大きな効果である。

　一方、実施度が低かった項目は、A-6：相談活動の推進とA-14：プラン実行（学校）、D-1：子ども・保護者のアセスメント、D-2：プラン実行（子ども、保護者）、H-1：SSW事業化への働きかけであった。A-14、D-1、D-2の得点には、間接援助型で、なおかつ、ケース会議の参加のみとなっていることから十分なアセスメントが行えていないという課題が如実に現れている。また、H-1については、SSWer自身がより価値的な活動を行うための働きかけを指導主事室や人権教育・児童生徒課に対して行えていないことが明らかになった。これは、SSWerの事業計画への参画機会が十分ではないことを示している。

　また、指導主事とSSWerのチャート図を併せ眺めたことから、SSWerの役割について、委員会、学校、SSWer、それぞれの認識や理解が不足している

3　学校支援員：学校だけでは対応が困難な諸課題解決のために、豊富な教職経験と専門的知見により学校長を支援する校長等の経験者。（横浜市教育委員会　2010）

ためSSWer活用事業は満足する効果を上げていないこと、また、よりよい効果を生むためには本事業のあり方を見直し、効果測定による改善が可能になる仕組みづくりや戦略が必要であると認識するに至った。

②平成26年度

　文部科学省は、SSWer活用事業を「教育分野に関する知識に加えて、社会福祉等の専門的な知識や技術を有するSSWerを活用し、問題を抱えた児童生徒に対し、当該児童生徒が置かれた環境へ働き掛けたり、関係機関等とのネットワークを活用したりするなど、多様な支援方法を用いて、課題解決への対応を図っていくこと」としている。SSWerがより効果的な実践を行うためには、東部学校教育事務所が所管する地域の子どもの問題がどういうものであるのかを明らかにし、SSWerの活用方法について検討しなければならない。

　そこで、東部学校教育事務所における平成26年度の事業改善の取り組みは、3年間の事業の振り返り、所管する学校と子ども、その地域が抱える問題の整理、問題の解決手段の検討を行うことで、より効果的なSSWer活用事業のあり方を模索することとした。

　計画した内容は、以下の通りである。
　Ⅰ．事業を振り返るフリートーク
　Ⅱ．所管する学校と地域が抱える問題と解決手段を考えるワークショップ
　Ⅲ．Ⅱで得られた課題の整理と課題に対して効果的な項目の抽出
　Ⅳ．Webによる項目チェック
　Ⅴ．チェック結果による実践における課題の障壁分析

　「事業を振り返るフリートーク」は、平成26年8月13日、室長の招集により、所長、指導主事8名、校長1名（平成25年度SSWer担当主任指導主事）、SSWer3名（教育職1、福祉職2）の計13名が参加して行われた。

　指導主事の多くは、事務所に入って初めてSSWerの存在を知り、SSWerの専門的な視点が教員の意識を変えること、SSWerによる支援が学校管理職、専任教諭を含む教員の大きな支えになっていることを知ったという。効果を上げている実践として、訪問前にSSWerとともに行う学校情報の収集、各学校の体制に応じた支援プランの協議などが挙げられた。また、課題としては、
　1　指導主事とSSWerで支援の必要性を感じる度合いに差があること

2　SSWerによる支援の必要性があっても学校からニーズが上がらないケースがあること
3　専任教諭はたくさんの業務やケースを抱えており余裕がないこと
4　SSWerと専任教諭との連携が充分でないこと
5　専任との連携に校長が理解を示さないケースがあること
6　指導主事室内でSSWer派遣決定のプロセスが明確でないこと

などが挙げられた。これらに対応するためには、<u>SSWerの認知を上げるための活動が重要であること</u>や、<u>臨機応変な派遣決定の仕組みづくりが必要であること</u>などの議論があった。

フリートーク終了後、引き続き、横井葉子氏（上智大学総合人間科学部助教／大阪府立大学スクールソーシャルワーク評価支援研究所客員研究員）をファシリテータに迎え、同じメンバーによる「所管する学校と地域が抱える問題と解決手段を考えるワークショップ」を開催した。このワークショップは、大阪府立大学効果的なSSWer配置プログラムのあり方研究会が平成25年12月、明治大

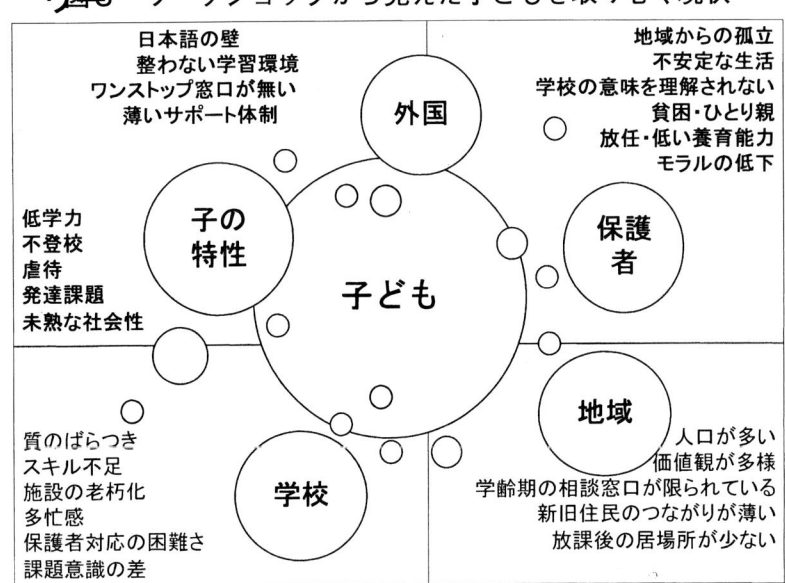

図3　ワークショップから見えた子どもを取り巻く現状

外国
　日本語の壁
　整わない学習環境
　ワンストップ窓口が無い
　薄いサポート体制

保護者
　地域からの孤立
　不安定な生活
　学校の意味を理解されない
　貧困・ひとり親
　放任・低い養育能力
　モラルの低下

子の特性
　低学力
　不登校
　虐待
　発達課題
　未熟な社会性

学校
　質のばらつき
　スキル不足
　施設の老朽化
　多忙感
　保護者対応の困難さ
　課題意識の差

地域
　人口が多い
　価値観が多様
　学齢期の相談窓口が限られている
　新旧住民のつながりが薄い
　放課後の居場所が少ない

図4 「東部学校教育事務所のSSW活用事業は何を目指したいのか」 横井 2015

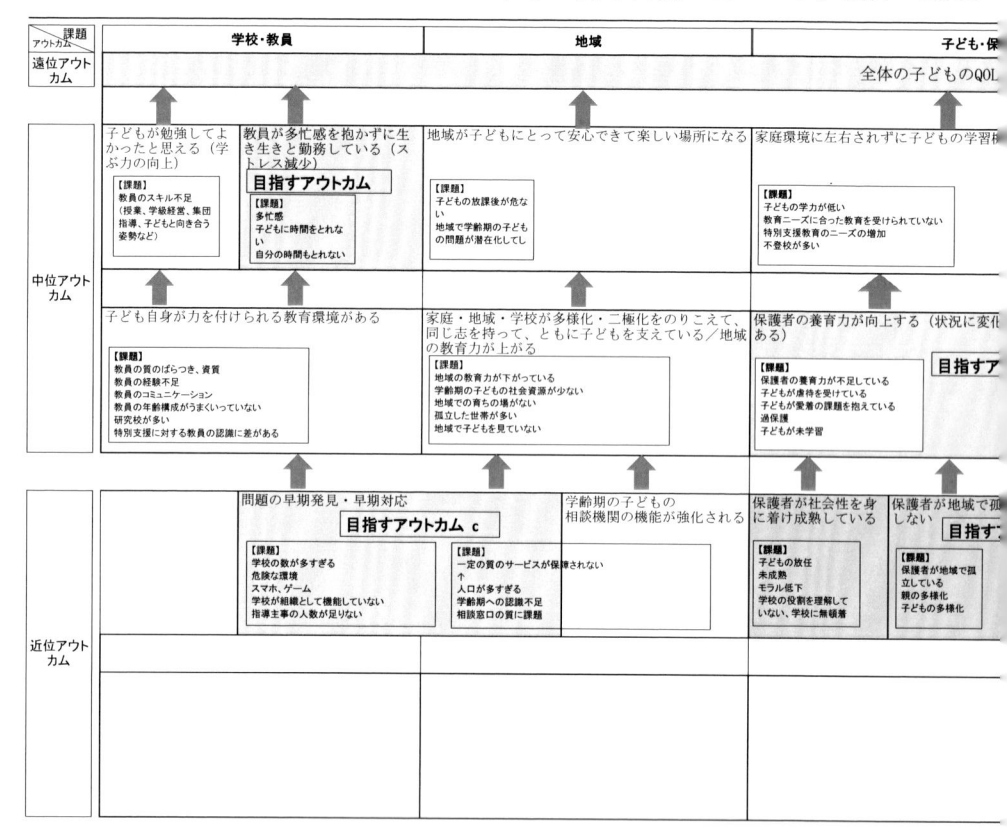

課題 アウトカム	学校・教員	地域	子ども・保
遠位アウトカム			全体の子どものQOL
中位アウトカム	子どもが勉強してよかったと思える（学ぶ力の向上） 【課題】 教員のスキル不足 （授業、学級経営、集団指導、子どもと向き合う姿勢など）	教員が多忙感を抱かずに生き生きと勤務している（ストレス減少） **目指すアウトカム** 【課題】 多忙感 子どもに時間をとれない 自分の時間もとれない	地域が子どもにとって安心できて楽しい場所になる 【課題】 子どもの放課後が危ない 地域で学齢期の子どもの問題が潜在化してしまう	家庭環境に左右されずに子どもの学習 【課題】 子どもの学力が低い 教育ニーズに合った教育を受けられていない 特別支援教育のニーズの増加 不登校が多い
	子ども自身が力を付けられる教育環境がある 【課題】 教員の質のばらつき、資質 教員の経験不足 教員のコミュニケーション 教員の年齢構成がうまくいっていない 研究日が多い 特別支援に対する教員の認識に差がある		家庭・地域・学校が多様化・二極化をのりこえて、同じ志を持って、ともに子どもを支えている／地域の教育力が上がる 【課題】 地域の教育力が下がっている 学齢期の子どもの社会資源が少ない 地域での育ちの場がない 孤立した世帯が多い 地域で子どもを見ていない	保護者の養育力が向上する（状況に変化がある） 【課題】 保護者の養育力が不足している 子どもが虐待を受けている 保護者が様々な課題を抱えている 過保護 子どもが未学習	**目指すア**
近位アウトカム		問題の早期発見・早期対応 **目指すアウトカム c** 【課題】 学校の数が多すぎる 危険な環境 スマホ、ゲーム 学校が組織として機能していない 指導主事の人数が足りない	学齢期の子どもの相談機関の機能が強化される 【課題】 一定の質のサービスが保障されない 人口が多すぎる 学齢期の認識不足 相談窓口の質に課題	保護者が社会性を身に着け成熟している 【課題】 子どもの放任 未成熟 モラル低下 学校の役割を理解していない、学校に無頓着	保護者が地域で孤立しない 【課題】 保護者が地域で孤立している 親の多様化 子どもの多様化	**目指す**

　学教授の源由里子氏をファシリテータに迎えて行ったワークショップの手法を用いたものである。

　翌8月14日には、室長、SSWer 3名が横井氏とともにワークショップのまとめをさらに深く掘り下げての課題の分析を行った。抽出された課題のイメージは**図3**のようになった。

　横井氏がまとめた課題の抽出・分析結果は以下の通りである[4]。

4　太字、改行は筆者による。

横浜市における取り組み

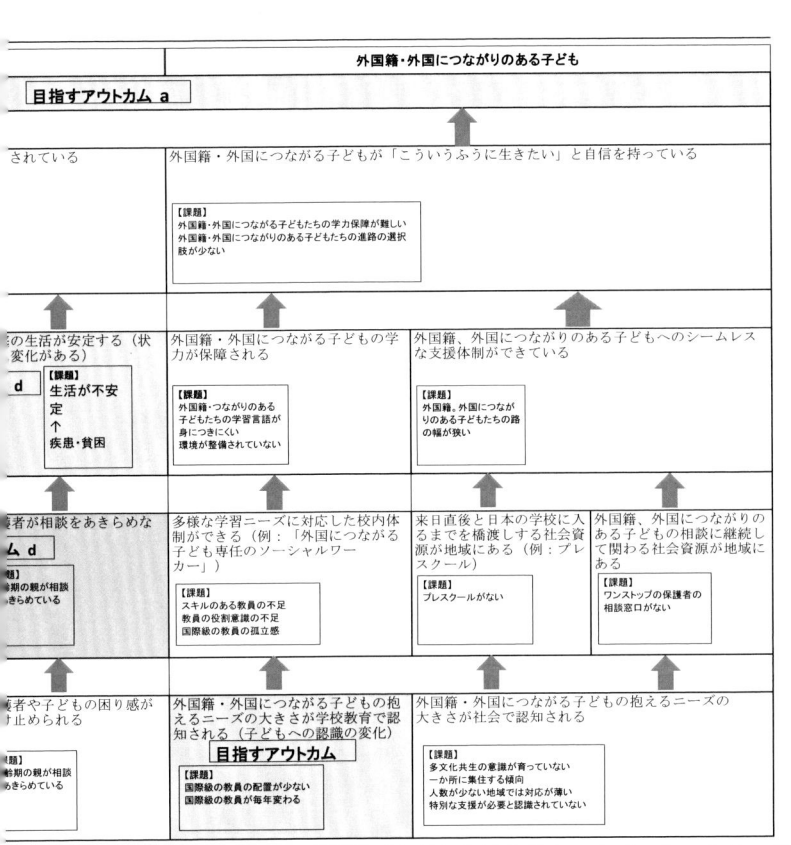

横井葉子（2015）「A市におけるスクールソーシャルワークのプログラム評価―地域の問題に即した効果の明確化と実践課題の抽出」『学校ソーシャルワーク研究』10, p 28の図 1「B部署の課題と目指すアウトカム」を転載

「抽出された課題を近位、中位、遠位の因果関係で整理し、それらが解決した状態（アウトカム）を描いた結果を図（図4）に記す。

抽出された課題は、【学校・教員】、【地域】、【子ども・保護者】、【外国籍・外国につながりのある子ども（外国籍、外国にルーツを持つ、外国から移住したなどの子どもを指す）】の4つのカテゴリーに分類された。

【学校・教員】については、教員の多忙感が中位のうち比較的遠位に位置し、教員の年齢構成や意識、経験、スキルのばらつきやコミュニュケーションなど

143

組織経営上の問題が多くあげられた。

　【地域】については、子どもの放課後の安全性への危機感が比較的遠位に位置した。背景として人口急増を背景とした住民の多様化、新旧住民の分断、大規模人口ゆえに行政サービスを均質に提供することの困難などがあげられ、学齢期の子ども・保護者への相談機能が薄いことが指摘された。

　【子ども】については学力不足と経験や社会的スキルの不足、

　【保護者】については社会性の不足、養育力の不足、孤立など、

　【外国籍・外国につながりのある子ども】については、特別な支援の必要性に関する校内外の認識不足が指摘された。」（横井　2015）

　この分析結果に基づき、SSWerの効果的な項目の抽出は、ワークショップで得られた東部学校教育事務所が目指すアウトカム（望ましい状況）を効果的なSSW事業プログラムのインパクト理論と照らし合わせることから始めた。

　ポイントとなったアウトカムは、

「教員が多忙感を抱かずに、生き生きと勤務している」

「学校・地域が問題を早期発見・早期対応」

「保護者の養育力が向上する」

「家庭の生活が安定する」

「外国籍・外国につながりのある子どもの抱えるニーズの大きさが学校教育で認知される」

である。

　これらをインパクト理論に照らし合わせると、

「（SSWer）教員の専門性を尊重」

「（学校）問題行動の早期発見・早期対応」

「（子ども・家庭）状況変化」

「（教員）子ども・家庭の認識変化」

のアウトカムと符合する（横井　2015）。これらは、東部学校教育事務所における子どもをめぐる状況改善のキーワードとなる。

　続いて、この作業によって得られた“目指すアウトカム”に対して、効果的なSSWer実践項目を特定する作業を横井氏に依頼。横井氏は、全国調査結果および自治体試行調査のデータに基づき、東部学校教育事務所が目指すアウト

カムに対して正の相関関係にある効果的なSSW事業プログラムのプロセス理論における項目を特定した（横井　2015）。結果は以下の通りである。
【担当指導主事が優先して取り組むべき項目】
　　　　A-2　　SSWの視点を持つ人材の必要性を認識
　　　　A-3　　SSWに関連する情報収集
　　　　B-1　　課題分析と情報収集をふまえたフレイム作り
　　　　D-2　　他事業などを活用する事業配置
　　　　E-1　　SV体制の構築
　　　　E-2　　連絡会の構築
　　　　E-3　　研修会・勉強会の開催
　　　　F-1　　SSWer活用事業の評価
　　　　G-2　　SSWer活用事業の強化
　　　　G-3　　SSWer活用事業の効果発信
【SSWerが優先して取り組むべき項目】
　　　　A-2　　地域アセスメント
　　　　A-3　　学校や地域に潜在するニーズの発見
　　　　A-6　　相談活動の推進
　　　　A-9　　ケース会議実施前の活動
　　　　A-12　ケース会議実施後の活動
　　　　A-14　プランの実行
　　　　D-1　　子ども・保護者のアセスメント
　　　　D-2　　プランの実行
　　　　D-3　　モニタリング

　これらの作業と並行し、平成26年9月、大阪府立大学効果的なSSWer配置プログラムのあり方研究会が実施した第2回自治体試行調査に東部学校教育事務所SSWer担当指導主事1名と福祉職SSWer2名が参加し、Webでの項目チェックを行った。
　SSWer担当指導主事とSSWerのチャート図と分析は以下の通りである。

　SSWer担当指導主事のチェックで実施度が高かった項目は、前回のチェッ

ク同様、E-4：相談援助活動のデータベース化と、E-5：SSWerの勤務環境の整備である。E-4については、SSWerからの働きかけにより、これまでの実績に加え、室内で指導主事とSSWerが事例の記録管理システムを共有するなどの改善によるところが大きい。

　一方、実施度が低かった項目は、B-1：課題分析と情報収集をふまえたフレイム作り、C-1：教育委員会の戦略を形にする、C-2：SSWerとの協議、C-4：SVrとの協議、D-3：SVrの配置、E-2：連絡会の構築であった。これらを先に述べた優先的に取り組むべき項目と照らし合わせると、SV体制を構築し、事業評価をふまえ、SSWer活用事業の戦略をSSWer、SVrとともに協議することが必要であると読み取れる。これらの項目の得点の低さは、事業を客観的に評価できなかったことに起因すると考えられる。横浜市はこれまで、事業評価のスケールとSV体制のあり方についての検討が十分でなかった。早急に取り組むべき課題であると考える。

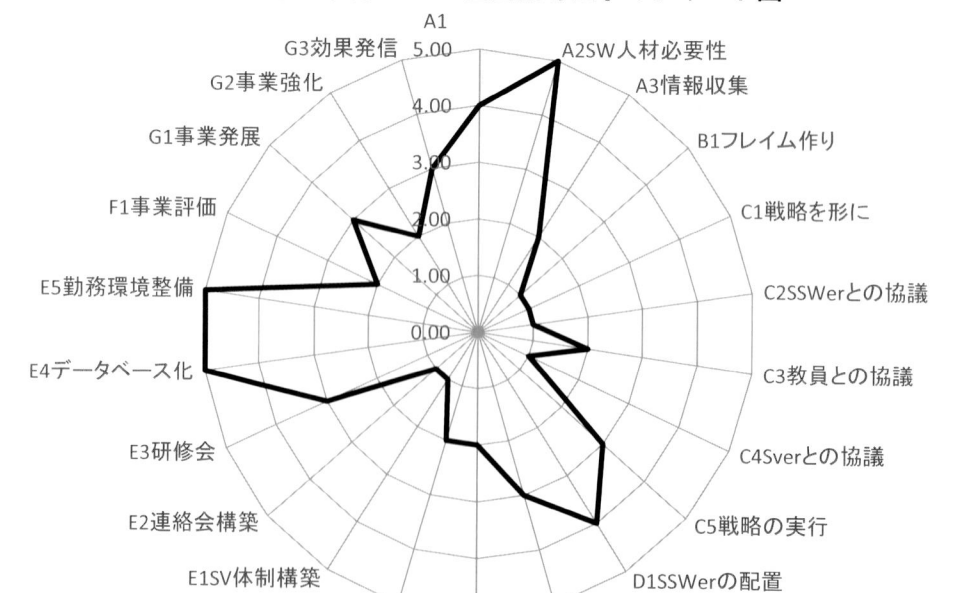

図5　平成26年度SSWer担当指導主事のチャート図

SSWerのチェックで実施度が高かった項目は、A-5：教員のニーズに沿う、A-9：ケース会議実施前の活動、A-10：ケース会議の実施（インテーク、情報収集・整理）、B-3：困難な事例などに向けた協働である。学校支援の準備段階で、多角的な視点から情報を集め、支援内容を指導主事等とともに協議し対応している成果が如実に表れている。

　一方、実施度が低かった項目は、B-7：SSW事業化への働きかけ（マクロアプローチ）、D-1：子ども・保護者のアセスメント、D-2：プランの実行である。これらの項目を先に述べた優先的に取り組むべき項目と照らし合わせると、今回の取り組みのような事業戦略立案への参加と、直接支援を行う専任教諭との更なる連携の強化が必要であると読み取れる。これらの項目の低さは、SSWerが自身の実践を客観的に評価できなかったことと、専任教諭との連携の戦略が練られていなかったことに起因すると考えられる。

図6　平成26年度SSWerのチャート図：東部学校教育事務所平均

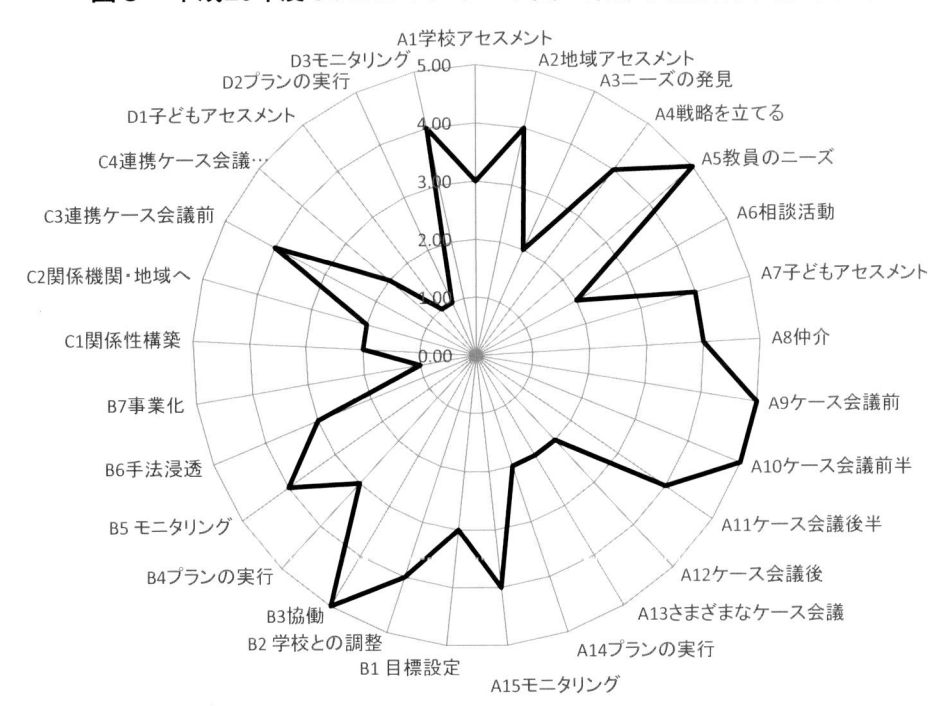

前年度のチェック後、得点の低かった項目については、なぜ実践できなかったのかを考える障壁分析を行い、実践に工夫を加えた。その結果、今年度のチェックではその項目の得点が上がった。これらのことから、項目チェックを利用することによって取り組むべき課題が明確になると、実践の改善がしやすくなること、改善の取り組みの成果を可視化できることが明らかになった。
　平成26年度の取り組みからは、効果的なSSW事業プログラムに基づき、実践、評価、障壁分析、改善のサイクルを回すことによって、より価値的なSSW実践が可能になることが分かった。客観的に実践を振り返り、より価値のある実践を目指して評価を行う効果は大きい。今後、継続的に取り組むべきプログラムであると考え、次年度の改善の取り組みも、引き続きこのプログラムを利用して実施することとした。

③平成27年度
　平成25年度・26年度の取り組み（図7）を受け、平成27年度、人権教育・児童生徒課はSSWer活用事業における評価の試行を目的とし、大阪府立大学SSW評価支援研究所が文部科学省から受託した「いじめ対策等生徒指導推進事業」の再委託を受け、東部学校教育事務所において調査研究を行うこととした。東部学校教育事務所には、3年目のSSWer 1名、2年目のSSWer 1名、退職後補充と増員による新規採用SSWer 3名の計5名が配置された。
　東部学校教育事務所における新人研修の一部は、効果的なSSW事業プログラムに基づき計画した。初任者として習得すべき必要最低限の項目と平成26年度の取り組みで得られた優先的に取り組むべき項目を抽出し、項目の援助要素を確認しながら実践への理解を深めるための研修を2回実施した。特に基本の項目であるA—1：学校アセスメント（さまざまな資源を活用して学校の状況を把握する）を重視し、学校文化へのより深い理解のために学校現場における実習を行った。この実習は、新人SSWerにとっては教員の多忙さを体感し、校内の情報共有や意思決定の仕組みを実際の動きから知る大きな学びの機会となった。一方、学校にとっては課題解決のパートナーでありたいというSSWerの思いと福祉の視点を知る機会となった。また、この実習が要請に繋がるきっかけになるなど、双方に実りの多いものであった。今後は、新人SSWerが実践できる項目や援助要素を増やしていく計画が必要であると考え

横浜市における取り組み

図7 平成25年度・26年度の取り組み

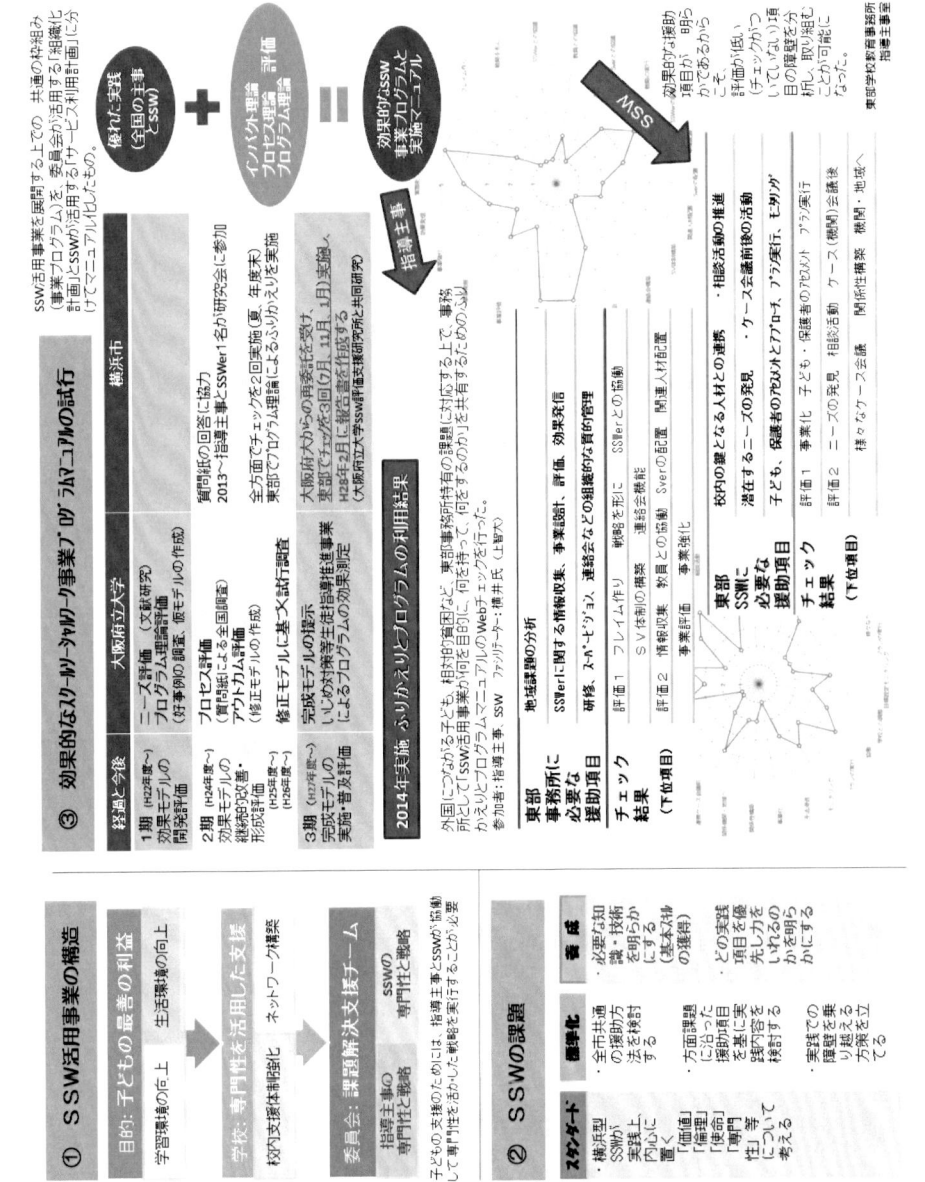

ている。

　また、普段の事例検討においては、実践できなかった項目の障壁分析をプロセス理論図の水平の関係性に着目しながら行うことにより、新たな気づきを得て改善に取り組むことも可能になっている。

　平成27年8月、大阪府立大学SSW評価支援研究所が実施した第3回自治体試行調査にSSWer担当指導主事1名とSSWer 5名が参加し、Webでの項目チェックを行った。この試行調査には、西部学校教育事務所のSSWer担当指導主事1名とSSWer 4名も参加し、同様にWebでの項目チェックを行っている。

　東部学校教育事務所のSSWer担当指導主事とSSWerのチャート図と分析は以下の通りである。

図8　平成27年度SSWer担当指導主事のチャート図

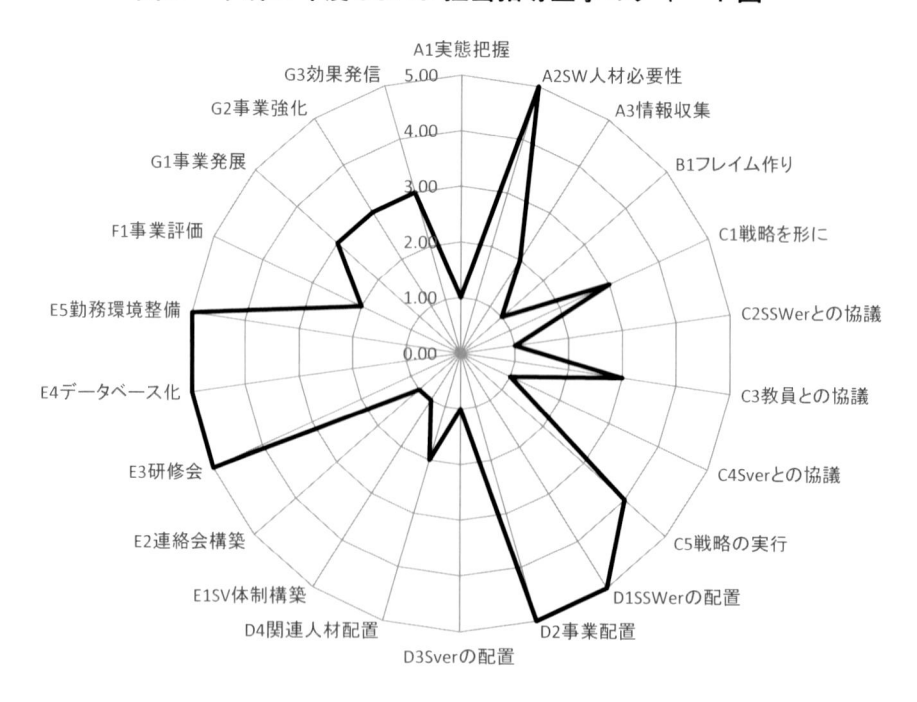

SSWer担当指導主事のチェックで実施度が高かった項目は、前回に引き続きD-1：SSWerの配置、D-2他事業などを活用する事業配置、E-4：相談援助活動のデータベース化である。
　一方、実施度が低かった項目は、A-1：学校・地域の実態把握と課題分析、B-1：課題分析と情報収集をふまえたフレイム作り、C-2：SSWerとの協議、C-4：SVrとの協議、D-3：SVrの配置、E-1：SV体制の構築、E-2：連絡会の構築である。A-1、B-1、C-2の得点が低かったことからは、SSWerを担当することになった新任指導主事の事業への理解の浅さが読み取れる。これは、SSWer担当業務の伝達が十分ではなかったことに起因すると考えられる。また、C-4、D-3については、前回のチェック結果と比較し得点に大きな差はなく、SV体制の構築などの改革が進んでいないことを示している。

図9　平成27年度SSWerのチャート図：東部学校教育事務所平均

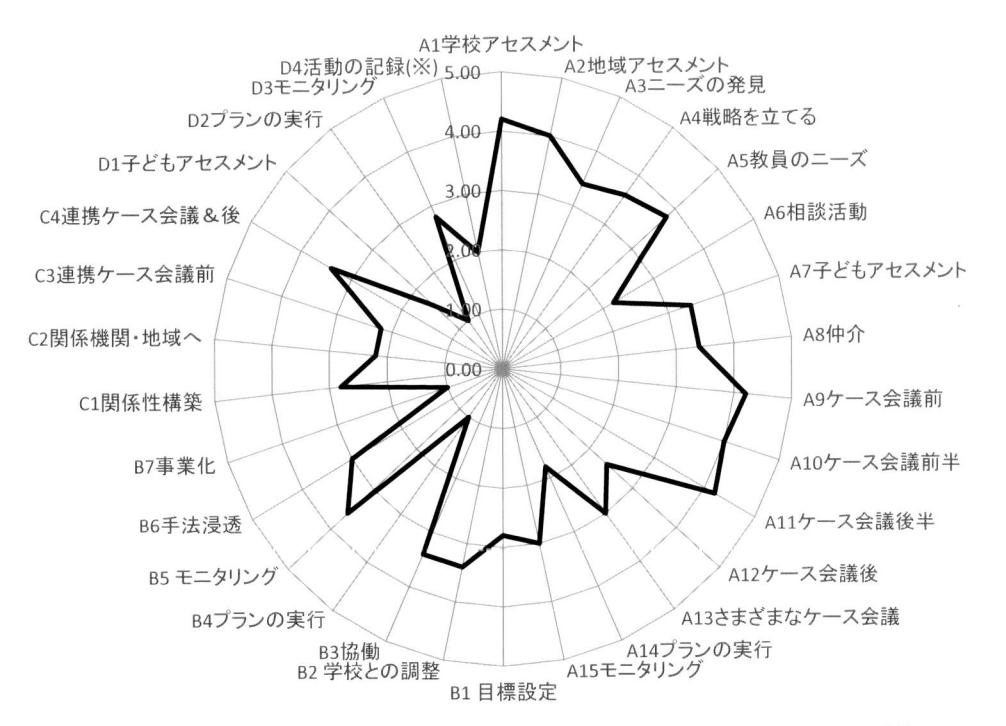

SSWerのチェックで実施度が高かった項目は、A-1：学校アセスメント、A-9：ケース会議実施前の活動、A-11：ケース会議の実施（アセスメント、プランニング、モニタリング）である。A-9、A-11の項目の得点が上がったのは、前回のチェック後に行った障壁分析により、実践を工夫したことによる改善の結果であることが読み取れる。

　一方、実施度が低かった項目は、B-4：プランの実行（マクロアプローチ）、B-7：SSW事業化への働きかけ（マクロアプローチ）、D-2：プランの実行である。これらは前回のチェック結果と比較し得点に大きな差はなく、引き続きマクロアプローチの実践に課題があることを示している。

　今回のチェックにおいて、SSWer5名のチャート図はそれぞれの得点に差こそあれ、似たような形状をしていた。これは、東部学校教育事務所において優先的に取り組むべき項目が共通理解され、実践されたことを示している。とともに、新人研修において、効果的なSSW事業プログラムの利用の有用性が証明されたものと考える。

3）取り組みのまとめ

　平成25年度、東部学校教育事務所ではSSWerの実践のありようが模索され続けていた。SSWerはそれまでの福祉の経験と知恵を絞り、学校での小さな成功を積み重ねることで信頼を得ようと奮闘し、指導主事とともに学校支援の成果を上げることによって土台を作っていた時期であったと思う。平成26年度は、その土台が形づくられてきたところで次のステップとしての改善に取り組むことができた。山野によると、制度をよりよくするためには、<u>事業評価、事業管理、行政との協働、専門性に固執せず、常に新しい方法を協働で模索すること</u>が必要である。今回の報告のとおり、この効果的なSSW事業プログラムはその要素の一つ、事業評価に多いに有用であるといえる。中でも、指導主事とSSWerが同じエビデンスを見ながら協議し、改善策を練られたことは、協働の意識の高まりを生むなど効果は大きかった。

　日本評価学会は、「評価とは、<u>①評価対象である社会的介入行為の改善と説明責任の遂行に資するために、②しかるべき情報に基づいて事実を確認し、③明確な判断基準に基づいて何かしらの価値判断を下す行為</u>」としている。SSWer活用事業は、事実の確認をどう行い、どのような基準で価値を判断す

るのかが明確になりにくいことから、実践や枠組みも曖昧になり、しばしば現場での混乱が生じている。SSWerが大切な子どもの育ちに関わることを考えると、介入行為は説明できるものでなければならないし、実践はより効果的なものでありたい。SSWerの支援はある一定のレベルに達し、さらに向上していくものでなければならない。そのためにも、事業を行う自治体として事実の確認方法と明確な判断基準を持ってSSWerの実践を評価し、さらに評価に基づき標準化し、事業の目的を達成していかなければならないと考える。

　横浜市のSSWer活用事業を立ち上げる際に視察させていただいた大阪府は、SVrを置き、事業作成段階から教育行政と外部の専門職が協働で組織的に取り組んでいる（山野　2012）。その協働の範囲は事業管理や評価、SSWerの資質向上にまでおよび、より効果的な実践を生み出してきた。この実践に学び、横浜市でも教育委員会とSVrが協働する改善システムの構築を検討していかなければならない。

　今後さらに、学校プラットフォームに立つSSWerに対する期待は高まり、責任も問われていくことになるだろう。SSWerがその専門性を高め、より効果的な実践を、責任を持って行えるようになるための体制づくりは急務である。平成28年度以降はそのことを念頭に置き、この効果的なSSW事業プログラムなどを用いながら更なる事業改善に取り組んでいきたい。

【参考文献】
齋藤宗明（2010）「新たなセーフティネットの取り組み　①教育の現場から」横浜市調査季報．vol.167．
齋藤宗明（2013）「教育と福祉の連動、支援制度改善に向けて」神奈川県高等学校教育会館教育研究所誌ねざすNo.52．
文部科学省（2009）「スクールソーシャルワーカー活用事業実施要領」．
山野則子（2016）「専門職が機能発揮　組織づくりが課題」教育新聞2016年1月1日．
山野則子（2012）『エビデンスに基づく効果的なスクールソーシャルワーク』明石書店．
山野則子・野田正人・半場利美佳（2012）『よくわかるスクールソーシャルワー

ク』ミネルヴァ書房.
山野則子・峯本耕治（2007）『スクールソーシャルワークの可能性　学校と福祉の協働・大阪からの発信』ミネルヴァ書房.
横井葉子（2015）「A市におけるSSWのプログラム評価―地域課題に即した効果の明確化と実践課題の抽出―」『学校ソーシャルワーク研究』10号.
横浜市こども青少年局（2011）「横浜市虐待防止対策プロジェクト報告書」pp. 24-36.
横浜市教育委員会（2012）「スクールソーシャルワーク活用の手引き」
横浜市教育委員会（2010）「横浜市教育振興基本計画」
横浜市（2014）「横浜市統計書」
渡邉香子（2015）「東部学校教育事務所の課題とSSWer活用事業のあり方について」

山口県のマニュアル活用実践報告

岩金　俊充[1]

　平成26年度より、県教育委員会と県内すべての市町教育委員会、すべてのSSWerは、「効果的なSSW事業プログラムWEB版」を活用している。また、チェック後は、教育委員会の指導主事とSSWerが集って、一緒にレーダーチャートを用いた振り返りと障壁分析を行い、次年度の目標を設定して取り組んでいる。ここに至る経緯や取り組みを振り返り、今後の課題や展望について述べたい。

1. 山口県のSSW事業の経緯

（1）平成20年度〜21年度【子どもと親のサポートセンターにSSWerを配置】

　山口県でのSSW事業は、平成20年に県の相談機関である「子どもと親のサポートセンター（不登校、問題行動等の相談）」と「ふれあい教育センター（発達や特別支援等の相談）」（以下、センター）に、筆者が週20時間で配置されたのが始まりである。
　SSWerの相談対象は、センターの相談機能と同じく、私立公立問わず県内のすべての幼・保・小・中・高・特別支援学校である。

（2）平成22年度【27人の登録SSWer】

　この年度より「SSWer登録派遣事業」が始まった。県教育委員会へ、県社会福祉士会と精神保健福祉士協会がSSWerの推薦名簿を提出し、一挙に27人のSSWerが誕生した。登録派遣であるので、いつ要請があるかわからないという形での稼働であり、かつ、それまでSSW業務に就いたことのある者はい

1　やまぐち総合教育支援センター内 子どもと親のサポートセンター／大阪府立大学スクールソーシャルワーク評価支援研究所客員研究員

なかったため、好転につながる支援ができずに、学校や教育委員会からクレームが上がることもあった。

　この年から、現任者の資質向上のために両士会主催で大阪府立大学の山野則子教授を招聘して研修を始めた。以後、毎年研修を企画して実施してきている（表1）。

（3）平成23年度【33人の登録SSWer】

　県教育委員会より「スクールカウンセラーには、臨床心理士会が作成した支援上のガイドラインというものがあるが、SSWにはないのか？」という問い合わせを受けて、筆者が「SSWの要請を受けてからの流れ」という業務マニュアル（ガイドライン）を作成し、県と市町教育委員会・SSWerの協議会の場で解説、配布。現在も研修等で活用している。

（4）平成24年度【31人の登録SSWer】

　県社会福祉士会にスクールソーシャルワーク委員会を設立し、組織としてSSWer現任者の資質向上に取り組むことになる。また、この年から始まった大阪府立大学での「効果的なスクールソーシャルワーカー配置プログラムのあり方研究会」に参加。今日に至る。

（5）平成25年度【19市町中の9市1町が、市町専属のSSWを配置】

　県内の19市町中の10市町が専属のSSWerを配置した。また、センターのSSWerの業務が市町のSSWerの支援も担う「エリア・スーパーバイザー（SVr）」となり、かつ増員もされた。

　センターのSVrの業務として、年度初めに県内の全ての市町教育委員会を回って現状や今後についての協議をした際に、支援マニュアルも紹介して「ぜひ使ってみてください」とお願いをした。結果、19市町中18市町から「いいですよ」と了解していただいた。

　9月に、山野教授を招聘しての初めての「SSWマニュアルを用いた活用研修会」を開催。平日16時からの開催であったが、参加者のほぼ半分が県市町教育委員会であった。SSW研修会にこれだけ多くの教育委員会が参加されたのは初めてであった。

表1　研修の取り組み　※太字は、マニュアルに関連する内容が含まれるもの

SSWerに対する、主な資質向上研修		講師	主催
平成20年度	第3回スクールソーシャルワーク研究会（H21.2.）	國房浩一 （福岡県SSWer） 薬真寺真理子 （広島県SSWer） 岩金俊充 （山口県SSWer）	県社会福祉士会
平成21年度	第3回スクールソーシャルワーク研究会（H22.2.）	岩永靖（九州ルーテル学院大学） 岩金俊充（県SSWer）	県社会福祉士会
平成22年度	スクールソーシャルワーク研修会（H23.3）	山野則子 （大阪府立大学）	県社会福祉士会 県精神保健福祉士協会
平成23年度	第1回　スクールソーシャルワーク研修会（H23.8） 第2回　スクールソーシャルワーク研修会（H24.4）	山野則子 （大阪府立大学）	県社会福祉士会 県精神保健福祉士協会
平成24年度	スクールソーシャルワーク研修会（H24.10）	山野則子 （大阪府立大学）	県社会福祉士会
平成25年度	**第1回スクールソーシャルワーク研修会** **SSWマニュアル活用研修会** **（H25.9）　※**	山野則子 （大阪府立大学）	県社会福祉士会 県精神保健福祉士協会
H26年度より、各市町教育委員会単位で、教育委員会とSSWerとでの「マニュアル研修（チェック結果活用バージョン）」を実施　※			
平成26年度	**第1回スクールソーシャルワーク研修会・SSWマニュアル活用研修会　（H26.11）** **（マニュアル研修：チェック結果活用バージョン）※**	岩金俊充 （県SVｒ）	県社会福祉士会 県精神保健福祉士協会
	第2回スクールソーシャルワーク研修会（H26.12）	土井高徳 （土井ホーム代表）	
	第3回　スクールソーシャルワーク研修会（H27.2） **（マニュアル：事例検討バージョン）※**	県SVｒ、市町SSWer	

| 平成27年度 | 山口県FRアドバイザー・スクールソーシャルワーカー連絡会議 ※ | 山野則子（大阪府立大学）
岩金　俊充（県SVｒ） | 県教育庁学校安全・体育課 |
| | スクールソーシャルワーク研修会（H28.2） | 県SVｒ、市町SSWer | 県社会福祉士会
県精神保健福祉士協会 |

　またこの年初めて9月と翌年1月に、筆者から県と市町教育委員会および市町配置SSWerに対して、任意でマニュアルのチェックを依頼したが、結果は以下のとおりで、なかなか協力を得られなかった（表2）。チェックができなかった教育委員会やSSWerの理由としては「忙しかった」「忘れていた」というものがほとんどであった。マニュアルチェックの有効性の認識がまだ薄かったこと、手書きであることによる負担感などが、その理由と思われる。

表2　平成25年度　マニュアルチェック実施数

実施月	県市町教育委員会　【20自治体】	SSWer　【32名】
H25.9月	8教育委員会（40%）	12名（37.5%）
H26.1月	7教育委員会（35%）	8名（25%）

　マニュアルチェックの結果からは、山口県の教育委員会の強みとして「ソーシャルワークの視点を持つ人材の必要性を認識」がみられた。他の項目からも、これまでの教育委員会とSSWerとの協働の良さが伺えた。
　教育委員会の弱みとしては、SVrの配置や勉強会の開催、事業の強化などがみられた。これらは、SSWerの資質向上のため施策・支援が弱いことが表れていると思われる。
　SSWerの強みとしては「子どもや保護者の思いを代弁すること」や「ケース会議の実施」が挙がった。これは、親子に寄り添い代弁をしてきたという実績の表れだと思われる。
　SSWerの弱みとしては、「要対協や保護者を入れた様々なケース会議の実施」や「アセスメントやモニタリングなど、前さばき、後さばき」が挙げられた。まだまだ経験と勘に頼る支援であり、子どもや家族を学校や地域も含めたシステムとして支援するという視座が持てずにいると思われた。

当初より、山口県のSSWerは、メーリングリストを活用して、ゴミ屋敷状態の家、自転車がないから実習に行けない子、冷蔵庫や洗濯機がない家、親から食事を与えられない子、等々のケースに対して、関係機関へのつなぎやカウンセリング的支援に加えて、協力者を募っての家の片づけや引っ越し作業、遊休品や食料品を募り渡す、不要になった自転車を修理して提供するなど、直接的な支援も展開してきた。「そこまでする必要があるのか？」「甘やかすな！」という声もあったが、支援によって実際に子どもが落ち着いたり、保護者との関係が好転したりするのを目にして、協力を申し出る地域住民の方々や関係機関も出てきた。こうした活動は、一見、「効果的なSSW事業プログラム」の普及とは関係がないように思われるが、「そこまでもSSWerは支援してくれるのか」というSSWerへの信頼と期待が生まれ、その後のすべてのSSW事業の発展の基礎になっており、こうした活動は非常に重要であると思っている。

　なお、平成22年度からの「SSWer登録派遣事業」は廃止され、新たに、県の弁護士会・人権擁護委員連合会・民生委員児童委員協議会・社会福祉士会・精神保健福祉士協会から推薦された人材を活用する「ファミリー・リレイションシップ（FR）アドバイザー派遣制度」が創設された。社会福祉士会と精神保健福祉士協会から31名のFRアドバイザー（SSWer）が推薦登録された。

（6）平成26年度【19市町中の12市2町に、市町専属のSSW配置】
　昨年度に引き続き、年度初めに県内のすべての市町教育委員会を回って、マニュアルの活用をお願いした。
　10月、「WEBによるマニュアルチェック」の導入について県教育委員会の担当者と協議をさせてもらったところ、「SSWの資質向上のために県として取り組もう」と言っていただいた。早速、県教育委員会からすべての市町教育委員会を通してログイン用のIDとパスワードがSSW担当指導主事とSSWerに送付され、各自がチェックを行った。
　これまでは、マニュアルチェックが手書きであったために、多忙な中でのチェック作業が負担であったが、WEBでの入力になり労力が軽減されたことが有難かった。
　県とすべての市町教育委員会、ケースを受任しているすべてのSSWerのチェック終了後、SVrの業務として12月から翌年3月末にかけて各市町教育委

員会を回り、指導主事とSSWerがいっしょになって障壁分析と今後の取り組みを考える形式での「SSWマニュアルを用いた活用研修会（チェック結果活用バージョン）」を開催した。

平成27年の2月には「平成26年度　第3回スクールソーシャルワーク研修会」を開催、マニュアルを用いた事例検討（演習）を行った。

なお、この年度のFRアドバイザー（SSWer）には、社会福祉士会と精神保健福祉士協会から38名が推薦登録された。

（7）平成27年度【19市町すべてに市町専属のSSW配置】

年度初めに県内のすべての市町教育委員会を回って、マニュアルの活用をお願いした。

また、SSWerの資質向上のために県教育委員会が主催で「山口県FR（ファミリー・リレイションシップ）アドバイザー・スクールソーシャルワーカー連絡会議」が実施された。午前は山野教授による子どもの貧困対策についての基調講演、後半は、マニュアルについての講義と事例検討の演習をしていただいた。この研修は、県内の市町教育委員会に、マニュアルを用いた効果的なソーシャルワークがこれから展開されていくことを強く印象付けた。

この度も、県とすべての市町教育委員会、SSWerがチェックを終了した後、SVrの業務として9月末から平成28年2月にかけて各市町教育委員会を回り、指導主事とSSWerに参加していただいて「SSWマニュアルを用いた活用研修会（チェック結果活用バージョン）」を開催した。今回も、教育委員会とSSWerがいっしょになって障壁分析をして、今後の取組を考える形式で行ったが、最後の3自治体については、自治体のSSWerのレーダーチャートの、平均値ではなく個人の値を用いて、SSWerが自己の活動のふり返り、目標設定を行った。

最後に、我々県のSVrも県教育委員会とセンターとで「マニュアル研修（チェック結果活用バージョン）」を行う予定である。

なお、この年度のFRアドバイザー（SSWer）には、社会福祉士会と精神保健福祉士協会から39名が推薦登録された。

2．取組の成果

　各市町教育委員会に赴いての「マニュアル研修（チェック結果活用バージョン）」を行い、次年度の目標の設定がなされている。中には、目標設定時に期待値が高すぎて実施できなかったものもあったが、その体験を基に、翌年はスモールステップで目標設定するなど、経験として活かせている。目標設定して実際に実施出来たものを挙げてみる（表3-1、3-2）。

　教育委員会とSSWerとの定例の協議の場であるが、指導主事とSSWerとが定期的に会うという文化がない中で、当初からその必要性を訴えてもなかなか実現しなかったが、この「マニュアル研修（チェック結果活用バージョン）」を行うことによって、両者が一堂に集まることの意義や重要性、効果に気づき、今日では多くの市町で定例会議が根付いていることは大きな成果である（表4）。この定例会議にて、実際のケースについての振り返りと戦略の練り直し（モニタリング）が行われ、支援を好転させ、かつバーンアウトをも防止するベースになっている。

　なお、定例会議は、指導主事やSSWerの本業との兼ね合いで、ほとんどが18時以降の開始である。予算が不足して毎月の開催が隔月になったり、途中で無報酬（ボランティア）での集まりとなる場合も稀にはあるが、基本的には通常のSSWerの報酬（4,000円／時）がSSWerに支払われており、業務として稼働させていただいている。

表3-1 平成26年度の市町教育委員会の目標のうち、次年度に実施できていたもの

H26年度の目標	基となった項目（発展しているため、関連性が薄く見える場合もある）
教育委員会とSSWerとで毎月1回の定例の事例検討会（連絡会）を開催する	E-3：研修会・勉強会の開催
毎月1回の指導主事とSSWerの連絡会を実施する	C-2：SSWerとの協議 D-3：SVrの配置 E-2：連絡会の構築 E-3：勉強会・学習会の開催
月に1回、指導主事とSSWerとの連絡会を行う。	C-2：SSWerとの協議 D-3：SVrの配置 E-2：連絡会の構築 G-2：SSWer事業の強化
「指導主事・SSWer・SVrでの定例会」を2か月に1度開催する	D-3：SVrの配置
偶数月に定例会を実施する	E-2：連絡会の構築
偶数月に、定例会を実施する。参加者は、指導主事、SSWer、SVr	C-2：SSWerとの協議
毎月の定例会にSVrを呼ぶ	C-4：SVrとの協議 D-3：SVrの配置 E-1：SVr体制の構築
「SSW担当教員との連絡会」を年間5回開催	C-3：管理職・SSWer担当教員との協議
定例会を持ち、情報を共有する。SVrも参加する	E-2：連絡会の構築
子ども担当や警察へ、校内ケース会議への参加を要請する	C-5：関係機関に対する戦略の実行
指導主事が学校のケース会議に入るときは、SSWerを連れて行く	C-5：関係機関に対する戦略の実行
ケース会議前に、指導主事とSSWerとで30分打ち合わせをして、ケース会議後に、振り返りと今後について協議する	C-1：教育委員会の戦略を形にする C-2：SSWerとの協議
短時間でもよいので、学校に入る前に指導主事とSSWerが直接会う	A-1：学校・地域の実態把握と課題分析

必要最小限のケース記録用紙について、作成し、ケースごとにファイリングして市教委に保管する	E-4：活動のデータベース化
保護者はPTA総会のときに、教員は年度初めの全教員の集まりにて、SSWerを周知する	G-2：SSWer活用事業の強化
8月の生徒指導研修会にてSSWerとSVrで研修を行う	E-3：研修会・勉強会の開催 G-2：SSWer活用事業の強化

表3-2　平成26年度のSSWerの目標のうち、次年度に実施できていたもの

H26年度の目標	基となった項目（発展しているため、関連性が薄く見える場合もある）
授業参観、学年会議に参加	A-5：教員のニーズに沿う
支援しているケースの子どもの授業参観	A-1：学校アセスメント
年に1回以上、授業参観等に参加する	D-1：子ども・保護者のアセスメント
学期に1回は、学校行事に入る。	A-2：地域アセスメント
校内ケース会議にSSWerも参加する	A-4：学校組織に働きかけるための戦略
中学校との引き継ぎの会議に参加	A-1：：学校アセスメント
関わっているケースで要になっている施設に、年間1回以上訪問する	C-2：関係機関・地域などへの基本的な活動
子ども課・SSWerで、市内の小中学校訪問を行う	C-2：関係機関・地域などへの基本的な活動 A-14：プランの実行
1学期に2回「子ども課・市教委・SSWer」で協議会を開く	C-2：関係機関・地域などへの基本的な活動 A-14：プランの実行
教育委員会内の「心の支援員との連絡会」に指導主事と共に参加する	B-5：教委担当者とのモニタリング
2か月に1回の定例会議で、モニタリングを行う	B-5：教委担当者とのモニタリング
1学期に2回、「子ども課・教育委員会・SC・SSWer」で、協議会を開く	C-2：関係機関・地域などへの基本的な活動

指導主事とSSWerとの毎月1回開催の「連絡会議」で、前半の1時間はケースの共通理解、後半の1時間は困難事例の検討に使う	A-14：プランの実行 B-3：困難事例などに向けた協議
提出されたシート（報告書等）については、市教委内部での情報共有にも活用してもらう	C-2：関係機関・地域などへの基本的な活動 A-14：プランの実行
地域アセスメントマップを作る	A-2：地域アセスメント

表4　「教育委員会とSSWerとでの定例会議」を実施する自治体数

20自治体 （1県13市6町）		平成 20〜25年度	平成26年度	平成27年度	平成28年度 【実施予定】
全体（新規）		0	6（6）	14（8）	17（3）
内訳 （新規）	毎月実施	0	6（6）	11（5）	1（1）
	隔月実施	0	0	3（3）	0
	学期に1回	0	0	0	2（2）
備考		H25〜各市町がSSWerを配置し始める	すべての市教委とSSWerとでWEBマニュアルチェック	すべての市町にSSW配置	未実施3市町「実施できない主な理由：予算不足」

3.　県内で浸透したポイント

よく、「どのようにして県内すべての教育委員会とSSWerが取り組むようになったのですか？」と聞かれる。主観ではあるが、以下のようなポイントを挙げてみた。

① 毎年のようにマニュアルに関する研修を県中央で実施している
平成27年度は、県教育委員会が主催して山野教授を招聘している。

② 県教育委員会として取り組んでもらえている
この実現のためには、SSWerが普段の支援活動においてケースを好転させ

ようと一生懸命に稼働し、学校や教育委員会から信頼を得ておく必要があるということは、言うまでもない。

加えて、運営上のポイントとしては、

（ア）WEBマニュアルチェックの際の画面入力についての問い合わせには、県SVrが丁寧に対応している
（イ）チェックの締切日の確認と、締め切り後の未チェック者への電話やメールでのお願いについて、県SVrが、該当するすべての教育委員会の指導主事とSSWerへ行っている
（ウ）各市町での「マニュアル研修（チェック結果活用バージョン）」では、指導主事やSSWerの都合の良い日時と場所に合せて、県SVr（ファシリテータ）が出向いている
（エ）マニュアルなど必要な資料は、できるだけ県SVrが人数分用意して出向いている

4. 今後の課題と展望

「マニュアル研修（チェック結果活用バージョン）」を体験した指導主事やSSWerからは、さまざまな感想や要望がでてきている。なかでも「わかりやすい文言に」「時間がかからなくて済むもの」「必要なシートや資料等は準備をしてほしい」等を望む声が多い。これらは、指導主事もSSWerも多忙であることと、特にほとんどのSSWerには生活の糧を得る本業があり、常に職場と自身の家庭との間をかいくぐって稼働せざるを得ない現状があるからである。WEBマニュアルチェックへの苦手感の克服のためにも、活用する側と作成側との思いが常に交換されて、より使いやすいものになることを望む。

それと同時に、このような日常の支援活動を振り返り、数値化されて客観視できるプログラムやマニュアルは他にはなく、『マニュアル研修（チェック結果活用バージョン）が、教育委員会のSSW事業の発展と、SSWerの資質向上のためには必要だ』というのは、共通した認識となりつつある。指導主事からは「ぜひ、年に複数回のWEBチェックを行いたい」、SSWerからは「自分を見つめ直すことができる。大事なこと」「一人でできることには限界がある。すご

くよかった」という声もでてきた。

　今後は、複数回チェックをしたい教育委員会には、その支援とフォローをおこない、SSWerにおいては、レーダーチャートにおける振り返りを、平均値から個人値を使用しての省察に切り替えていき、個々の資質向上により近づいていきたい。

　そして、困難を抱える子どもとその家族が一人でも多く救われるように、教育委員会とSSWerとが一体となって支援活動に取り組んでいけるように下支えをしていきたい。

鳥取県社会福祉士会のSSWに関する取組み
―教育委員会との協働―

福島　史子[1]

鳥取県の子どもを取り巻く現況

　鳥取県は、日本列島本島の西端に位置する中国地方の北東部に位置し、東西約120ｋm、南北約20～50ｋmと、東西にやや細長い県である。 北は日本海に面し、鳥取砂丘をはじめとする白砂青松の海岸線が続き、南には、中国地方の最高峰・大山をはじめ、中国山地の山々が連なっている。山地の多い地形に、三つの河川の流域に平野が形成され、鳥取市、倉吉市、米子市・境港市の4市はその平野に位置している。

　県の人口は576,422人（全国47位　平成26年）、世帯数約21万世帯、市町村数は4市14町1村である。

　学校に関する統計は以下のようである。

学校基本調査（平成27年速報）　　小学校　　　135校　児童数　　30,238人
　　　　　　　　　　　　　　　　中学校　　　63校　生徒数　　16,107人
　　　　　　　　　　　　　　　　高等学校　　32校　生徒数　　15,369人
　　　　　　　　　　　　　　　　特別支援学校　11校　児童生徒数　823人
児童生徒数　小学校児童数／教員1人当たり12.37人（全国5位、平成24.5.1）
　　　　　　中学校生徒数／教員1人当たり11.04人（全国4位、平成24.5.1）
　　　　　　高等学校生徒数／教員1人当たり11.58人（全国5位、平成24.5.1）

　児童福祉の機関は児童相談所3、要対協全市町村設置、児童養護施設5、乳児院2、児童自立支援施設1、情緒障害児短期治療施設1、児童家庭支援センター3、児童自立援助ホーム3、母子生活支援施設5、DV対応民間団体2、と社会的養護の体制は厚く平成27年よりさらに子どもの最善の利益を軸に社会

1　一般社団法人鳥取県社会福祉士会　スクールソーシャルワーカー

的養護充実のための計画が進められている。

　医療の面では医師数は人口1万人当たり26.59人（平成22.12.31）であり全国8位と恵まれている。

　特別医療は、平成28年4月より18歳になる年齢まで、特別医療が全市町村で受給できることが決定している。

　反面、県民所得は人口1人当たり2,199千円（42位、平成21年）であり、県民の平均所得は全国平均の80％である。女性就業率が50.1％（6位、平成22年）と高い。

　合計特殊出生率は1.58（平成23年）であるが、女性1000人あたりの人工中絶率（15歳～49歳）が16.1％、20歳未満が9.9％（平成23年）全国一位であることが問題になっている。

　ひとり親家庭率の統計にはなかなか正確な数値がないが、平成25年度の鳥取県ひとり親家庭等実態調査の報告書（平成26.3）には生活費、借金や負債の返済、子どもの養育・教育に困難を感じているひとり親世帯の悩みの率が高かった。たとえば西部のある定時制高校のひとり親家庭率は平成27年度50％を越えており、この経済状況の中で通学してくる生徒の窮状を現場の教職員は大変心配している。

　平成25年度から2名、平成26年度に1名、計3名の、県立高等学校担当として配置されているスクールソーシャルワーカー（以下、SSWer）の平成26年度の統計では、継続的支援対象生徒121名の抱える問題の第1位は家庭環境の問題（経済的含む）であった。家庭環境に次ぐ問題は、不登校、児童虐待、発達障がい等に関する問題、心身の健康である。

　高校生の大学進学率は42.6％（平成26年）全国53.2％である。都市部と異なり県内に大学の数が少なく、県外に進学するにあたって保護者の経済状況が少なからず影響しているのではと推定される。また進学率は平成20年のリーマンショックより下降線をたどっている。

鳥取県のSSW活用事業導入まで

　全県の取り組みではないのだが、山野先生と鳥取県との縁には長い経過がある。米子市のある中学校が荒れて、警察が学校に入る、という平成13年の事件をきっかけに、市教育委員会（以下、教委とする）の指導主事と中学校の先生

方が大阪の専門家チームに応援を求めて、学校改革に着手しようとしたのである。来校された山野先生より、教育と福祉がつながることについて提案を受けた学校の教員が、学校から福祉（市役所）とつながろうとアクションを起こされたのである。ちょうどそのころ市役所の家庭児童相談室では児童虐待への対応等、機関の枠を越えて連携することが必須と関係機関への働きかけを始めた時期であった。当時枠を越えて連携することへの抵抗感はどの機関も思いのほか大きく、縦割り行政とはよくいったものだと思われる状況も見受けられていた。特に学校とのネットワークづくりが難航していたこの時期、学校からのアプローチを受けて、教育と福祉の連携をはかるにはどうしたらよいかという大きなテーマに職種を越えて取り組むことになったのである。

　平成14年1月、子どもに関わるさまざまな職種の有志による「子どものサポートシステムを支援する会」という私的な勉強会が始まった。具体的な連携にはどのようなシステムを作ったらよいのか、使用する業界用語も異なる、アプローチの仕方も異なる、でも何とかしないと思う気持ちが強いメンバーが集まり、手探りで実践に即した研修や勉強会を重ね、会の講師として何度も山野先生には鳥取においでいただくことになったのである。この会のメンバーが地域の核となりソーシャルワークを学び、インフォーマルなネットワークを形成し、このネットワークを活用しフォーマルなネットワークを形成していったといっても過言ではないのである。

　平成14年3月の公的ネットワーク「児童虐待防止ネットワークよなご」の立ち上げから平成17年の米子市要保護児童対策地域協議会のネットワークの構築まで山野先生のサポートをいただき、重ねて継続して開催していたインフォーマルの勉強会では大阪でスタートしていたSSWerの情報を随時いただいたことで、鳥取県でもSSWerの早い導入を、と望む声が教育・福祉双方の現場で高まっていったのである。

鳥取県のSSW活用事業のスタートと山野研究室への研究協力開始（平成20年～平成22年）

　平成20年、鳥取県は文部科学省の新規委託事業「スクールソーシャルワーカー活用事業」を導入することを決定。不登校対策が知事のマニフェストであり、これまでも最重要課題として位置付けさまざまな取組を行ってきたが、不

登校問題等の解決に取組む中で、その原因が、児童生徒の心の問題とともに、家庭や友人関係、地域、学校等の児童生徒の置かれている環境の問題が複雑に絡み合っているケース（たとえば、世間から孤立している家庭状況が子どもに心理的不安を与えているケースや、ネグレクトや不適切な養育態度の家庭状況におかれている子どもなどのケース）があるとし、その対応を図るために導入されたのである。

　この事業に当初2市2町が名乗りをあげ、そのうち西部地区の1市、2町の教育委員会指導主事とSSWer対象に西部の教育局が研修を開催されている。教育局が招聘された研修の講師が、偶然にも山野先生であり、その研修には市役所の家庭児童相談室（要対協事務局）も参加している。この研修がSSW活用事業の方向性について教育委員会とSSWer、市の家庭児童相談室がともに学ぶ場のスタートの会であった。

　米子市教委は事業の開始にあたり社会福祉士採用を希望され、鳥取県社会福祉士会から人材紹介を行なっている。そして学校に信頼の厚い元教員と社会福祉士との組み合わせで学校への関与を行う作戦を立てられた。

　先の研修をきっかけに、伯耆町という人口11,000人の町の教育委員会は、SSWの効果的活用を図るために教育委員会を中心とした体制の整備に取り組み、社会福祉士の年次ごとの段階的な採用、教職員へのSSW活用ガイドブックの配付、SSWの視点の学校への導入を目的とした教職員の悉皆研修を毎年開催した。平成25年・平成27年には山野先生を研修講師としてお迎えしている。

　平成22年からの山野研究室のインタビュー（グッドプラティス）調査には、伯耆町教委・米子市教委・米子市家庭児童相談室が協力。基本に基づく実践と効果（アウトカム）の聞き取り調査は、調査を受けた者にも更なる学びになった。

平成20年～平成27年　SSW研修の展開

　平成20年からの県内のSSW研修は大きく分けて、6本の流れで展開してきた。

1. 子どものサポートシステムを支援する会主催「SSWに関する勉強会」
    （平成17年～現在）

2．鳥取県社会福祉士会子ども家庭支援委員会「SSW研修」(平成20年～現在)
3．県教委主催SSW連絡協議会「研修会」(年2回)(平成20年～現在)
4．県市町村教委・各種学校の部会主催の「教職員向けSSW研修」(平成22年～現在)
5．県教委主催 「SSW育成研修」(平成26年・平成27年：現任SSWも参加可能)
6．大阪府立大学　効果的なSSW配置プログラムあり方研究会(平成20年～平成26年)

　　グッドプラクティスインタビュー調査協力
　　効果的なSSW事業プログラム(仮モデル)インパクトチェックアンケート調査協力
　　効果的なSSW事業プログラム(仮モデル)プロセス理論県内試行協力
　　実践家参画型ワークショップの方法によるプログラム再構築参加協力

1．について：前章で述べた、教育・福祉・医療・司法・心理等さまざまなメンバーによる勉強会。
2．について：日本社会福祉士会は全国の社会福祉士会を対象に、県社士会のリーダー養成と、都道府県域におけるSSW活用事業の促進およびSSWの人材養成の促進(県士会としての養成)をねらいとしたSSW研修を平成22～23年に2年連続で開催されている(講師：山野先生)。

県社会福祉士会としてもSSW活用事業の促進に寄与するべく、まず知るところから、と平成20年、平成21年は子どものサポートシステムを支援する会と共催で研修を開催。平成22、23年の日本社会福祉士会のSSW研修を受けて、平成24年から平成27年は社会福祉士会の主催で毎年SSW研修を重ねてきた。

研修のテーマを「スクールソーシャルワークの手法に学ぶソーシャルワークの実践」とし、分野を超えて社会福祉士、教員、学生が参加、また鳥取県の隣の島根県からも内容に惹かれて多く方が参加された。
(平成24年：52名　平成25年:26名　平成26年:35名　平成27年:32名)　講師：山野先生

実践家の取り組みを分析しミクロ・メゾ・マクロのSSWの活動をエビデンスに基づいて展開していくこの手法は他分野でも利用可能と「エビデンスに基づくプログラム」の活用に強い関心を持たれた感想も寄せられている。
3．について：県の連絡協議会の研修会では、SSW担当の指導主事や教育委員会の担当部局が入れ替わるので、研修会の講師紹介をSSWerでもある社会福祉士会SSW担当から紹介するようにし、年度ごとの取り組みが年度を越えてつながっていくようにSSWerから県教委へ提案・お願いをしてきた。
4．について：SSWの視点を教職員も持つことが必要、と研修を開催しようという要請があったり、市町村教委が戦略的に研修を組んだり、学校の側にもSSWを系統だって学びたいという要望から組まれた研修だった。
5．について：SSWerの増員、質の向上をはかる目的と、県内に社会福祉士・精神保健福祉士を養成する大学・養成機関がないことを鑑み、県教委の事業として育成研修を企画された。
育成研修には2と4の研修に参加したSWer、教職員も参加申し込みされている。
6．について：早い時期から、試行に協力してきたSSWerは専門職ではないが次のような感想を述べている。
繰り返し、繰り返し、なり立ち試行の段階からプロセス理論を眺め、チェックボックスの項目を意識的に読むようにしてきていたので、実際に学校の現場で自分はどのような流れで動いたらよいのか、知らず知らず、その過程を踏みながら行動しているように思う。

平成27年　新たな協働の時代へ

小さな川の支流が集まり大河になるように、今年度から鳥取県での研修の6つの流れが重なろうとしている。

小さな川の流れは「子どもたちの最善の利益のために」という目的を持ってお互いの流れを意識してきたからこそ重なり合うことができたのだと実践家として今思っているところである。

今年度、大阪府立大学では「スクールソーシャルワーク評価支援研究所」を立ち上げられ、「エビデンスに基づくスクールソーシャルワークの社会実装」に取り組んでおられる。

　文部科学省の「いじめ対策等生徒指導推進事業」を大阪府立大学が受けられ、「効果的なスクールソーシャルワーク事業プログラム」の評価ファシリテーションの実装を試みるWS開催について、府立大学からの再委託先を受けて、今年度鳥取県社会福祉士会が、WS研修部分を開催することになった。再委託を受けるにあたっては県の教育委員会と社会福祉士会の話し合いも行われ、社会福祉士会が担っている社会貢献の役割にかんがみ、府立大学からの再委託を受けることになったのである。非常に短期間の話し合いで社会福祉士会側で再委託が承認されたことに、この8年間の大きな流れと重みを感じたのである。

　来年度に向けて、鳥取県では、SSWerの大幅な増員・時間増・対象校の拡大、とSSWerの養成を課題とし、SVr配置の方針を打ち出している。人材の確保、養成、教育委員会とSSWerが配置された学校での運用方法の摺合せ、指針作り、課題は山積みである。この課題を乗り越えていくには、この8年間の流れが大河になっていることを意識して活かしていくことが必要であろう。とかく、SSWは特別な、困難な状況の中におかれている子どもたちだけのもの、と理解されることが多い。**すべての子どもひとりひとりのQOLの向上／支え合う地域ができる**ことがゴールであると、学校・教育委員会・SSWer・地域がその目的を今一度共有する必要がある。

　実践家の知恵と研究者の緻密な分析に基づいて6年間かけてていねいに練られたプログラムは、そのチェックの数に圧倒されるが、私たちの身についてこそ、生きた言葉、アクション、実践になっていくのだと信じている。

鳥取県からのメッセージ

音田　正顕[1]

　鳥取県は、社会福祉分野における専門的な視点で児童生徒・教職員・保護者に対する相談活動を行うとともに、問題を抱える児童生徒の置かれた家庭環境等の改善に向けた関係機関との連携推進を図ることを目的として、平成27年度は県立の高等学校にSSWerを3名配置した。また、県内の各自治体においては、19市町村のうち12市町で、延べ26名のSSWerが配置された。SSWerを配置した12市町は、それぞれが事業実施主体となってSSWer活用事業に取り組み、そのうちの11市町は総事業費の2／3を県と国が負担する（県が4／9、国が2／9の割合で補助）間接補助の形で事業実施している（1町のみ単独で実施）。

　県としては、平成31年度までに全19市町村にSSWerを配置する方針を掲げて取組を進めているが、未配置の7つの自治体の課題としては、「雇用形態や人材の確保、育成等の課題」が挙げられていた。県教育委員会としては、連絡協議会への参加を呼びかけたり、直接教育委員会を訪問して事業の説明を行うなど積極的な関わりを試みた。その結果、平成28年度には新たに2町が事業実施に向かうこととなった。また、すでに事業実施している3市が、配置人数や勤務時間数の増加等の拡充を進めている。これは、各自治体がSSWer活用事業の趣旨について理解を進めたことや、SSW理論の確立に伴って教育委員会が戦略を持ってSSWerを活用しようという意識が高まったためと捉えている。

　さて、本県ではSSWerの資質向上を目的として、平成25年度から大阪府立大学の山野則子教授を講師に招き、年間2回の連絡協議会の中で研修を進めてきた。研修の対象者を現任のSSWerおよび関係市町教育委員会担当者とし、SSWer活用事業の効果的な運営等について研修を行う中で、問題解決に向けた支援会議等、具体的な動きについて共通理解がなされてきた。研修の中で事

1　鳥取県教育委員会事務局 いじめ・不登校総合対策センター長

例検討等を行う際には、「効果的なSSW事業プログラムマニュアル」を活用することでSSWerの業務や方向性について共通の理解をすることができ、配置プログラムマニュアルの効果について実感することができた。

　事業未実施の自治体や事業拡充の際の課題となっている「雇用形態や人材の確保、人材育成等」への対応については、平成26年度より山野教授を講師として、以下の内容で2年間「SSWer育成研修」を実施した。育成研修の主な受講者は、社会福祉士や精神保健福祉士の有資格者、または学校関係者であったが、SSWについての知識はあまり持っておられない状態であった。その研修においても、「効果的なSSW事業プログラム」の活用は有効であり、参加者からは、「SSWerの仕事内容について理解が深まった。」「大変な仕事だと思うが、やりがいがあると感じた。」「困難な事例や対応に迷った時にはチェックリストを見ればよいことが分かり、安心した。」といった感想が多く寄せられ、「効果的なSSW事業プログラムマニュアル」の効果を実感することができた。

【鳥取県SSWer育成研修】
（1）目　的：SSWerの育成および資質向上
（2）対　象：県内のSSWer希望者（社会福祉士、精神保健福祉士、学校関係者、教員OB等、社会福祉関係者、市町村関係者）および現任SSWer
（3）内　容：第1日目「SSWerの役割について」
　　　　　　　①SSWerの責務
　　　　　　　②学校・市町村教育委員会との連携
　　　　　第2日目「SSWの実際」
　　　　　　　③アセスメントとプランニングの具体
　　　　　　　④ケース会議とその効果、発達障がいの理解と支援
　　　　　第3日目「福祉的視点から見た支援」
　　　　　　　⑤社会的養護を必要とする子どもたちへの対応
　　　　　　　⑥社会福祉部局との連携について

【参加者の感想】
・SSWerの役割や学校の中での位置づけがよく分かりました。問題を抱える子どもの一部分、問題部分だけではなく、生活面からよく見て、サービス

や制度が活用できるために、もっと知識を持たなくてはいけないとわかった。
- ソーシャルワークにおけるアプローチの手順、アセスメントができていないとニーズが抽出されていない。学校やそれらを取り巻く環境において、人や資源を上手く自分の物にしていく必要があると感じた。
- チェックシートを利用して考えると、SSWerの仕事内容が整理されていて、次は何をしなければならないのか、何ができていないのか、とても分かりやすいと思った。
- アセスメントの重要性を改めて実感した。アセスメントをして見立てをする。この見立てをどう組み立てるか。問題の核心をどう組み立てて、関係機関に伝えていくか、本当に難しいことだが、これこそ重要だと理解した。
- ワーカー役でロールプレイしたことで、短時間でしたが、現場の緊張感、難しさを感じるとともに、研修で学んだことを応用する機会となった。

　また、平成28年度からの「効果的なSSW事業プログラム　WEB版」の実施に向けて、事業実施している鳥取県教育委員会（高等学校課）と、11市町のうちの7つの教育委員会に試行的な活用に協力いただきながら、事業拡充の取組を進めているところである。

　さらに、平成27年度は第1回連絡協議会（7月）において、国立教育政策研究所の中野澄総括研究官を招き、主に教育委員会担当指導主事に対してSSWer活用事業の現状と今後の展望、戦略を意識したSSWer配置の重要性や主な成果、今後の事業展開等について、多くのご示唆をいただいた。それを受けて、第2回連絡協議会（12月）では、研修テーマを「各自治体および学校の課題とSSWerの活用戦略について　～事業活用における教育委員会の戦略とSSW業務の具体～」として、教育委員会担当指導主事とSSWerが協働して具体的な戦略を立てる研修を行った。鳥取県は間接補助の形で市町村が主体となったSSWer活用事業の実施を補助しているため、取組内容が自治体の規模やSSWerの経験によっても差が生じるが、その際にも「効果的なSSW事業プログラム」を活用することで、相互の取組についての理解を促すことができ有効であったと感じている。

【参加者の感想】
〔教育委員会担当者〕
- SSWerをどう機能させていくか、また教育委員会の立ち位置等大変わかりやすい説明であった。人材配置のみに終わらず、組織的に取り組むことで、教育面で困っている子の家庭的・福祉的困り感を支援していくようなことにつながると思った。
- SSWerの組織的・効果的な活用について、ご教授いただいた。福祉部局とどのように連携していくとよいのかを市教委内でも考えていきたいと思った。本市では不登校が課題であるので、その課題に特化したプロジェクトも考えていけるのではないか思った。
- SSWerが効果的に機能するために、実際の事例があり大変参考になった。現在の学校では、問題の表面部分を解決するための協議になっている傾向がある。教育委員会とSSWerがコーディネートしていくことで問題を根底から解決できるのではないかと思った。
- 「アセスメント＝本当のニーズを探る」という項目が印象的だった。表面的ニーズ、潜在的ニーズに対してその両方を探り、動いていくことはとても重要と考える。

〔SSWer〕
- 山野先生、中野先生の講義はもう少し聞きたかった。普段の業務では、SSWerが一人で動くこともあるが、担当指導主事とセットで動くことが効果的であることは実感している。
- 各自治体それぞれの課題、改善点等を聞くことができ、とても参考になった。やはりどこも共通していると実感した。今後もSSWerの活用については、地教委とも協議しながら戦略的に活動していけるよう工夫していく必要があると思った。
- 他の自治体の状況や意見を聞いて、共通した課題もありながら、それぞれの状況やワーカーの勤務形態によって動き方も違うとよく分かった。だからこそ、それぞれの自治体の抱える課題を共有するところから出発することの重要性を感じた。

今後、鳥取県としては、全19市町村にSSWerを配置するための取組を継続するにあたり、自治体やSSWerからのニーズに対応した「効果的なSSW事業プログラム」の有効的な活用を推進したり、教職員に対するSSWに関する研修等の課題に取り組んだりするため、県にSVrを配置し、スーパーバイズ体制の確立に取り組んでいきたいと考えている。

効果的なSSW事業プログラムを活用したSV
―沖縄県の取り組みから―

比嘉　昌哉[1]

はじめに

筆者は現在、沖縄県SSWer配置事業のSVrという役割を担っている。その主な役割は2つあり、1つが現場SSWerへのSVであり、もう1つが教育委員会（以下、教委）にて同事業を担当する指導主事らへのSVである。SVは、SSWerの資質の向上、ひいては問題を抱える子ども・保護者への質の高いサービスの提供のため、さらに同事業の発展のためには必要不可欠といえる。

本稿では、沖縄県のSSWer・SVrの立場から、効果的なSSW事業プログラム（以下、本プログラム）を活用したSVの現状と課題について述べていきたい。

1．沖縄県のSSWer配置事業

沖縄県では、文部科学省（以下、文科省）の調査研究事業が開始された2008（平成20）年度から国の全額負担として6自治体に18人のSSWerが配置された。そして、2年目の2009（平成21）年度からは、全国の流れと同様に補助事業に移行し現在に至っている。ちなみに2015（平成27）年度は、県内6教育事務所へ20人、市町村単独配置29人の計49人が配置されている。県内41市町村のうち、SSWerが配置されているのは16自治体であり、県内市町村配置率は39.0%（16/41）となっている。

一方、SSWerになるための資格要件としては、文科省が全国に示しているのと同様に、社会福祉士・精神保健福祉士資格を有する者のほか、教育と福祉に経験を有する者となっている。社会福祉士もしくは精神保健福祉士資格を有する者の割合は、年により若干の変動はあるもののおおむね2～4割で推移している。また、男女比では圧倒的に女性が多く、その約8割を占める**（表1）**。

---

[1] 沖縄国際大学総合文化学部　准教授／沖縄県スクールソーシャルワーカー・スーパーバイザー／大阪府立大学スクールソーシャルワーク評価支援研究所客員研究員

表1　2015年度　沖縄県のSSWer配置状況

	教育事務所	配置形態[※1]	人数[※2]	SV体制[※3]
《県採用》20名（うち、有資格者4名）	A教育事務所	拠点校配置型	3人	○＝α
	B教育事務所	拠点校配置型	5人	○＝α
	C教育事務所	拠点校配置型	6人	○＝β
	D教育事務所	拠点校配置型	4（1）人	○＝β
	E教育事務所	派遣型	1人	○＝β
	F教育事務所	派遣型	1人	○＝α
	自治体	配置形態[※1]	人数[※2]	SV体制[※3]
《市町村採用》29名（うち、有資格者6名）	G	派遣型	1人	×
	H	派遣型	1（1）人	×
	I	派遣型	1人	○＝α
	J	拠点校配置型	4（2）人	○＝β
	K	単独校配置型	1人	×
	L	派遣型	1人	×
	M	単独校配置型	13（6）人	×
	N	拠点校配置型	1人	×
	O	派遣型	6（1）人	×

県合計 49名（内有資格者10名）

「スクールソーシャルワーク研究会おきなわ」調べ（2015.10.1.現在）
※1．配置形態　①単独校配置、②拠点校配置、③派遣型の3種。
※2．人数の（　）内は男性である。男性：女性＝11：38【人】＝22：78【％】
※3．SVr体制　2人。
　　　SVr：α＝比嘉（社会福祉士）、β＝精神保健福祉領域を専門とする大学教員（精神保健福祉士）

2．効果的なSSW事業プログラムを活用したSVの現状

　沖縄県が本プログラムに関与したのは、2013（平成25）年度からである。あり方研では、実践家参画型のワークショップが行われ、プログラムが再構築される段階であり、筆者が県配置および某自治体のSSWerに対し協力依頼し実

施した。その後2014（平成26）年度から本プログラム実施に伴い、県配置および某自治体のSSWerや教委担当指導主事の活用が開始された。

開始初〔2014（平成26）〕年度には、沖縄県「SSWer連絡協議会」（以下、連絡協議会）に山野先生を講師として招き、研修の中で本プログラムの説明・活用方法について学んだ。さらに、2015（平成27）年度も2年連続で山野先生を連絡協議会に招き、研修を実施した。内容は、「事例検討バージョン」を活用し、「川崎中1殺害事件」をとりあげて、実際に同様の事件が起こった時にSSWer・指導主事として学校（教委）とどのように連携・協働し取り組むべきか等を講義・演習を通して学んだ。ちなみに、当日の参加者はSSWer・担当指導主事ら40人であった。一方、2015（平成27）年度の本プログラムを活用したSV研修は先述の連絡協議会と今後の予定（2回）を含むと6回の実施である（表2）。

表2　「プログラムを活用したSV研修の実施状況」

	1回目	2回目	3回目	4回目	5回目	6回目
	5月	6月	9月①	9月②	2月（予定）	3月（予定）
対象	SSWer等	SSWer＋担当指導主事	SSWer＋担当指導主事	SSWer	SSWer＋担当指導主事	SSWer
参加人数（人）	24	40	8	15	10（予定）	15（予定）
主催	SSW研究会おきなわ	沖縄県教委（義務教育課）	沖縄県教委（B教育事務所）	SSW研究所、比嘉	沖縄県教委（B教育事務所）	SSW研究所、比嘉

全6回の内容としては、「事例検討バージョン」が5回（1回予定含む）、「チェック結果活用バージョン」が1回（予定）である。前者が多くなるのは、SSWerの要望を考慮したためである。SSWerとしては、日頃対応に苦慮しているケースをどうにかしたいという強い思いがあり、それに筆者自身もSVrとしてそれに応えたいと考えた。

一方、第4回目のSV研修後には受講したSSWer（15人）を対象にアンケート調査を行った。なおその目的は、本プログラムを活用した研修内容をさらに充実させることであった。以下、その結果について言及する。①「研修内容

について」は、"大変よかった"、"よかった"がすべてであり、おおむね好評であった。②「研修時間（2時間）」については、"適当であった"という声が一番多かったが、"短かった"、"やや短かった"という声も多くきかれた。③「今後受講したいバージョンについて」は、"事例検討バージョン"が最も多く、続いて"DVD視聴バージョン"、"チェック結果活用バージョン"、"初任者バージョン"という結果となった。④自由記述では、"ケース会議のシステム作りや導入定着について学びたい"、"定期的な開催を望む"等の意見があった。筆者は同プログラムの目的やその活用について、研修を行うごとにていねいに伝えてきたつもりだが、今回の研修では多くの受講者が内容について満足していること、SSWerはさまざまなバージョンで学びを深めたいと考えていること等が分かった。

3．効果的なSSW事業プログラムを活用したSVの課題

　ここでは、これまでの取り組みから感じている課題について述べていきたい。そのポイントは4点である。1点目は、先のアンケート結果から得られた課題である。まず、研修時間の確保について述べたい。筆者がこれまで行った「事例検討バージョン」では2時間という時間枠で実施したが、受講者としては"あっという間の印象でもう少し長くてもよい"と感じたようである。プログラムの内容が濃いだけにその説明に割く時間を確保しなければならない。また、「事例検討バージョン」以外に関心をもつSSWerも多いため、今後はそれらの研修が展開できるファシリテーターの質の向上も課題といえる。加えて、その際には、現場で悩むSSWerや担当指導主事らが研修で何を学びたいのか等事前の調整が必要といえよう。

　2点目は、個々のSSWerの本プログラムへの積極的な参加である。つまり、マニュアルの活用（項目チェック）率をあげることである。現在マニュアル活用率が芳しくない。項目チェックにかかる時間が約40～60分と時間を要することもその一つの要因と考えられる。しかしながら肝心なのは、本プログラムの主旨理解がきちんとなされているかどうかであろう。本プログラムに出てくる"評価"という言葉は、現場の実践家（SSWer）にはまだなじみがないため、個人の実践評価と捉えられがちである。しかしながらここでいう"評価"は、「プログラムの改善ひいては、社会課題の解決への貢献」（源由理子 2015:37）へ

つなげることである。そのことをしっかりと伝えることでSSWerの本プログラムへの積極的な参加が期待できると考える。そういう意味では、SVrからSSWerにその有効性を説いていくと同時に、次にあげる教委担当指導主事との共通理解の中で本プログラムを進めていくことが効果的であろう。

　3点目が、教委との連携である。特にその窓口となるSSWer配置事業担当指導主事らとの連携は避けては通れず、これをSSW事業の運営に関するSV（システムSV）ともいう。SSWer配置事業の成否は、SSWerの力量だけによるのではない。つまり、どれだけ優秀なSSWerがいても学校現場にうまく入り込まなければ仕事ができない。そのためには、教委担当指導主事のSSWerの役割理解が必須である。また、指導主事らが同事業の今後のビジョンをどう考えるか、さらに同ビジョンを指導主事らと一緒に考えることもSVrの役割の一つである。一方、本県においてSSWerの身分保障がしっかりしているとは言い難い。これは、当事者であるSSWerからは訴えにくい問題であるため、彼・彼女らの働く環境をどう整備するかもSVrに負うところが大きい。

　4点目が、SV体制の充実である。前述のように、現在沖縄県では筆者含めて2人のSVrしかいない一方、SSWerの数は年々増加し2015（平成27）年度では49人存在する。2人のSVrでそのすべてをカバーするには限界がある。

　今後子どもの貧困対策の一環で学校をプラットフォームとして位置づけ、SSWerの増員が予想される現時点では、よりSVrに求められる役割も大きくなるであろう。そのため、次年度以降のSV体制の整備も必須といえる。ここでは、一挙にSV体制が整うことは期待できないため、現体制について補完する案について提案したい。1つが、SSWer同士で支え合うピアSVの場を作ることである。これについては、「SSW研究会おきなわ」にてその場を設定し現在徐々に動きだしているところである。2つは地域ごとに「チーフSSWer」を配置し現場SSWerをサポートする体制を構築することである。「チーフSSWer」はすでに全国の先進地域（大阪府・福岡県・熊本県等）で導入されているが、SVrとSSWerの間に立ち、現場のSSWerを身近なところでサポートし、SVrの補足的な役割を担う。筆者としては沖縄県の現状から今のところ、SVr2人に対し4〜6人は必要と考えている。SVの実施回数等が限定されている現状においては、何らかの形でSSWerをフォローする必要がある。そうしなければ個々のSSWerが育たず、さらに彼・彼女らがバーンアウトしてしまい

継続して勤務することが難しくなる。

まとめにかえて

　以上、本プログラムを活用したSVの現状と課題について述べてきた。本プログラムは、現在ある程度完成したモデルとして活用されているが、これ自体も実践家と研究者がともに評価を繰り返しながら常に進化していくものである。本県におけるSSWer配置事業も課題を内包しつつ、走り続けているのが現状である。

　沖縄県では、いわゆる「子どもの貧困対策推進法」(2013〈平成25〉年)や「子供の貧困対策大綱」(2014〈平成26〉年)を受けて県主催で「子どもの貧困対策に関する検討会」(2015〈平成27〉年7～11月実施)を開催し、2015(平成27)年度中に「子どもの貧困対策推進計画(仮称)」を策定する予定である。その中でも、SSWerの配置等の充実(増員、研修の充実、質の担保および待遇面の改善)が指摘されたところである。また、「一任職」でストレスのかかる環境で勤務するSSWerのSVの重要性が確認されている。筆者としては、SVrの立場から、その重要性が今後ますます大きくなることを感じている。

　現在あり方研で取り組む"ファシリテーター養成"に筆者も一緒に取り組み、本県において筆者と協働して本プログラムを推進する協力者(SSWerや研究者)を増やしていかなければならない。その際に重要なのは、沖縄という地域性(社会背景や問題の特異性等)を考慮した本プログラムの適用が求められる。これもこれからの課題の一つといえよう。

　今後は、本プログラム活用したSV研修を充実させ、SSWerの質の向上を図りたい。それにより、最終の目標である「一人ひとりの子どものQOLの向上／支え合う地域ができる」を目指し、一人でも多くの課題を抱える子どもやその保護者を支援していけるようSSWerらとともに取り組んでいきたい。

〈主な参考文献〉
　山野則子編著(2015)『エビデンスに基づく効果的なスクールソーシャルワーク』明石書店
　源　由理子(2015)「社会福祉領域における実践家が参画する評価の意義と可能性」ソーシャルワーク研究編集委員会編『ソーシャルワーク研究』40-4

拙論（2015）「沖縄県のスクールソーシャルワーカー事業のあゆみと今後の展望」日本学校ソーシャルワーク学会『日本学校ソーシャルワーク学会10周年記念誌　学校ソーシャルワーク実践の動向と今後の展望』

都内におけるスクールソーシャルワーク事業プログラムの動向と留意点

米川　和雄[1]

（1）都内近隣の動向

　関東圏における多くのスクールソーシャルワーカー（以下、SSWer）に対する"包括するシステムづくりのためのプログラム"の情報提供については、2014年3月9日に行われた各都県のSSW活動を報告し合う研修会である「関東甲信越地区スクールソーシャルワーカー合同研修会」（実施主体　特定非営利活動法人エンパワメント）における「効果的なSSWer配置プログラム」講演（講師　山野則子）が始まりと言える。本研修では、大阪を中心として実施していた研究会を試験的に東京でできないだろうかとの意見から関東版研究会として実施したものでもある。各県報告者等にプログラム実施の核となるメンバーが入っていたことも関係し、本研修に参加していた方々の地域において、その後、プログラムの試験実施、または導入へ至ってもいる（東京都、神奈川県、山梨県、茨城県等〔各内地域含〕）のSSWer関係者または自治体）。
　関東圏においては、自治体側が望んで本プログラム実施に至るというよりかは、SSWerやSVrがそれぞれSSWer関係者や自治体側に働きかけ試験的に実施または導入していったという流れが中心である。

（2）都内導入におけるプログラムの重要点と活用自治体

　SSWer活用事業の運用を考えたときに、本プログラムは、SSWer側のみでなく、教育委員会側における事業運用の確認点を理解できる点が大いに意義深い。とりわけ、新規にSSWer活用事業を導入する自治体においては、教育委員会がどのような点を捉えていくべきか、初期時には理解しにくい点があるか

---

[1]　帝京平成大学現代ライフ学部　講師／大阪府立大学スクールソーシャルワーク評価支援研究所客員研究員

らである。なんらかの確認事項がなければ、自らの自治体における客観的な状態を理解する術がなく、結果として、事業運用の非効率化へ至ってしまいかねない。さらに言えば、SSWer活用事業のSVrが存在したとしても、福祉（ときに心理等）の専門職であることから、教育委員会へのコンサルテーションにおいて組織機構を理解しない主観的な捉えが出かねないことから言っても教育委員会側（組織計画）のあり方を捉えた本プログラムの見地は一つの示唆を与えると言えよう。

都内においては、練馬区学校教育支援センター等にて本プログラムを活用した研修を実施した。これら実施自治体ともに児童生徒数（小中合せて約45000人規模）、学校数（小中合せて約100校規模）は都内でも上位の傾向があり、2014年度以降からSSWer活用事業を運用している。プログラムのファシリテーター的役割をしているのがSVrでもある筆者である。このとき、筆者は、SSWer活用事業運用の基盤づくりのためにケースSVではなく、システムSV（以下、システムSV）を中心に行なう立場を取っている。

システムSVでは、教育委員会（教育センター等SSWer活用事業運用組織含）側がどのようにSSWer活用事業（必要ならば関連事業）を運用していくかを課長（所長）や指導主事、指導主事、係長等とともに検討する立場を取る（SVrは決定する立場ではない）。なおこの立場を取る理由には都内40教育委員会の調査研究および全国30県の教育委員会の調査研究を実施してきたことも関係している（参考、米川〔2015〕）。

（3）プログラム活用の実際と留意点

組織的な個々の情報を開示することはできないため、これまで試験的にも関係（実施）した各機関を合わせた報告をさせていただくとともに実施における留意点について述べる。本プログラム活用の目標となる流れを**表1**に示す。バージョンとしてはチェック結果活用バージョンを用いている。

まず年度初めでは、3月中までに採用された初任SSWerや次年度配置となった教育委員会側の方々のためにSSWer活用事業運用や活動理解を目標に"チェック項目内容の実施の観点を持っていたかどうか"を個人評価としてスクリーニング的な意味を求め実施の提案をしている。このとき、可能な範囲で、チェック結果により初任者へどのような研修やOJTが必要であるかを検

表1　包括するシステムづくりのためのプログラム実施プロセス（目標）

実施時期	対象	実施目的・理由
4月	初任者 （課長・所長、指導主事、係長、SSWer等）	【スクリーニング的活用】 ・SSWer活用事業における効率的運用理解のため 　（どのような活動視点が必要か） ・自己の事業運用理解度の理解のため 　（どのような活動を理解していく必要があるか）
8月～ 9月	全体 （課長・所長、指導主事、係長、SSWer等）	【年度内方針検討的活用】 ・所属組織（教育委員会・SSWer）の動向理解と方針検討 　（組織としてどの方向へ進んでいくか） ・個々の動向理解と方向性検討 　（個々としてどの目標を設定するか） 　※現状は自己点検の比重が多い
2月～ 3月	全体 （課長・所長、指導主事、係長、SSWer等）	【次年度方針検討的活用】 ・組織としての年度内比較・年度間比較を通した所属組織の動向理解と方針検討 　（組織としてどの方向へ進んでいくか） ・個々としての年度内比較・年度間比較を通した目標設定 　※現状は自己点検の比重が多い

※ファシリテーター役はシステムSVr

討できるように示唆している。

　留意点としては、チェックの有無に関わらず、1年間かけて各チェック項目内容の質の理解をしていただくことが挙げられる。たとえば、組織計画E-3"□採用時に初任者研修を行なう"というチェック項目の内容は、指導主事等担当者によって、どのような初任者研修の実施が必要と判断しているかは異なる。チェック項目がついているからよいというものではないだろう。このような質的視点を1年間かけて理解いただける仕組みづくりを踏まえ、その検討材料の一つとなるのが本プログラム（研修）と言えよう。実際の取り組みでは、新たに赴任される指導主事等がSSWer活用事業について理解されていなくとも継続的に事業運用ができるよう教育委員会側のガイドライン作成またはマニュアル作成等の提案を行なっている。そして、これらには事業評価として本プログラム等を活用した実施の表記の示唆を含めてもいる。

　次に年度中間の8月～9月には、事業運用状況を理解し、組織として目標を設定するために全体参加型で、つまり協働参画型でのプログラム研修を提案し

ている。日頃の会議でさまざまな事項についてチーム内での話はされているはずであるが、本プログラム研修実施の利点は客観的評価に基づいて事業を振り返ることにより、再度、チームで共有すべき事項や度外視していた事項の重要性に気づくことができる点である。

　この重要点は、プログラム評価（たとえば、レーダーチャートの組織の平均値確認）で示された結果が、単に教育委員会側またはSSWer側だけが何らかの行動が必要であるという見解のみに終わらず、さらにときとして個々の意見が組織の意見として後押しされることもあり、組織やチームの方向性や動きとして直視すべき事項を共有し、組織またはチームとして具体的行動に至る点にある。従来のSSWerだけの研修、教育者だけの研修では得られない組織としてのチーム活動の効能が得られる可能性があるのである。またこの時期に実施する重要点としては年度内における方向性や目標を持つことにより、組織やチームとしてのあり方が少なからず共有できる点にある。この他、この時期は次年度の予算要求の検討時期でもあり、本プログラムがその一資料となり得ることもある。

　留意点としては、ファシリテーター役割となる者のタイムマネジメント能力が大いに求められる点にある。学習的に終わらせるスタイルではなく、協働的に意見をまとめていくためには支持的に傾聴していればよいというものではないからである。もちろん、ファシリテーターが勝手に意見を決めるわけにもいかないからこそ、自治体の事業特性や焦点を絞った方向性への検討方式が求められる。このとき、単に平均値や個人の得点が低いからその項目に焦点を絞って検討するだけになれば、本来取りざたされるべき内容を見逃してしまうこともある。そのため、どの項目に焦点を当てるかは、全体での合意が必要である。当然のことながら、プロセス理論等を踏まえた解釈による対話の俯瞰性（ミクロからマクロレベルの観点）への説明が、そして多職種が参画するからこそ双方の立場、つまり客観的立場に立った対話促進が、ファシリテーターには求められる。

　最後に年度末には、中間評価や年度間評価との比較や事業の振り返り、さらにそれを踏まえ、組織として、次年度の目標設定をするためにプログラム研修を提案している。この利点は、中間に設定した組織目標がどのように変化したかしなかったのかだけでなく、全参加者が所属組織の現状を理解している上で

の質の高い"評価"と"方向性の検討"につながる点である。

　この重要点は、教育委員会側またはSSWer側によるアクションでうまくいった点、いかなかった点を再認識することで、組織やチームの長所や限界を踏まえた次年度の方向性や課題の検討ができる点である。これにはSSWer育成計画なども関わり、個々人のSSW実践方法の向上だけでなく、全体のSSWer基盤構築を視野に入れたプログラムの実施になることもある。基本的には困難であろうが、次年度からの担当となる初任者がここに加われば、現状の組織状況を理解し次につなげることの意識付けがしやすくなる。

　留意点としては、年度間振り返りから自分たちがすべきこととできることの限界（理想と現実）を踏まえた目標設定でなければ、絵にかいた餅になってしまうことを理解したリスクマネジメント視点を入れる点である。

（4）プログラム実施の工夫と課題

　本プログラム実施は、SSWer事業運用の一つとして運用枠組みを構築していくための視点が大いに求められる。なぜなら、一度限りのプログラム実施で効果が出ることもあるが事業が成熟していない状況では継続的な実施がなければ、自分たちの評価で"組織やチームをよりよくしていくという感覚"を得にくいこともあり、プログラム実施自体に不信感が募ることもあるからである。教育相談センター所長や指導主事が交代するたびにプログラム実施の有無が異なるのであれば、継続的に事業を理解し、効果的な事業運用を検討していくことは難しい。逆に言えば、継続的に実施する枠組みがあれば、初任で来た方々にとって大いに方向性を検討する材料ともなり得る。

　このような点を捉え、プログラム評価実施等のプロセスを事業運用マニュアル等に入れるような工夫と、そもそものSSWer活用事業マニュアル作成の視点は不可欠であろう。つまり継続的なシステム基盤構築をしていく上でのプログラム（研修）実施にしていくという視点が必要なのである。

　さらに全体を通して、プログラム（研修）実施においては、ファシリテーターとして、チェック評価者が、否定的な"個人評価"の意味合いや、否定的な"他者評価"の想起（「あなたはその程度のことしかしていない」「あなたが高いのはおかしい」等）が出る恐れがあることを理解し、チェックを付けた内容における質的な意味合いを相互に共有したり、個人評価でなく事業評価として全

体が責任を持って個々の向上意欲を支援し合うチームであるというような姿勢を共有したりと、組織やチームが果敢にSSW事業に協働的に取り組めるようにしていく働きかけが求められる。つまり、組織やチームの協働意識をいかに醸成させることができるかがファシリテーター側に求められている工夫点とも言えよう。

　ところで、本プログラムの骨子となっているプログラム評価（プロセス理論・インパクト理論）においては、継続的にプログラム内容の評価をしていくこと、実施主体の特性に合わせた柔軟な対応をしていくことが大切という考えがある（ロッシ，2005）。この点からも、本プログラムそのものも、まだまだ精査・検討を継続させていく必要があると考える。たとえば、チェック項目のよりわかりやすい文言作成、本プログラム実施の科学的効果の証明、地域特性に合わせた柔軟なプログラム実施方法の確立等をいかに担保していくかも今後の課題である。

【引用文献】

米川和雄（2015）『スクールソーシャルワーク実践技術』北大路書房
ロッシ，P.H.，リプセイ，M.W.，フリーマン，H.E.（2005）『プログラム評価の理論と方法』日本評論社

福井県での取り組み
―SSWer 仲間とスモールステップで―

三好　良子[1]

福井県における SSWer 配置事業

　福井県では、2008年度に県から9市への委託という形でSSW事業が開始され、その後、定時制高校への配置、町立小中学校への派遣へと広がり、2015年度では、15名のSSWerと1名のSVrが配置されている。15名の内、市からの委嘱を受けている者が9市で10名、県からの委嘱を受けている者が5名（義務教育担当3名、定時制高校担当2名）である。

　2015年度に勤務しているSSWerが持っている資格は、社会福祉士や精神保健福祉士などの福祉関係の資格を持つ者が9人、教員の資格を持つ者が6人である。

　福井県では県予算での配置であるため（2015年度は1町が単独予算でSSWerを配置）、県主催でSSWerを対象とした事例を用いた研修が年6回程度、SSWerを含む教育機関に配置されている外部人材や市町の教育相談担当者を対象とした研修が年2回実施されている。

　ほとんど単独で活動することの多いSSWにとっては、2ヵ月に1回程度の研修の場は、それぞれの現場や活動状況についての情報交換のできる場であり、スーパーバイズを受ける機会でもある。福祉職でSSWer初心者にとっては、学校という慣れない場での活動は、緊張の多いものであり、教員をしていた者にとっては福祉の視点を学習する大変貴重な時間である。

　事例研修は、1人ないしは2人が事例提供を行い、その事例について参加者が意見交換を行ったり、SVrが助言を行い、今後の事例への対応の参考にするという内容で行われている。参加者は事例提供者のできていないことを責める

1　福井県教育庁高校教育課　スクールソーシャルワーカー

姿勢ではなく、わからないことを確認しながら、できていることを認めながら、ともに考えようとする姿勢で臨んでおり、事例提供者が、自信を無くしてしまわないようにという配慮はされていたが、私にとっては、事例提供した時もそうでない時も、あまり学びのないものであった。

　よりよい活動をするためには、自分自身の事例への取り組みや日頃の活動を振り返る必要があるが、この研修はSSWとは何か、何を目指して活動していけばよいのか、何を基準にして振り返ればよいのかという、参加者共通の指針になるものを持ち合わせていない状況で実施されていたからではないかと思う。

効果的なSSW事業プログラムとの出会い

　上記のように、活動の参考になる研修も少なく、2013年度からSSWerとしての活動を始め、児童生徒の状況や学校の状況が少しわかったものの、「この状況の中で私たちは何をしたらいいのだろう？」と迷っていた時期（2014年度）に、効果的なSSW事業プログラムと出会った。

　京都で開催された「スクールソーシャルワーカー学会」とあわせて開催された「効果的なSSWer配置プログラムのあり方研究会」に、SVrに誘われて参加したのが始まりである。その後、山野先生が福井県立大学大学院でのSSWの講義をされた機会に、SSWerも参加させていただき、効果的なSSW事業プログラムについて紹介を受けた。

　効果的なSSW事業プログラムを知った県内のSSWerは、「ぜひやってみたい」という意見がほとんどであった。それぞれがさまざまな不安を持ちながら活動していることがわかり、福井県のSSWerも参加しようという事で話がまとまり、山野先生の講義に参加できなかった人にも電話等で、効果的なSSW事業プログラムの紹介とチェックの試行について連絡を行った。そして、15人のSSWerの内10人がチェックに参加することになった。

項目を確認しながらのチェック

　2014年度はSSWerが自主的な学習会を行っていたので、山野先生からの提案を受け、初回チェックは学習会の時に、各項目の目的とサービス利用計画の効果的援助要素項目を読み上げて、内容を確認しながらチェックを行った。

項目を読み上げながらチェックをした時に出たのは、A-2「地域アセスメント」については、限られた勤務時間で地域まで活動範囲を広げることは困難である。A-3「学校や地域に潜在するニーズの発見」については、教育委員会に席があると学校から教育委員会に提出される報告書などでもニーズを把握することができる。A-4「学校組織に働きかけるための戦略を立てる」については、ゴールのイメージが教員とSSWerでは違うとか、教員の中でも統一されていない場合もある。A-6「相談活動の推進」では、電話での教員との相談はミニケース会議としてもよいのかという疑問が出た。A-11「ケース会議の実施（アセスメント、プランニング、モニタリング）」については、参加者共同でのアセスメントが難しい、SWのツールの活用をしていない、そのために共通の認識を持ちにくく、何のためのケース会議なのかわからなくなることがある。さまざまなツールを活用することで可視化でき、共通認識ができやすいなどの意見が出された。

　さらに、教育委員会へのアプローチに関しては、全体的にできていないという意見が多く、SSWの体制づくりができていない、コミュニケーション不足である、「SSWerに何を期待しているのか？」という疑問は感じていたが聞いたことはなかったなどの意見が出た。

　このような形で、チェック項目を確認したり意見交換をしながらチェックを行ったものの、この時点では、それぞれが自分の結果から、障壁を乗り越えるための課題を見つけて取り組むというように考えてはいなかったと思う。それぞれの結果を、自分がSSWerとしての活動ができているかどうかという、評価だと考えていたのではないかと思う。

　私自身もそのように捉えていたのではないかと思う。なぜなら、最初にチェックを実施した時に、属性を入力する場面で、一つの学校を選ぶ時に、担当している学校を思い浮かべ、A学校ではケース会議ができているけれど、B学校ではできていない。学校のアセスメントができているのはC学校だ、そんなことを考えて、どの学校を選べば、たくさんの項目にチェックがつくのだろう。そもそも30校くらいを担当していて、1校を選んでチェックをしたら、私は何もできていない結果が出てしまうのではないか。そんなことが頭をよぎっていた。

　また、この時には、「できていない」原因を、時間が限られていることや

○○の理解がないからと、自分以外のところにあると考えることで、責任が持てていなかったのかもしれない。

チェック実施後のワークショップ：2014年度

　山野先生が福井に来られるのに合わせてSSWerが集まり、1回目のチェック結果の振り返りを行った。

　ワークショップまでに、①気になる項目（点数が低い項目）、②その項目の点数が低い（実施できない）理由として考えられることなどについて、山口県で使われている様式を参考にした振り返り用紙を使って各自が振り返っており、個人ごとの振り返りで「気になる項目（点数が低い項目）」としてあげていたのは、A-2「地域アセスメント」、A-3「学校や地域に潜在するニーズの発見」、A-9,10,11,12,「ケース会議実施前の活動からケース会議実施後の活動」、B-1「SSWer活用に関する目標設定」、B-2「SSW活動の定期的な報告・連絡・相談・学校との調整」、B-3「困難事例などに向けた協働」、B-6「SSWの手法を浸透させるための働きかけ（マクロアプローチ）」、B-7「SSW事業化への働きかけ（マクロアプローチ）、C-1「関係機関との関係性構築（マクロアプローチ）」、D-1「子ども・保護者のアセスメント」なでである。山野先生の助言を受けながら、B-1「SSWer活用に関する目標設定」、D-1「子ども・保護者のアセスメント」について、どう取り組めばよいのか、どの項目と関連があるのかを考えた。

　B-1「SSWer活用に関する目標設定」への取り組みについては、事業を実施する場合、教育委員会であれば、学校現場での実情を分析し、何をどうしたいという意図（目的）をもち、そのための具体策として事業計画を立てて予算要求していくものである。そのことについて教育委員会からの説明もなかったし、SSWerから聞くこともしていなかったことに気づいた。当たり前のことができていなかったのである。

　まずSSWerの活動や役割がどう把握されているのかを確認し、ズレがあるようなら説明することが必要であることを学習した。さらに、自治体の特徴や優先課題を確認した上で、目標設定と活動内容を設定する必要があること。組織に位置付けてもらうことも重要で、そのためには、SSWやケース会議についての理解を深めるための研修や、担当を置いてもらうこと、各種委員会に入

れてもらうことなどを働きかけることも必要であることも学んだ。また、学校に対してもSSWやケース会議に関する研修を実施すれば、A-4「学校組織に働きかけるための戦略を立てる」ことにつながってくる。さらに、B-2「SSW活動の定期的な報告・連絡・相談・学校との調整」や、B-3「困難事例などに向けた協働」、B-6「SSWの手法を浸透させるための働きかけ」などへの取り組みとも関連があり、日常活動の中にチャンスがある。特にAの学校組織へのアプローチとも関連があり、それらの中に多くのチャンスがあることも学習できた。

次に、D-1「子ども・保護者のアセスメント」への取り組みについては、共同でアセスメントし、課題や目標、プランを共有した上で、関係者（機関）が役割分担していく必要があり、ケース会議は不可欠である。しかし、実際には、そのような段階を通らずに、「何とかしたい、どうしたらいいのだろう」と、子どもや保護者が今のような状況になぜなったのかという背景を考えずに方法ばかりを話し合うケース会議も多い。そういうケース会議の場合、共有された目標がなく、状況報告で終始してしまい、結果としてケースが理解されていないために状況が変わらないことが多い。

ケース会議を本来の姿に変えていくためには、ケース会議の場だけを何とかしようとしても難しい、だからA-9「ケース会議実施前の活動」が重要なのであること。よりよいケース会議を行うためには、ケースのよいところを知っている人や、ポジティブに考えている人に参加してもらう必要があり、そのためには、ケース会議の事前に、参加者を誰にするかの打ち合わせを行い、ケース会議の目的と見通しを共有しておく必要があることが確認できた。

学校がクレーマーであると認識している場合でも、「なぜ、こんなことになったんでしょう？」と問いかけることや、解決にはD-1「ケースアセスメント」とA-1「学校アセスメント」が必要であるということも再認識できた。

山野先生の助けを借りてチェック結果を振り返った後に、ワークショップ参加者に効果的なSSW事業プログラムについての感想を聞いてみた、結果は次のとおりである。

・SSWerの役割や業務が具体的で、働きかけの方向性や内容がわかり、共通理解しやすい。

・ケースへの支援に関して、「何かうまくいかなかった」と感じたときに、

振り返りの基準となり、自分を能力のなさを責めて落ち込むだけでなく、論理的に見直すことができる。
・自分がSSWerとして、「できているところ」と「できていないところ」がわかり、今後の指針となる。
・専門性の理解が進み、SCとの違いがわかりやすい。
・児童・生徒や保護者をはじめ、その他関係者に関しても共通理解ができやすい。
・倫理面の押えもある。
・SSWerの活動を推進していくために、SSWerがどこへどう働きかけていけばよいのかも理解できやすい。（マクロアプローチ）
・自分が辞める時のことを考えると、後任者に「自分が何を基準に動き、何ができ、何ができなかったのか」「雇用側の考えはどうか」などを理論的に引き継ぐことができる。・

教育委員会への働きかけ

2014年度のチェックの結果、共通して低い項目で、SSWerが特に重要であると感じたB-1「SSWer活用に関する目標設定」について、チェック実施後のワークショップで、その項目への取り組みを考えた時に、他の項目への取り組みの中にヒントがあることがわかり、それぞれそのことを踏まえて活動を行いながら、共同でどう取り組むかということについても相談した。

県の教育委員会に対しては、県の考え方や計画を聞かせてもらうこと、教育委員会担当者にもチェックをしてもらえるよう働きかけていくこと、県主催の研修の講師として山野先生を迎えてもらうことを働きかけた。

福井県におけるSSWer配置事業についての考え方や、学校の実情については、平成25年度「児童生徒の問題行動等生徒指導上の諸問題に関する調査」概要とSSWer活動報告を経年的にまとめたもので、SSWerへの期待としては「きめ細かな対応を」という説明を受けた。

教育委員会担当者にもチェックをしてもらえるよう、県の教育委員会や委託先の市教委に出向いたり、SSWerを通じて依頼し、何人かの担当者が効果的なSSW事業プログラムに関心を持ち、チェックに参加してくれることになった。

県主催の研修に関しては、私たちの働きかけで山野先生を県主催の研修に講師としてきていただくことができ、山野先生から、直接、県の教育委員会の担当者や管理職にウェブチェックの紹介とID配布についての説明があったことで、県の教育委員会がID配布の窓口になったことは前進であった。

チェックと実施後のワークショップ：2015年度

　2015年度は、SSWerが10人と県教育委員会担当者と、委託先の市の教育委員会担当者の何人かがチェックに参加し、チェック結果の振り返りにも参加した。2015年度の振り返りワークショップも、山野先生が福井に来られる日に合わせて行った。

　2014年度は山野先生におんぶに抱っこ状態での振り返りであったが、2015年度は再委託を受けたこともあり、「評価ファシリテーションの手引き」を見ながらワークショップを実施した。ワークショップの実施にあたっては、SVrと相談したり、SSWer仲間の中で、プロセス理論図の縦方向と横方向の関連を理解しているメンバーに、グループでの話し合いが、項目からずれないよう協力を依頼した。

　県平均と各自が自分のチェック結果を持参し、平均と自分の結果を見比べながら、「できていた項目」、「できていない項目」とその要因を出し合い、「できていない項目」を実施するための工夫や関連する項目などについて話し合った。

　「できていない項目」として、A-14「プランの実行」があげられ、その時々の状態に合わせてプランを修正してくことが難しいという状況が出ていたが、A-7「子ども・保護者の共同アセスメント」、D-1「子ども・保護者のアセスメント」、D-2「プランの実行」、D-3「モニタリング」の項目と関連があり、それらの項目の中には「できている項目」もあり、その項目が「できている」要因と考え合わせてみると、「できていない項目」を実施する手掛かりがあることがわかった。そして、その話し合いをしている中で、自分一人でやってしまっていたこと、チームで取組めていなかったんだということにも気づいた。またA-2「地域アセスメント」も「できていない項目」としてあげられ、相談活動に追われていて余裕がないという状況が出されていたが、A-4「学校組織に働きかけるための戦略をたてる」やA-14「プランの実行」との関連を考え

ると、学校組織への働きかけも一人でやろうとしていたのかもしれないことに気づいた。

　活動がうまくいかないと、その要因を自分以外に見つけて批判したり、できない理由を作って逃げることもあるが、この効果的SSW事業プログラムは、できない場合は前の項目を見直したり、横の項目を見て、どこかに糸口を見つけられるようになっている。そのためには、プロセスやそれぞれの項目のなり立ちを、よく理解する必要がある。「何とかしたい！」という思いを持ち続けること、そしてそれを支え合う仲間の存在も大きい。

福井県におけるSSW配置事業の今後

　チェックとこのワークショップ参加の教育委員会の担当者に、効果的なSSW事業プログラムとチェックに参加しての感想等について聞くと、次のように言ってくれた。

　SSWer設置要綱におけるSSWerの業務内容としては、①問題を抱えた児童・生徒の家庭等への働きかけ、②学校内における問題解決のための体制構築、支援、③関係機関とのネットワークの構築、連携・調整、④SSWerの活動内容の周知、効果的な活用と連携協力の促進の4つであるが、学校では①の意識が強く、SSWerの活動の重要な部分である②③について理解している教職員が意外に少ないということである。実際に、SSWerとともに学校のケース会議に参加すると、②③におけるSSWerの働きは、非常に専門的でケースの解決に不可欠だと感じることが多々あった。その専門性を充分に発揮してもらうため、SSWer担当者は④について腐心しなくてはならないが、何を、どのように、というマニュアルのようなものもなく、困っていたが、SSW事業プログラムは、入力していくと足りないところが可視化され、項目が、担当者として「何をすればよいか」を具体的に示している点がよかった。

　SSWer担当は、学校教育関係の業務担当者が担当することが多いが、中にはその他の部署の職員が担当することもある。担当部署によっては、学校現場の実態がつかみにくい場合もあったり、担当が1年ごとに変わるなど、SSWとは何かがわからないまま、事務的なことをこなしていることもある。

　SSWerの担当をしてみてSSWerの存在がわかったが、学校現場にいた時のことを考えると、SSWerは何をする者なのかを知っている教員は少ないと感

じるという実情も聞いた。

　2014年度に効果的なSSW事業プログラムに出会い、福井県ではチェックを行ってはSSWer仲間とともに振り返り、少しずつ、それぞれが自分の障壁を乗り越えるために何をどうすればいいのかを問い直すようになってきている。ケースへの直接支援を主として行っていたSSWerが、このプログラムに出会ったことで学校組織への働きかけの重要性に気づき、市教育委員会の担当者と活動内容の見直しを行うなど、それぞれの活動の場で、できるところから見直しを始めている。SSWer仲間で取り組む次のステップでは、共通の課題を確認し、SSWやケース会議を説明する資料づくりや、社会資源の整理などに共同で取り組んでいくことを計画している。
　教育委員会の担当者も、SSWerの待遇や増員などに向けて努力をしているようである。市教育委員会の中にもSSWerが活動しやすくなるように、SSWerと一緒に、学校やケースとの関わり方を見直しているところもでてきている。
　小さなあゆみではあるが、少しずつ嬉しい変化は起きている。
　今は、まだ教育委員会と「協働」といえる状況ではないが、事業の根幹でもあり、最も重要でSSWer全員に関わる重要なところでもあるので、教育委員会との「協働」を目指して、SSWer仲間との取り組みを進めていきたい。

高槻市における自主研修組織を活用した
評価マニュアルの研修

吉田　卓司[1]

1. 高槻市におけるSSW事業の目的と課題

　大阪府下の中核市である高槻市では、2011年10月から「児童の学習活動の充実や家庭の教育力向上を支援すること」（高槻市教育委員会「平成23年度スクールソーシャルワーカー実施要領」1項）を目的として高槻市単独授業としてのSSWの配置が始まった。

　同市最初のSSWは「小学校全校配置型の、学校体制支援型（間接支援）のSSW活動」（野田正人「高槻市のSSW活動のねらい、SVとしての視点から」2011年度第一回高槻市教育委員会SSW連絡会配布資料より）として開始され、市立小学校41校に、1校あたり年間35回（原則1校あたり週1回）を上限としてSSWerを配置し、2012年度から2014年度は1回6時間、2015年度は1回4時間で実施されてきた。

　2011年から2015年度の間は約20名のSSWerが「有償ボランティア」として勤務していた。2015年度の場合、一人のSSWerが担当する小学校数は、1校7名、2校8名、3校3名、4校2名であった。また、毎年、他府県市のSSWerや家事相談員等と兼務するSSWerもいる。そして、社会福祉士等の福祉分野の資格を有しないないワーカーや、福祉資格や福祉・医療・教育等の他職種の勤務経験はあるものの、高槻市で初めてSSWの現場を経験するワーカーもいた。

　このように一人ひとりの勤務状況、経験、資格取得等に差異があるため、高槻市として一定のSSWの質を全校的に確保することは、当初から大きな課題であった。

1　藍野大学 医療保健学部看護学科　准教授

2. 自主研修会における評価マニュアル研修

（1）評価マニュアル研修の主体となった自主研修会

　高槻市教育委員会（市教委）は、SSWer事業を開始時から2013年度までの間、市教委主催のSSWer連絡会を1年間あたり10回（1回2時間程度）開催してきた。その内容は事務連絡にとどまらず、野田正人立命館大学教授によるSVと講義のほか、関係機関見学などの研修的要素をかなり包含したものであった。また、SVについては、「緊急対応及び通常の派遣により対応できない場合の緊急支援」を「1回6時間、1回の支援あたり3回を上限」とする実施要項（上記要項6項）に基づく支援のほかに、常時電話等によるSVを得られる連絡・相談体制も保障されていた。そしてさらに野田教授からのアドバイスをうけて、これらの研修・SVに加え、高槻市SSWer自主研修会を組織し、定期的にSSWerの自主的な研修の機会をつくることなった。

　市教委主催の連絡会の参加はSSW業務の一環で謝金が生じるが、自主研修会への参加は任意で謝金はない。研修内容等の企画から運営までSSWerに行われてきた。当初3年半の間は、研修会を月1回開催し、主として匿名化されたアセスメントシートを用いた事例検討を通じて野田先生からのSV、SSWer相互の情報・意見交換を重ねてきた。

　自主研修会の事務局は、チーフSSWerの勤務大学個人研究室であるが、自主研修会の会場確保は、市教委担当主事に依頼していた。

　また、夏休み期間の8月には、SSWerの懇親と地域関係機関との交流も兼ねて「夏季1日研修」をしてきた。最初の「夏季1日研修」は2012年8月21日（会場：藍野大学）に実施した。午前の部は、大阪府チーフSSWerの森本智美氏を講師に招き「SSWは学校現場でどう動くのか？－先生と、どのように関係をつくり、先生にどのようにかかわるか」をテーマに講演していただき、午後からは京都府SSWerの経験がある本市SSWer矢部和子氏による「模擬事例による校内ケース会議－アセスメント・トレーニング」演習など、SSWの基礎基本を学ぶ機会とした。

（2）評価マニュアル研修の導入

　連絡会と自主研修会の月2回の学びと交流は、高槻市のSSW事業の進展と

SSWer自身の資質向上に資するものであったことは事実である。しかし、毎年数名のSSWerが退任し、新任SSWerが着任する状況の下で、SSWerのスキルや経験値に差異が生じてきた。そのため市全体のSSWに一定の質を確保することは、なお課題として残されてきた。

　市教委も、この課題解決の方途を探っていた。そのひとつが山野則子教授を2013年9月3日の「高槻市スクールソーシャルワーカー連絡会」に講師として招き、「効果的なスクールソーシャルワーカー配置プログラム」と「エビデンス・ベースト・スクールソーシャルワーク」についての講演を依頼したことである。

　自主研修会では、この講演会に向けて、2013年8月22日の「夏季1日研修」（会場：高槻市社会福祉協議会）で、午前に高槻市コミュニティソーシャルワーカーとの合同研修を行い、午後の部では、私がファシリテーター役となって、①大阪府立大学キーパーソンプロジェクト・効果的なスクールソーシャルワーカー配置プログラムのあり方研究会『効果的なスクールソーシャルワーカー配置プログラム実施マニュアル』、②『スクールソーシャルワークに関するハンドブック』改訂版、③『エビデンス・ベースト・スクールソーシャルワーク－SSWの実態、学校や教員の状況』の3つを資料に事前学習をした。

　また、市教委は、上記課題解決の方策の一つとして、2013年度と2014年度、教育委員会配置のSSWerを一名置き、新規事業として設置した「学校問題解決チーム」にSSWerを加え「SSWerが学校や保護者の相談を受け付ける。重大（困難）事案の場合は、外部専門家（弁護士等）の助言をうけ、具体的な対応策を検討する」（「平成25年度高槻市いじめ不登校対策事業［事業番号719番］資料」より）こととした。

　したがってこの2年間は、小・中学校への派遣型SSWerが高槻市に配置されたことになる（2015年度は配置なし）。具体的には、困難事案をかかえた小・中学校に対して、派遣型SSWerとして学校および配置型SSWerへの支援などを行った。このような態勢は、2013年に自主研修会と連絡会が連携して評価マニュアル活用の研修を実現する契機となったという意味で、マニュアル活用の導入に大きな意味をもっていた。

　なお、この時期に市教委配置のSSWerが主事と派遣先への道中をともにする際など、話のなかで「高槻市SSW独自のマニュアルを作成して、SSWの全

市的な活用が促進できないだろうか」、「他府県市では、何らかのかたちで統一的なSSWを実施していると思うが、どのようにしているのか」ときかれたことが一度ならずあった、個々のSSWerが多様なかたちでSSWを展開している状況に、市教委側も一定の課題意識を有していたが、高槻市のSSWが小刻みな制度改変を繰り返していたこともあって、一自治体が効果的なマニュアルを作成し、これを実装することは極めて困難であった。

3. 高槻市における評価マニュアル研修の実施

（1） 二人組ペアによるマニュアル研修

2014年8月19日の「夏季一日研修」では、午前に高槻市コミュニティソーシャルワーカーと合同で大阪市立阿武山学園を訪問し、午後からは茨木市SSWerと合同で、山野則子教授をファシリテーターとした評価マニュアル研修を実施した。

すでに同研修実施の時点で茨木市SSWerは、マニュアル・チェック項目A「学校組織へのアプローチ」について研修済みということで、本合同研修では、チェック項目Bの「教育委員会へのアプローチ」から、二人組ペア・ヴァージョンによるマニュアル研修を行った。

最初に4人一組でグループを構成し、さらに、二人組ペアをつくって、一人がチェック項目を読みあげ、相手のSSWerが、その項目ができているかを答えるというかたちで、二人が相互に「できていること」と「そうでないこと」を確認し、その結果を用いて、どうして「できていないのか」、「これからどうすればよいか」という障壁分析をグループで討議した。

このマニュアル研修では、マニュアルに馴染みがないSSWerにとって、それに親しむこと自体にも有意義であったと思われるが、山野教授の熟達したファシリテートにより、個人の業務を評価するものではなく、今後の取り組むべき指針を見つけるための自己評価であるという趣旨が周知されていたこともあって、マニュアル研修の事後の感想では肯定的な感想が顕著であった。

なお、同日の研修では、研修の最後に駒田安紀研究員より、ウェブのマニュアルチェックシステムの試行がまもなく開始されることも、具体的に講話していただいた。このプログラム構築に直接かかわっている講師からダイレクトにウェブのシステムについて解説を聞くことができ、SSWerのマニュアル活用

へのモチベーションが高められる様子が感じられた。

なお、同日のマニュアル研修には、SVerの野田正人教授も同席し、研修に参加された。そして、教育委員会に対するSSWerのかかわり方などについて、野田教授からも、具体的なSWのありかたについてアドバイスと解説を加えていただいた。

（2） 初任者研修におけるマニュアル研修

2014年度は、2013年度の中途採用者も含めて、高槻市SSWには4名の新任SSWerがいた。そのため、市教委は、2014年から、連絡会を年間5回とし、連絡会の回数減少に代えて新任研修を行うこととした。

その理由は、事業開始当初から活動するSSWerと新任者では、研修内容のニーズに違いが大きいこと、また、新任者のなかに福祉専門職としての資格も経験もない人も含まれていたからである。

高槻市は同年度の「新任SSWer研修」を3回実施することとした。新任研修講師を、市教委配置SSWerである私が行った（翌2015年度は新任者がいなかったので新任研修は実施せず）。

第一回の初任研修は、「SSWerの仕事とは」の講話と「アセスメントシート」や「活動報告書」等の書き方について実務的内容の演習を行った。演習では、特に、事例に即した家族関係図の記載スキルとアセスメントの基礎理念に時間を費やした。

第二回と第三回は、8月の山野教授らによる「マニュアル研修」実施後であったため、夏季研修で取り上げていない項目、たとえば項目A「学校組織へのアプローチ」から、新任4名のグループでチェック項目にそって自分たちのSSWの振り返りを行った。

着任して5ヵ月程度のため、新任SSWerのなかには、学校とのかかわりに困難さを感じている者もいたが、教職員との信頼関係構築や情報共有を実現する過程について、チェック項目を見直すことで、SSWer自身が一人では気がつかなかった突破口や状況打開の手がかりを見出すことができたようであった。

また、講師役のチーフSSWer（吉田卓司）にとっても、体系的にもれなく、SSWerとしての学校とのかかわり方のヒントを与えることができ、スムーズ

に無駄なく研修を行うことができた。

（3） 事例検討ヴァージョンのマニュアル研修

2015年8月18日の「夏季一日研修」の午前の部では、龍谷大学短期大学部講師大友秀治氏をファシリテーターとして、事例検討ヴァージョンのSSWプログラムマニュアル研修を実施した。

あらかじめ、2名の高槻市SSWerに事例提供を依頼し（現実には1ケースのみの事例検討で時間満了）、提供された事例をマニュアルにそって検証していった。

事例検討のグループは6名と7名の二つのグループに分かれて実施した。

ファシリテーターの大友氏は、ケースへの見立てとマニュアル活用方法の習得が深化するように討議をみまもり、マニュアルに従って議論が進展するように、二つのグループをコントロールし、研修をすすめられた。

また、多くのSSWerが、これまでにマニュアル・チェックの経験があったことから、マニュアルから逸脱した議論になることもなかったようである。受講者であるSSWerの側のレディネスも整っていたように見受けられた。

4.総括

高槻市においては、ここ数年間、約20名のSSWerが活動してきた。それぞれのSSWerがもつ経歴、資格などの多様性が、SSWにプラスの作用をもたらす側面があることも確かである。ソーシャルキャピタルや関係機関との連携について、貴重な情報が同僚のSSWerからもたらされることは少なくない。他方で、それぞれのSSWerの得意分野や経験などの差異によってSSWの効果が公平かつ十分に生かされないような状態は克服されねばならない。

その意味で、これまでの自主的研修組織を通じてのマニュアル研修は、自主的、主体的であるからこそ効果的・意欲的に研修できたというプラスの面とマニュアルを完全に使いこなせるよう全SSWerに対して徹底することが難しいというマイナスの面の両面があった。

2016年度から高槻市のSSWは、全小学校配置型を止めて拠点校配置のSSWerによる巡回型となり、SSWerの身分は「有償ボランティア」から「非常勤職員」へと変更されることとなった。これまでの自主研修会で培われた評

価マニュアル活用の経験が、今後の高槻市の取り組みのなかで生かされていくことが期待される。

謝辞

本稿に記した高槻市SSWの成果は、高槻市で日夜子どもたちのために奮闘する市教委・学校園の教職員の皆様のご理解とご尽力の賜物である。そして、わが国のSSW全体を熱心に牽引してくださっている山野則子先生、野田正人先生はじめSSW関係学会、研究会の諸先生のご指導、ご鞭撻に心からの感謝と敬服の意を表したい。

第3部

子ども分野への他領域のアプローチ：心理学、精神医学、看護学からの視点

◇

　第1部冒頭に述べたが、スクールカウンセラーとの協働、児童虐待問題の背景や子どもが親になっていくことへの視点、そして支援を考えないわけにはいかない。今回のシンポジウムに登壇いただけなかった他領域である視点を補う形で、どのような視点と研究がおこなわれているのか、紹介することでこれからの協働へのつなぎとしていきたい。

　執筆いただいたのは、大阪府立大学内のスクールソーシャルワーク評価支援研究所客員研究員の先生方である。

学校現場の課題にアプローチする臨床心理学の視座

川原　稔久[1]

1. はじめに

　学校現場での諸問題にはさまざまな次元があり、教育の課題、生活課題など問題の多様化と複雑化を極めているのが現状である。そのため学校現場には教育の専門家としての教員だけでなく、心の専門家としての臨床心理士等がスクール・カウンセラーとして参画するほか、福祉の専門家であるソーシャル・ワーカーがスクール・ソーシャル・ワーカーとして関与しつつある。そのなかでそれら多様な問題に心のことが絡む場合も多くある。心のことは誰しも経験があるわけで、その意味では誰しも心のことに対処してきた経緯があって、それをもとに問題や課題に向き合うことが基盤となる。相談事という事態は一般に自分で抱えきれない場合に発生する。逆に言うと、自分で自分のことが抱えられるようになると相談事は終結することになる。しかしそうした人生経験レベルの対処では抱え切れない場合がある。人生経験のレベルで対応できない場合、専門的なレベルで心の問題についての相談事が発生する。

　そこで本稿では学校現場で心の問題にアプローチする際に必要な臨床心理学の視座を、臨床心理士による支援活動の典型例を踏まえて紹介し、議論する。具体的には非行の問題、暴力の問題、いじめの問題、震災支援への臨床心理学によるアプローチについてである。そのなかで学校教員との恊働や支援者支援についての臨床心理学の視座も考えたい。そこで本稿では、はじめに臨床心理学の枠組みを簡潔に提示して、つぎに学校現場における支援活動の例を踏まえた諸問題を議論し、最後に臨床心理学に固有の視座をまとめることにする。

1　大阪府立大学現代システム科学域環境システム学類　教授／大阪府立大学スクールソーシャルワーク評価支援研究所

2．臨床心理学の枠組み

(1) 歴史的系譜と臨床心理学の現代的パラダイム

　心の問題を扱ってきた歴史は古く、古代から中世にかけて宗教、哲学、経験的医療等の領域で行われてきた。それら各領域に加えて、近代から現代にかけては自然科学の影響から医学、心理学の領域でも心の問題を扱うようになっている。歴史的な系譜をみると、このように多くの領域の考え方が心の問題を扱う方法の背景にあって現代の考え方に影響を及ぼしている。とくに20世紀以降では現代の臨床心理学の考え方として大きく分けると四つの柱がある。一つは身体医学的な考え方、二つ目は深層心理学的な考え方、三つ目は認知行動主義的な考え方、四つ目は人間性中心主義的な考え方である。また最近では家族療法やコミュニティ心理学におけるシステム論的な考え方も登場している。

　身体医学的な考え方は心の問題の原因が身体的な次元にあってそれを治療・改善することで症状や問題が解決するという考え方である。身体疾患の疾病単位と同様の疾病観であり、症状や問題の原因を除去するという治療観であるため、医学モデルとも称される。

　深層心理学は19世紀後半から人間の表層意識では認識できない次元の現象（ヒステリー・多重人格・夢遊病・催眠等）が研究され始め、意識を層構造として捉える考え方として登場する。深層意識が人間行動に影響を与える（症状を形成する）という理解から心の現象をより深く広く考える立場である。

　認知行動主義は1920年代 Watson, A. が客観的に捉え得る行動・反応を心理学の対象とする考え方（行動主義）を主張したのが出発点である。刺激と行動が基本的な単位であり、条件反射学による学習理論を基盤として、症状や問題行動は誤学習や未学習が原因であると捉え、症状や問題行動を修正する学習が治療と考えられた。その後、刺激と行動の対応に影響する認知を考慮し、認知行動療法として考えられる。ストレス・マネジメントをはじめとした、学校現場に心理教育として取り入られている多くの技法の背景にある考え方である。

　人間性中心主義は1940年代アメリカの心理学者 Rogers, C.R. が創始した来談者中心療法が出発点で、受容・共感・自己一致（純粋性）がカウンセラーのあり方としてクライアント（来談者）に伝われば、人間存在（有機体organism）が本来備える成長力によって人格変容が実現されるという考え方

で、あらゆる技法の前提となるカウンセラーの基礎姿勢と考えられている。
　システム理論はベルタランフィの「一般システム理論」を基礎に、家族をシステムとして考える家族療法の考え方である。システムの構成要素の一つでも変化があればシステム全体が変化するという考えを基礎にして、子どもの症状や問題も家族システムの症状や問題と捉え直して、家族システムに働く力関係を変容させることで症状や問題を家族の成長につなげようとする。ソリューション・バンクなどの技法の背景にある考え方である。
　すべての理論に共通することは、クライアントの症状や問題を、何か（精神分析は転移関係、分析心理学はイメージ、認知行動療法は認知と行動、家族療法は家族システム）に映してパタンを発見し、そこから人生を切り拓こうとする点である。たとえば、カウンセリングの理論はカウンセラーの個性に左右されるが、多くの場合実際のカウンセリングではこうしたさまざまな考え方が適宜取り入れられている。何に重点が置かれるかは、カウンセラーの経験・タイプや、問題の質、クライアントの特徴、関係性の質、学校状況等によって左右されることになる。そのなかで、医学モデル・教育モデルに近い考え方は、症状や問題には原因があり、原因を取り除けば症状や問題が解決するという因果論であり、認知行動療法等は教育現場に親和性が高い。
　ところが、その際前提となるカウンセリングの基礎姿勢はRogers, C.R.が指摘した、受容・共感・自己一致であり、因果論よりも目的論の考え方が基礎にある。したがって現代の臨床心理学の考え方には歴史的に多くの領域から影響を受けて医学モデルや教育モデルに近いものもあるが、臨床心理学に固有でより独自の考え方は目的論的なものではないかと思われる。

（2）臨床心理学の特徴
　臨床心理学は心の問題を心理学によって扱う実践学である。つまり心に心で向き合うための実践に関わる学問である。なぜならば、心は動きであり、心の問題は、それを契機に生じる心の向き合う動きによって、心がその本質を実現する現象だからである。
　心を意識とか主観という言葉に置き換えてみてもよい。意識や主観の問題はそれが契機となって、日常の意識が向き合いという内省を経て広がることや、主観に向き合うことで主観がより深まることを実現する。症状や心理的な問題

という対象は主観であり、しかもそこに主観が向き合い、かかわり合うので、そこで実現されるのはお互いの影響が循環するような二重性を生きる主観である。心に心で向き合うということは、心が対象でありかつ方法でもある、ということになる。心に向き合うあり方を実現することに、臨床心理学の一番の特質がある。

　そこには心と心のかかわり合いがあって、その関係を基礎にアセスメントや心理療法が行われる。関係性を支えに実践が行われるため、基盤となる関係を抱える枠組みや関係という器の維持が重要となる。とくに心を扱う関係性は外的なものよりも内的なものであり、実践の枠組みや器も内的な枠組みや内面を抱える器が重視される。したがって実践の目的は内的な器の形成であり、心の問題を契機に心に心で向き合う動きを実現することである。

(3) 心の問題とその分類

　ここで、心の問題とそのアセスメントについて臨床心理学で用いられる考え方を整理しておきたい。というのも現場実践の出発点はアセスメントであり、実践対象である心の問題の分類には多くのものがあるからである。そして実践の背景にある理論が実践を規定する大前提だからであり、実践の基礎となる前提だからである。まず心の問題を心理機能、症候群、病態水準、疾病診断基準、発達水準といった観点から分類する場合の考え方を紹介しておこう。

　【心理機能】心理機能を認知（注意・記憶・知覚・表象・言語概念・思考）機能・情意（感情・意思・欲求）機能・意識（対象意識・状態意識・自己意識）に大別して、それらの障害として分類する考え方。さらに心理機能全体を統合する人格にも障害を考える。

　【症候群】上記機能障害は実際には個別に生じるというよりはある程度まとまって現象するパタンがあり、それを症候群という。（外傷性意識障害症候群・幻覚妄想症候群・躁鬱病性症候群・神経症性症候群等）

　【病態水準】医療機関等を中心に実践的には、病理の重さと心の機能の組合せから、精神病水準・人格障害（心身症）水準・神経症水準の３つの病態水準を考えるのが有効である。精神病水準では抱えられないレベルの不安（破滅不安・迫害不安）を外部に排除した状態で知覚や思考等基本的な心の機能が障害（幻覚・妄想等）され、内外の区別や現実認識が難しい。神経症水準では心の

抱えられるレベルの不安で葛藤状態にあり、自他の区別や現実認識は保たれている。両者のレベルを行き来する不安定状態にあるのが人格障害（心身症）水準であり、自己イメージ・他者イメージが不安定なため、常に身捨てられ不安から感情不安定で人間関係を振り回し不安定となる。

【DSM】アメリカ精神医学会が開発した精神障害診断統計マニュアル（Diagnostic Statistical Manual of Mental Disorder）。世界保健機構WHOのICD国際疾病分類（International Classification of Disease）とともに国際診断基準を構成。統計的に有意なエピソードを基準とした多軸診断（現在症・知的障害と人格障害・身体疾患・社会心理的ストレス要因・機能水準）が特徴。

【主体形成の水準とライフ・サイクル】この他、乳幼児期から児童期、思春期・青年期・成人期（壮年期）・高齢期など、人生におけるライフ・イベントや主体としての人格形成の節目に、特有の症状や問題群が分類されることもある。具体例には、分離不安・反抗期・いじめ・不登校・暴力・非行・思春期危機・モラトリアム・対象喪失と喪の作業mourning work・産褥精神病・産後うつ・虐待・DV・子育て不安・荷下ろしうつ・昇進うつ・引越しうつ・自殺・介護問題等がある。

以上概覧したように、問題や症状の現在の状態を機能的に分類することや水準として構造的に分類することと、その背景にある歴史や力動（心のエネルギーが働き合うメカニズム）によって分類することと、この両者が組み合わされる。あるいは、現在状態の横軸・家族力動の水平軸と、歴史の縦軸・水準の垂直軸との組み合わせと言うことができるかもしれない。以下に述べるアセスメントは、簡単に言うと、この横軸と縦軸を座標軸として行われる。

（4）心理アセスメントとその背景

クライアント本人の心理的な状態を把握し、心理的介入、環境調整等今後の対応方針とその場合の経過予想をも含めて判断することを、見立てという。その際にはこれまで挙げてきた心の問題の分類や病態水準、以下に述べる発達レベル、家族関係の把握などアセスメントの各種観点から総合的に検討される必要がある。心の問題はその背景を知りそれを踏まえて理解することが可能であり、それゆえにこそ、これを敷衍して、家族の見立て、状況の見立て、組織の見立てという観点も可能となる。その場合に、病理性と事例性という視点が重

要となる。病理性が重篤であってもその支援が比較的可能な場合もあれば、病理性が軽度であってもその支援が困難である場合もあって、個々の事例がおかれている事情（事例性）の理解が重要となる場合が多い。したがって前述した縦軸としての歴史（来談経緯・問題歴・生育歴・家族歴等）と横軸としての現在状況（問題や症状・家族背景等）を捉えるために、以下に挙げる心理発達と家族の視点が必要となる。

【精神分析学の発達理論】フロイトは身体的エネルギーから心理的なエネルギーが生じると考え、性心理的エネルギー（リビドー）の分化と統合から心の体制の発達段階と精神病理の対応を理論化しようとした。精神分析学による発達理論では次の段階を想定している。

　口唇期（1歳ぐらいまではエネルギーが口唇に集中する）

　肛門期（3歳ぐらいまでに排泄をコントロールする肛門にエネルギーが集中し、自律性の獲得に繋がる。）

　男根期（幼稚園の頃で、万能感を満たし自発性を獲得する。異性親への愛情希求と同性親からの懲罰不安という、両価的な感情のもつれであるエディプス・コンプレックスを体験することで幼児性欲が抑圧され、愛する異性親が結びついた同性親のようになりたいという、性的同一性が獲得される）

　潜伏期（小学校中学年頃まで、フロイトの理論では性心理的エネルギーは潜伏化し、もっぱら基礎技能と知識の習得に専心できる時期とされる）

　思春期（小学校高学年ぐらいから、それまで幼児性欲が口唇・肛門・男根という性感帯へのリビドーの充当であったものが成人性欲として性器を中心に統合される＝性器統裁 genital primacy）

【ライフ・サイクルと発達課題】フロイトの発達論を基礎に、エリクソンのライフ・サイクル理論から発達課題が想定されることが多い。その発達課題は、乳児期の基本的信頼感・幼児期前期の自律性・幼児期後期の自発性・学童期の勤勉性・思春期青年期の同一性・成人期の生産性や親密性・高齢期の統合、と考えられている。

　こうした心理発達の理論を背景にして家族の状況を見立てていく際には、家族図 geno-gram が数世代にわたる家族関係の力動構造の把握に有効である。子どもの症状や問題には家族の問題が背景にあって影響している場合が多い。子どもの症状が家族問題へのサインであったり子どもの問題に取り組むことで

家族全体が変容したりして、子どもと家族が成長する場合も多い。それは当然のことで、子どもは家族と密接な関係にあってはじめて生育可能なのであり、それだけ家族に影響されつつ成長してきているため、子どもの言動は家族によって形成されてきている面が多いからである。それゆえに、カウンセリングでは親の面接だけで子どもの問題が解決する場合もある。

　このような家族とその歴史のなかで形成されてきた問題を見立てていくのが心理アセスメントになる。その場合の方法は面接と心理検査（心理テスト）の二つである。

　【面接によるアセスメント】面接による心の問題のアセスメント（査定）はこれまで挙げてきたように現在の状態（横軸）とこれまでの経緯（縦軸）との二つの軸で行われる。横軸としての現在状態とは、クライアント本人（現在症、主訴、徴候、言動、全体的雰囲気、表情・身なり・姿勢・声の調子・振舞等）とそれを取り囲む家族、関係者、本人がおかれている社会的文化的状況に関する状態に関する査定である。また、縦軸としての経緯とは、クライアント本人の生育歴、家族歴、問題歴、来談経緯などクライアント本人を巡る時間軸に添った歴史のことである。

　【心理検査によるアセスメント】心理検査は何よりもクライアントの役に立てられる場合のみ実施することが原則で、検査結果はクライアントの役に立つようにフィードバックされねばならない。心理検査の機能別分類を挙げると、発達検査（新版K式・津守稲毛式・円城寺式等）・知能検査（WAIS・WISC・鈴木ビネー・K-ABC等）・人格検査（YG、TEG、MMPI等の性格特性質問紙法・BAUM、人物画、HTP、風景構成法などの描画法・RORSCHACH法、TAT、PF-study等の投映法人格検査）・特定機能検査（SDS抑うつ尺度・POMS・MAS不安尺度・痴呆スケール・クレペリン作業検査等）に大別される。

　学校の現場で心理検査を実施することは少なくなっているが、医療・教育・心理の専門機関において実施された心理検査のデータが子どもの問題やその背景にある問題の見立てに用いられることは多いと思われる。上に紹介した心の問題の分類、発達や家族背景の理解、アセスメントの方法に関わる理論が前提となって学校現場での臨床心理学的なアプローチが行われる。

3．支援活動を巡る諸問題

　これまで紹介してきた臨床心理学における理論的な背景、具体的には心の機能と構造、心の問題の分類、その背景にある心理発達と家族理解、それらに関する心理アセスメントといった臨床心理学の枠組みがあって、学校現場の諸問題に心理学的にアプローチを行うのが臨床心理士によるスクール・カウンセリングである。その際には生徒や保護者に加え学校現場のシステムや相談活動に関わるマネジメントについても、これまで述べてきた心理アセスメントを行いながらアプローチすることが特徴である。その現場における支援活動の実践においても臨床心理学的なアプローチの目的は心に心で向き合う動きを実現することであり、内的な器作り、つまり心理学的な主体の形成と言える。ここでははじめにスクール・カウンセリング事業の概要を紹介した後、実際の例とそれに伴う限界と協働を議論する。

（1）スクール・カウンセリング事業の概要

【沿革】当初は不登校・いじめ自殺・災害支援問題を契機に始まっており、およそ以下の3つの時期に区分できる（村山2011、鵜飼2011）。

① 1995（平成7）年度〜2000（平成12）年度の文部科学省（当時文部省）の「活用調査研究委託事業」期間（国庫金100％の事業、臨床心理士が97.1％で配置数154校→2256校）。

② 2001（平成13）年度〜2005（平成17）年度の5ヵ年計画文部科学省「活用補助事業」期間（国庫金50％、緊急支援活動予算の増額・スーパー・ヴァイザー費用も計上。臨床心理士が79％で、配置数4406→9547校）。

③ 2009（平成21）年度以降の文部科学省「学校・家庭・地域の連携協力推進事業」期間（国庫金33％。2013年度計画で公立中学校全9835校、公立小学校7割の13800校に配置）。2010（平成22）年度より小学校にも展開し、またキンダー・カウンセリング事業として幼稚園にも派遣し、それらをモデルに各自治体独自の事業としても、さらに2010（平成22）年度臨床心理士資格認定協会事業として私学でも展開している（藤原2011）。

　時代とともに寄せられる学校問題も多様化・複雑化・緊急化し、また財政基盤が広域自治体（都道府県）へ順次移行し、スクール・カウンセラーの雇用形

態・勤務構造・採用資格・求められる機能も、広域自治体・基礎自治体（市町村）によって多様化しつつある。そのため他職種・多職種連携の時代とされる。

【雇用形態】公立学校非常勤公務員。当初は、週2回各4時間年間280時間2年継続。その後現場の財政・ニーズ等に応じて多様な準用となる。多くは教育委員会がスクール・カウンセラーを選任し、学校園に派遣する形。多くの場合は臨床心理士有資格者が採用されるため、各都道府県の臨床心理士会を通じて募集された候補者のなかから教育委員会が選任する。最近は都道府県臨床心理士会によっては派遣されたスクール・カウンセラー（学校臨床心理士）に対するスーパー・ヴァイザーをスクール・カウンセラー・スーパー・ヴァイザーとして配置する組織化がなされ始めている。

【勤務形態】単独校方式・拠点校方式・巡回方式が大半。

【活動の構造】学校園の現場での活動の構造は実情に応じ各学校園で多様であるが、教頭、生徒指導や教育相談の担当者が受入の窓口となることが多い。またこれも現場でさまざまだが、カウンセリング実務にあたっては、窓口担当者に加えて、養護教諭・学級担任・各種委員会あるいは部会（たとえば生徒指導委員会・教育相談委員会・特別支援教育担当者会議・不登校対策委員会等）との協働が行われる。

カウンセリングが行われる場も各学校園の実情で異なる。最近はカウンセリング・ルームや教育相談室が独立している現場が多いが、生徒指導室・保健室・職員室等が準用される現場もある。相談対象や内容によっては、カウンセリング・ルームとは別に、保健室や職員室が相談の場にふさわしい場合もある。

カウンセリングの来談者は一般に、児童生徒・保護者・教職員であるが、都道府県臨床心理士会や学校園の方針によっては、児童生徒の相談は主に教員が行い、スクール・カウンセラーは主に保護者と教職員の相談を担当するという、柔らかな構造化を図るところもあれば、専門的な相談は外部の専門機関に依頼し学校園内のスクール・カウンセリングは外部専門機関への紹介機能に限定するところもある。さらに、教育相談と心理相談としてのスクール・カウンセリングを区別する考え方もある。

【相談内容】不登校、発達障害、いじめ、自殺、非行、暴力、虐待等子育て

支援、緊急危機対応等が多い（増田2013、伊藤2013、石川2013）。

【連携】外部では教育委員会、外部専門機関としての医療保健機関、福祉機関、司法矯正機関、教育相談機関、警察、相談専門機関等との連携。内部では、窓口担当者の教員に加えて、養護教諭・学級担任・各種委員会あるいは部会（たとえば生徒指導委員会・教育相談委員会・特別支援教育担当者会議・不登校対策委員会等）等との連携が行われる。

（2）支援活動の典型例

つぎに挙げる典型例はいくつかの事例に共通するストーリーから筆者が創作したものである。非行の問題、いじめの問題、粗暴の問題を取り上げ、支援者支援という観点から震災心理支援における現場教員の意見も取り上げる。

生徒指導担当の教員が非行の問題で紹介してきた中学校3年の男子生徒は万引き・金銭やバイクの盗み・車上荒らしを頻繁に繰り返していた。そのたびに生徒指導は警察や児童相談所との連携を行ってきたが問題が収まることはなかった。筆者が生徒に話を聴くと盗んだお金で食材を買うと言う。筆者が不思議に思いさらに事情を聴くと、この生徒は家族の暴力を恐れ家族から要求されたいろいろな物を工面していたことが判明した。家族との面接も重ねるなかで家族一人ひとりがそれなりの方法でこの生徒のためにできることをするように変化してきた。そのなかで母親は担任と協力してこの生徒の希望する進学先を生徒とともに探索し見学し決定するまでになった。こうして家族や教員との信頼関係が形成されるなかで、この生徒は筆者との面接直後にトイレでタバコを吸っていたことが判明した。そのことを筆者が生徒と率直に話し合うとそれ以降非行の問題は収まった。

この典型例にあるように生徒の問題行動には背景や事情があり、それに取り組まなければ根本的な解決には至らない。背景にある心の問題はこの生徒にとって本当に信頼や安心ができる関係を周りと培えるのかということであると思われる。最もネガティヴと思われる事態に対しても、ともに向き合う関係がこの生徒には必要であったのだと思われる。

小学校6年生になったばかりのある女子児童はそれまで仲のよかった6人グループから無視をされたりけんかをふっかけられたりし始めた。困惑したこの女子児童と家族は担任やいじめてくる児童たちの保護者とも相談をして話し合

いの場を持ったが逆に攻撃がエスカレートしてしまい、この女子児童は自傷行為が頻発し医療機関から投薬を受ける事態となった。校長、教頭も関わるが事態は収まらず却って児童と家族は学校への信頼を失う事態となった。そのため教育委員会の指導主事も関わるが、そのたびに事態は悪化し、担任と校長は病休せざるを得ない状態となった。この時点で筆者は保護者から相談を受けた。この女子児童は学校に登校できる状態ではなかったため保護者へのガイダンスだけで対処をすることにした。聴くとこの児童の身体状況は思春期（第二次性徴）直前にあった。事態がこれほど極端にいたる背景に思春期に向けての心理発達課題も関係する可能性を鑑みて、筆者は保護者に身体的ケアと子ども中心に事態を進めることをガイダンスとして提案し実践してもらった。子ども中心というのは子どもの意向を尊重し極力それに応じる方針である。当初は家族も教員も子どもの意向の前に自分の意向を出して足並みが揃わず失敗することもあったが、子ども中心で進めると案外事態は好転することに実際に気づくことができると次第に子どもが自分のことを自分で決めていくようになる。

　周りの心配とは裏腹に子どもは大胆にも短期間で学校に復帰するが、その前提には登校に挑戦する段階を踏んでいくのに子どもの感覚で極めてきめの細かい配慮を子ども自身が行っていたことにある。これは子ども自身が自分と周りの世界に張り巡らせている感覚が基礎になっているので、他者や大人にはそもそも不可能な進め方なのである。自分のことを自分で行うという主体性を形成するために内的な感覚を自分自身で抱えるという心への向き合いが、思春期の節目を身体的にも心理的にも乗り越える体験を実現したと思われる。

　一つ目の事例では家族との関係性が問題の背後にあり、二つ目の事例では心身の発達に伴う課題が背景にあったと考えられる。次の事例もそうした家族背景や発達の問題が背景に想定されるが焦点はむしろ心のエネルギーが教室やクラスメイトとの関係のなかで破壊的なものから創造的なものへと変容したところにある。かなり特殊な例ではあるが、心の向き合いという臨床心理学的なアプローチという観点では典型例と思われるので紹介することにする。

　中学校3年生男子生徒の担任と生徒指導教員が意味不明な粗暴な振る舞いを繰り返す男子生徒を生徒指導室に連れてきた。掃除の時間に中庭で箒を振り回すという生徒指導教員からの情報だけで筆者は男子生徒と生徒指導室のソファで向き合うことになる。筆者が自己紹介と挨拶をしても視線は合わず沈黙がし

ばらく続く。少しすると男子生徒は立ち上がり指導室の本棚から雑誌を一冊取るとソファに座りめくり出す。見ると校内暴力を特集した『少年補導』という雑誌だった。筆者も生徒のまねをして雑誌を取り同じようにソファで見ることにした。そのまま何も話さず次回の約束をして別れた。次週担任曰く、粗暴の件は収まったが今度は女子に触りにいく問題が生じたと言う。再び男子生徒と向き合った。男子生徒は何も言わず立ち上がると本棚の一番奥にある雑誌を取りソファ前のテーブルで広げる。見ると『週刊ポスト』の巻頭グラビアだった。筆者も同じように本棚の奥を探ると『週刊現代』があったのでテーブルに巻頭グラビアを広げて一緒に見入った。しばらくして男子生徒は兄が家の机にエッチな写真を隠しているのを自分は知っていると言う。筆者は彼と性的な関心や衝動の話題を共有してから〈大事なことだから内緒にするといい〉と言った。次の週担任は女子に触りにいく問題は収まったがクラスで彼が発言するようになったと言う。授業中の質問やホームルームでの意見を挙手して言うと言う。それを見てクラスの男子連中がからかったり冷やかしたりはあるが、まじめな女子はそれを押さえにかかると言う。ある意味でクラスは大変な騒動になるが見守りたいと言う。それ以来彼は相談には来なかったが、卒業間近の頃に担任がその後の経過を振り返って報告してくれた。彼の発言を契機にクラスはそれぞれが自分の意見を活発に言うようになっていろいろな議論ができるようになった。卒業までにこれまで一番のまとまりを見せるようになったクラスの成果は、振り返ればそれも彼のおかげだったのかも知れない、と担任は語った。

　思春期の発達にあって攻撃性と性衝動は隣り合わせである。いずれもこれまでの子どもの心の体制が大人の体制に変化する際に立ち上がってくる。これまでの体制を打ち壊すという意味では破壊的なエネルギーもその意味を内的に受けとめる器があると成長に向けて創造的なものに変容する。カウンセラーとしての著者の対応は言葉のレベルではなく男子生徒の衝動に向き合いながらそれをともにすることであったが、その向き合いと共有の経験が彼の内的な器を形成することに繋がったのではないかと思われる。

　実践例の最後に震災心理支援での教員の意見を取り上げたい。子どもや保護者との関わりだけでなく教員や教員組織との関わりにおいても主体性の形成が重要になることを教えてくれた例と思われる。筆者は震災直後から現在まで約

5年間被災した小学校と中学校の教員やスクール・カウンセラーの話を3ヵ月に一度のペースで聴くというボランティア心理支援を行うことができた。校長室や相談室で多くの教員やスクール・カウンセラーと懇談するという形でコンサルテーションやスーパーヴィジョンをした形であった。支援者を後方で間接的に支援するという支援者支援となった。その経過の一部（川原2013）はすでに発表しているので、ここではそうした心理支援に対する教員の意見を紹介したい。校長、教頭、復興プロジェクト担当教員、養護教諭など多くの教員から意見をちょうだいした。また多くのスクール・カウンセラーからも意見をいただいた。12名の協力者からの意見は筆者の支援・震災支援一般・今後の支援という3項目からなる質問紙に自由記述された。それをグラウンデットセオリーという質的研究法で概念化しストーリーラインを描いた形で紹介する。
　発災直後から〈震災状況への解釈〉や支援への〈実感として吐露された言葉〉が語られ、〈今回の支援の解釈を〉意義あるものとして表明されている。とくに時間経過とともに〈震災意識の希薄化〉や〈問題の多様化〉、〈問題が見えにくくなる〉という〈震災支援の課題〉が述べられるようになる。そのため状況の読み取りや問題の見立てが難しくなる分〈支援者支援の希求〉が記述された。そのなかでコーディネーターの必要性や継続支援の必要性など〈工夫への提案〉がなされる。
　被災者の置かれた状況や訴えられる問題が多様化し震災の影響が見えにくくなる課題が顕在化するという経過から、学校現場で生じる問題の背景が震災に影響なのか・家庭の問題なのか・子どもの発達の問題なのかという見極めが難しくなり、そこから定期的支援による支援者支援やコーディネート機能が必要であるという発案が教員から主体的に検討されたという結果だった。このことは実際に学校現場に入り続けた筆者の実感にも一致しており、具体的には生徒児童のさまざまな問題に対して、教員が主体的に個々の問題に応じてチームを組み、個々の問題に応じて活動の場所をアレンｗジし、関わる対象を事例に応じて検討するという展開に呼応している。この現象をある教員は「オーダーメイド」の支援と表現した。

（3）スクール・カウンセリングの限界と恊働
　以上のように臨床心理学を基盤とした学校現場へのアプローチは極めて内的

なところに焦点を当てている。もちろん主観的な心の現象に主観的な心で応じる支援ゆえに、臨床心理士それぞれによってまさにオーダーメイドとなるため、支援者の個性・タイプ・指向性・背景理論によって重心の置かれ方には幅がある。教育モデルに親和性のある場合や医療モデルに接近する場合、さらには生活課題に焦点を当て社会的資源やネットワークの活用などワーカーに近い活動を自らの支援の中心に置く臨床心理士も存在する。それだけに他職種との恊働にあたってはそれぞれの専門性による本来の活動の峻別が必要で、違いが峻別されてこそ、恊働や連携に幅と深みが出てくる。そのため本稿では臨床心理学により固有でより独自な考え方を紹介し、それを心と心が向き合う動きを内的な器において主体的に実現するという視座として提示した。それは徹底して内的な枠組みや器を形成し内的に向き合う作業ということになる。

　そのため外的な視点や現実的な要請に対して目が向かない事態を招きかねない。内的な関係・主観における主体の形成を重視するがゆえに逆に外的関係・現実検討・客観的な判断が軽視される懸念がある。その点が臨床心理学によるアプローチゆえの限界だと言えよう。その限界を踏まえたうえで学校現場での教員や他職種との恊働と連携のあり方を提示したい。吉村（2013）は臨床心理士のスクール・カウンセラーが学校へ入る実際の作業と手続きを示しており、それを参考に踏まえて恊働と連携を提示する。

　学校現場で活動する場合まず準備として、学校・教員との情報共有によって学校現場のニーズやシステムを理解することが重要である。つぎにその学校現場理解を踏まえて教員との対話や向き合いを通じて心理支援活動を可能にする環境を整備し心理支援活動を形成する。そしてその心理支援活動が学校と教員のシステムに定着し、教員個々としても学校のシステムとしてもスクール・カウンセリングを利用し展開する。これまでの個人の内的な主体性実現と同様に、学校システムに関しても、準備・アセスメントと、形成・向き合いによる内的器の形成と、展開・主体的な創造という三つの段階を考えることができる。

4．おわりに－臨床心理学の視座

　これまで述べてきた臨床心理学特有の考え方は、問題を心の向き合いの契機としてそれにコミットしていく姿勢であり、そうした問題の捉え方・見方に独

自性があると言えよう。また因果論で問題を解消するというよりも問題を契機として内的な器を形成するという目的論の視座も臨床心理学的なアプローチの独自性と言えよう。そして心の本質が向き合う動き（循環する二重性）である以上心理療法の目的はその心の本質の実現であるという視座もまた、臨床心理学固有のものであろうと思われる。心の学である心理学は循環する二重性を生きる心理学的主体を実現するためにあると言うことができると思われる。

【文献】

川原稔久（2014）.「仙台市東部にある小・中学校での震災心理支援」.『箱庭療法学研究』26, Special Issue, 7-12.

増田健太郎・石川悦子編（2013）.「対人援助職の必須知識　特集　スクールカウンセリングを知る」『臨床心理学』77, 13-5、金剛出版.

村山正治・田嶌誠一編（2001）.「特集　スクールカウンセリング」『臨床心理学』2, 1-2, 金剛出版.

村山正治・森岡正芳編（2011）「スクールカウンセリング－経験知・実践知とローカリティ－」.『臨床心理学』増刊第3号, 金剛出版

森岡正芳編（2010）.「特集　スクールカウンセラーと親と教師」『臨床心理学』58, 10 -4, 金剛出版.

吉村隆之（2013）.「学校の見立てと入り方」『臨床心理学』13-5, 625.

虐待における親子相互作用の様相

総田　純次[1]

1. はじめに—子育て支援質問票の開発

　大阪府立大学心理臨床センターは、府民の心理相談による地域貢献と大学院生の学内実習教育および臨床研究を目的として、2006年6月に開設された。小児科や児童精神科との連携を通じて、発達障碍の疑われる子どもや子育てに関する相談が増えるなか、小児心身症や発達障碍、虐待のリスクを早期に把握し、親子双方に速やかに適切な支援を提供したいという意図から、子どもや親子関係のこれらの特性を捉えるための簡潔な質問票を開発するニードが生じた。質問票の作成は2010年12月より取り組み、発達の領域、心身相関の領域、親子の関係の領域の三領域に分かれて質問項目を検討し、31項目からなる質問票を作成した(**表1**)(大阪府立大学大学院人間社会学研究科心理臨床センター紀要第6号、特集:「子育て支援に役立つスクリーニング調査票」の開発とその有効性の検証—「子育て支援質問票」の項目と整理用紙の作成の試み—、2013、pp.5-41)。作成された質問票はまずは心理臨床センターに来談する親に主に初診時に用いられ、インテーク面接とあわせて個々の事例を検討することを通じて質問票プロフィールの特徴を抽出した。また継続例の内から何例か、初診時と半年後付近の2回目の質問票調査での特徴や変化と治療経過を照合する作業を行った。さらにセンター来談者に加え、一般の親に調査協力を依頼し、センター来談者(臨床群75例)、一般の親(対照群195例)の計170例に質問票を施行し、回答を因子分析したところ、5因子に分けることができ、①子どもの困難、②育児困難、③親子関係困難、④生々しさへの抵抗、⑤相互性と命名した(小池ほか(2015)、**表2**)。因子分析の妥当性やそれぞれの因子の臨床的な意味については今後も調査・分析の必要があり、なお仮説の段階に留まってはいるが、5因

1　大阪府立大学人間社会学研究科現代システム科学域環境システム学類　教授
／大阪府立大学スクールソーシャルワーク評価支援研究所

子分類を用いてそれぞれの領域での平均からの偏倚を見ることで、これまでの直観的な解釈では得られなかった興味深い所見も得られた。たとえば「複数の因子領域に跨って平均よりも大きく偏倚がある場合（たとえば、子どもの困難、育児困難、親子関係困難、相互性の4領域で2 SD以上の偏倚）、家庭内暴力や虐待などの可能性がある」という仮説が立てられたが、身体的虐待や心理的虐待の事例のほか、夫に重い精神疾患がある事例でこうしたプロフィールを示すものがあり、しかも初診時には虐待の可能性を念頭に置いていなかったが、面接経過中に心理的虐待を疑うようになった事例も見られた。一方、「複数領域での偏倚」が反映しているものが、虐待を含む家庭内の暴力性なのか、それとも家族全体の強い情緒的絡み合いなのかなど、その臨床的意味については今後の検討課題である。

　こうして子育て支援質問票を手掛かりに虐待や家庭内の強い情緒的絡み合いの事例を検討する中で、虐待における親子の相互作用には、よく言われる世代間伝達のみならず、さまざまなダイナミズムが働いており、それを反映して親子の相互作用もさまざまな様相を呈するのではないか、もしそうだとすれば相互作用の様相の背景にあるダイナミズムを読むことでより効果的な介入ができるのではないかという考えを抱くようになった。子育て支援質問票を用いた実例に基づく実証的な調査研究はこれからの課題であるが、その予備的な研究として文献展望を通じて虐待における親子の相互作用の類型化を試みてみたい。

2. 虐待と世代間伝達

　精神病理的現象が世代を超えて反復されるという考えは「世代間伝達（intergenerational transmission）」という概念で表されることが多い。この概念自体は必ずしも虐待に限定されるものではなく、たとえば境界例についてのMasterson, J.F.の「ボーダーライン患者の母親はボーダーラインである」という定式も同じことを言っている。しかし、虐待に関してはこの現象は大きな役割をはたしているとされる。それは子育てという状況が、親がかつて幼少期に体験した状況を今度は立場を逆転して臨むことだからである。

　ところで虐待の世代間伝達という用語は一義的ではなく、種々の面からの研究が蓄積されるにつれ、さまざまな意味を帯びるようになってきた。狭義には、虐待する親がかつて幼少期には被虐待児であったという現象を指し、虐

待という行為が伝達されるという意味で使われる。1962年の"The Battered Child Syndrome"の共著者であるSteel,B.F.（1997）は、この強い意味での世代間伝達を主張している。彼は、「子供の頃に体験して人がのちに親になって虐待をするのはおそらく4分の一程度だろう、しかし子供を虐待する親が自分の幼少期にネグレクトその他の虐待を体験していないことは稀であろう」と見積もっている。しかし頻度については議論があり、割合が過大評価されているという意見（Kaufman,J. & Zigler,E.（1987））や、逆に虐待する親が自分の幼児期の体験を必ずしも虐待と捉えていないことによる過小評価という意見（Zeanah,C.H.& Zeanah,P.D.（1989））もあり、合意を見ていない。また虐待の型（身体的暴力、心理的虐待、ネグレクト、性的虐待）が伝達されるのかどうかという点についても、Steelはこの意味でも特異的な世代間伝達を想定しているものの、異論もあるところである。

　行為としての虐待の伝達という考え方はさらに病因論的意味を有している。先に挙げたSteelの言葉は、被虐待体験は虐待行為の十分条件ではないが、必要条件ではあると述べているに等しい。つまり親における被虐的体験は子どもへの虐待を生む不可欠な条件であるという意味で病因論的位置を与えられている。

　この意味での虐待の伝達のメカニズムの説明としては、Steelが採用しているように、子どもの精神分析の開拓者であるFreud,A.の「攻撃者への同一化」の概念を援用することができる。彼女のこの概念は、初期の主著『自我と防衛メカニズム』（1936）で一つの防衛メカニズムとして提唱され、攻撃された者が、ついで攻撃者の振る舞いを模倣や取り入れという形で他者に対して反復するというものである。この考え方はしかし彼女の父である精神分析の創始者Freud,S.の「反復強迫（Repetition Compulsive）」の概念に遡るものであろう。Freud,S.は『快原理の彼岸』（1920）において、人がトラウマ体験を、それが苦痛であるにもかかわらず、反復する傾向を取り上げて考察している。その例として挙げられたものの一つが有名な糸巻車の遊びで、彼の甥が母親の不在の時に糸巻車をベッドの向こうへ投げては「あっち（fort）」、手繰り寄せては「あった（da）」と叫ぶという遊びを繰り返していたというものである。Freudはこれを、母親という一次対象の不在という受け身で耐え難い状況を、自分が対象を不在にし、また現前させるという能動的行為に変換することで制御しようとする試みと解釈している。したがって「攻撃者への同一化」とは、

自らが受け身に被ったトラウマ体験とその無力さを、立場を逆転して自分が能動的に攻撃者になることで制御しようとする防衛と考えることができる。

とりわけ幼児期の虐待は、ある他者からの攻撃という体験ではなく、他に頼るよすがのない当の親からの攻撃である点が特異的である。英国の精神分析家のFairbairn,W.R.D.（1943）はとくにこの点に注目しつつ、同じようにトラウマ性障碍を扱った論文の中で、親からの虐待を受ける子どもが行使する「悪い対象に対する道徳的防衛」として論じている。親の理不尽さに曝された子どもは、親の悪を自分の中に取り入れることで、いわば親の側に良さを保存する。こうして子どもは「僕が悪い子なので親は僕を殴るんだ」と言うことができる。虐待という理不尽な体験は、自分の悪さということで条件づけられる。言い換えれば自分がよい子になれば殴られなくなると期待できるわけである。Fairbairnはこれを、「神の支配する天国で自分が罪人である方が、悪魔の支配する世界で良い人であるよりも救いがある」と表現している。

以上の、Freud,Sの「反復強迫」、Freud,A.の「攻撃者への同一化」、Fairbairnの「悪い対象の取入れ」は共通する点を持ちつつ、しかし微妙な差異も孕んでいる。「攻撃者への同一化」が同一化を通じての立場の逆転であるのに対し、「反復強迫」は外傷的経験を苦痛であるにもかかわらず反復するということであり、必ずしも被害者から加害者への、受動から能動への立場の逆転を伴わないし、むしろ伴わない場合にこそ使われる用語である。たとえば性的虐待の被害者が、成人してから男性から搾取されるような不幸な性関係を繰り返す場合である。Fairbairnの「悪い対象に対する道徳的防衛」も同様で、立場の逆転は含んでおらず、むしろ虐待者との虐待 - 被虐待関係こそが自分の同一性になってしまっていて、そこから脱出しようとすると強烈な不安が喚起されることになる。ただしSteelの挙げる性的虐待被害者の女性例のように、男性との関係では反復強迫的であるが、自分の子どもに対しては虐待者側に転じるという二重性もありえる。あるいはFairbairnが「悪い対象の回帰」と呼ぶように、心理療法の進展とともに立場の逆転が生じて自らが攻撃者として振る舞うことも少なくなく、その場合には心理療法を通じての外傷体験の統合に不可欠なステップでもある。このようにどの時期に誰とどのような関係にあるかによって現れは多様であろう。

3. 愛着理論から見た虐待

　虐待における親子間相互作用の研究の比較的最近の流れは、Bowlby,J.(1969) の愛着理論に発するものである。Bowlbyはもともと精神分析家であったが、もっぱら個人の心的内界の動きに重点を置いてきた精神分析的理論を、Lorenz,K.の動物行動学などを援用する形で、母子間の相互作用として組み替えた。Bowlbyの理論に基づいて親子の相互作用をより実証的に研究するためにAinsworth,M.D. (1978) が導入したのが、ストレンジ・シチュエーション (Strange Situation) という手法である。これは二つのシリーズの分離・再会状況から成っており、幼児を親と一緒に観察室に入れてしばらく観察、ついで親が部屋から出て代わりに知らない人が入室、そのあと親が再度入室して再会するのが最初のシリーズ、そのあと親が部屋を出て子どもは一人で取り残される、ついで知らない人が入室、そのあと代わりに親が入室して再会するのが二番目のシリーズであり、その間の幼児や親の反応を観察する。幼児が親との再会の際に示す行動の観察から、「安定型」(stable)、「回避型」(avoidant)、「抵抗型」(resistant) の３つの類型が区別された。のちMain,Mら (1986) がもう一つの類型として「解体型 (Disorganized Pattern)」を提唱し区別したが、前三者が特定のパタンの愛着行動を表しているのに対し、「解体型」はまとまったパタン形成の不全として三類型のいずれにも生じうるものだという考えを出している (Main,M (1993))。またこの型と虐待との関係が最も高いという報告もある。

　さらに養育者側の愛着行動の研究もされ、それと子どもの側の着行動との関係を見る研究も蓄積されてきている。George,CやMainらのカルフォルニア大学のグループは、成人の愛着の特性を調べる構造化面接を開発し、「自律型 (autonomous)」、「離反型 (detached)」、「没入型 (preoccupied)」、「未解消型 (unresolved)」の４類型を抽出した。これは成人の幼児期の出来事そのものよりも、現在彼らが幼児期の養育者との関係をどのように捉え、統合しているか、つまり成人の内在化された愛着態度を評価するものと考えられている。こうした評価法に基づいて、養育者の愛着態度のパタンと養育態度、子どもの側の愛着行動との間に相関関係を見出す一連の報告がされている。

　虐待の事例への応用では、虐待行動を組織するテーマとして「拒絶」、「役割

の逆転」、「怯え」が抽出されている。親が拒絶的である場合、幼児は関心を親との関係からほかの事柄へと逸らす。こうして早熟な自立を示すことがある反面、攻撃性、衝動性の制御が不良であったり、共感性が乏しい傾向を示すという。「役割の逆転」では、親の側に心理的不調があり、それが子どもの責任に帰せられる結果、子どもは自分のニードよりも親を癒すように振る舞うことを優先するようになるようだ。親の愛着を巡る外傷体験が解消されていない場合に虐待にどのように影響するかはあまり解明されていないが、Mainらは、親に精神障碍があるか、未解消の愛着外傷体験がある場合、そうした親の子どもとの関係は親自身の怯えに規定されることになると考えている。

　このように愛着理論に基づいて虐待を研究する流れでは、虐待という行為そのものよりも、その母胎となっている親子の相互関係の世代間伝達に比重を移しており、その際、Bowlbyの「内的作業モデル」の概念が援用される。これは、個人の特に対人関係における認知や行動を規制している心の表象体系であり、幼少期の養育関係を通じて構築され、やがて安定したパタンを獲得するようになるという。虐待の世代間伝達の問題に戻ると、伝達されるのは虐待という特定の行為や出来事というよりも、愛着関係において内在化される内的作業モデルであるということになる。この点では、境界例の精神療法に貢献したKernberg,O.（1994）も、性的虐待（近親相姦）も母胎となる親子関係の文脈で持つ意味が変わることを指摘している。

　ただし、こうした研究から抽出された虐待を組織化する3つのテーマを取っても、いずれもこれら単独では虐待に特異的とはいえず、とりわけ「役割の逆転」や「怯え」はそうであろう。たとえば摂食障害では、発症前にはむしろよい子であり、家庭内で親の問題や葛藤を引き受ける役割を演じていることが多いと言われてきた。摂食障害の家族療法家であるMinuchin,S.（1978）の世代間境界の侵犯の概念もそれに軌を一にするものである。親に精神障碍や未解決の外傷体験がある場合の子どもへの影響も同様で、自傷や自殺企図を繰り返す慢性的な抑うつのようなケースでも認められる。こうした親子関係が子どもの自己組織の発達を著しく阻害することは確かだと思われるが、それが将来の虐待行為を生むのか、他の形の精神病理的現象に結実するのかは一義的に規定されているわけではないだろう。

4. 親の心的世界における子どもの役割

　世代間伝達という言葉が広い意味で用いられる場合には、虐待という行為自体の反復よりも、親の病理的な空想世界における虐待される子どもとの相互関係に重点を置いている。たとえばLebovici, S. (1988) は、母親の無意識的空想、前意識的想像において子どもの演じる役割が、まだ母親になる以前あるいは生まれる以前から家族全体で共有され、世代を越えて伝達される様子を描いている。同じように精神分析的な立場から親子の相互作用を論じている渡辺 (2000) も、親と子、治療者の三者間で演じられる相互関係を、親の空想における関係と現実の関係、さらにその舞台である現実の治療の場が錯綜する様相として描き出しており、そこで世代間伝達される親の精神病理は単純な虐待行為の反復と見られているわけではない。前節での愛着行動の研究も、近年の流れでは子どもや親が抱く心的表象や空想を主題としつつあり、行動観察や語り、表現といった観察可能なものに定位しているとはいえ、Bowlbyの出自である精神分析的な立場からの世代間伝達の捉えかたとはかなりの程度重なり合うところがあると言えるだろう。Main (1993) やFonagy, P. (2001) も、愛着研究が精神分析にもたらす革新を唱えている。

　こうした観点から、虐待における親子の相互作用の一つの類型として、親が自身の統合できていない部分を子どもに投影し、それを攻撃するというパタンを考えることができる。例を挙げよう。過食症で治療を求めてきた女性が、治療経過の中で、一人娘に対して身体的暴力こそないものの、心理的虐待と言える程度の叱責を日常的に繰り返していることが明らかになってきた。過食症が20代の中絶の直後に発症していること、その後、離婚歴のある夫と結婚、元妻と住んでいた家に住み続けることに強い不満を持っていること、治療経過の中で二度目の中絶していること、経過の後半に念願の新居に移ったあと、再度妊娠し、今度は出産を選んで治療を終了していること、こうした経緯から彼女の中では、妊娠、中絶、出産、離婚歴のある夫との結婚、転居、過食嘔吐、娘への攻撃などが密接に絡み合っていることが窺える。基本的には自分の中の悪しきものをどう処理するかが問題になっており、娘に対する激しい叱責も、彼女の悪しきもの（たとえば怠惰、汚れなど）を娘の中に見、それを攻撃するというメカニズムに拠っている。

他者の中に本来は自分の内にある何ものかを見るのは投影と呼ばれるが、この場合、それに対する攻撃も伴っているので、パラノイア的な投影に近い。実はFreud, A. は先に取り上げた「攻撃者への同一化」の章の終わりで、それに類縁の防衛メカニズムとしてパラノイア的投影を挙げて論じている。パラノイアでは、自身の正しさや無謬性を証明することが問題になっており、そのため自分では認められない自身の感情や動機、傾向などを特定の他者へ投影し、それを攻撃する。攻撃し続けることでのみ自身の咎を否定することができるので、他者への攻撃はやむことがないし、他者からの反撃によってむしろ自分の攻撃は一層正当化される。パラノイア的現象は、社会の中では比較的よく遭遇するもので、ヘイトスピーチや排他的なナショナリズムもおそらくこのメカニズムに拠るところ大だと思われる。

　虐待という現象に戻ると、パラノイア的投影を用いた虐待では、親の中に潜在的にあり、しかしその存在を認められない動機や感情、傾向などを子どもの中に見、それに対する攻撃を続ける限りで否認が維持される。親の意識としては、子どもの間違いを矯正することなので躾という位置づけになる。

5．虐待における親子相互関係の幾つかの様相

　以上、精神分析の理論に依拠する形で、虐待における親子の相互作用のメカニズムを見てきた。「攻撃者への同一化」ないし「悪い対象への道徳的防衛」と「パラノイア的投影」の2つである。

　（1）「攻撃者への同一化」ないし「悪い対象への道徳的防衛」は、幼児期の被虐待状況に適用される概念で、精神分析で「取入れ同一化（Introjective Identification）」と呼ばれるメカニズムが働いている。虐待に曝される子どもは

　虐待する親のイメージを取り込む。当の親との関係では、立場を逆転しての攻撃的言動は起こらず、むしろ虐待 - 被虐待の関係を維持するように動くことになる。Fairbairnの言うように、それが子どもにとって唯一可能な関係だからである。

　虐待的な親との関係で子どもに取り入れられた対象関係の運命は多様であると考えられる。ある時期までは取り入れられた被虐待体験は単純に抑圧されたままに留まっているだろう。その際、暴力的、攻撃的な状況を避けるといった回避や親密な人間関係を避けるといった情緒的な引きこもり、反動形成的に怒

りといった感情を抑え込んだ表面的な友好的態度がとられるかもしれない。しかし、ある時点でFairbairnの言う「悪い対象の回帰」が生じることがある。すると取り入れられていた虐待−被虐待という対象関係は活性化され、何らかの形で現実の人間関係の中に再現される。1つは「反復強迫」のパタンで、現在の対人関係で幼少期との親との虐待─被虐待の関係を再現してしまうものである。2つ目は「攻撃者への同一化」であり、今度は立場を反転し、自分の方が同級生に暴力をふるう、親として子どもを虐待するという問題行動に結実する。「虐待の世代間伝達」の典型として語られているものだが、児童養護施設での年長児による年少児に対する虐めや暴力もこのメカニズムに拠るのかもしれない。

（2）パラノイア的投影は、幼少期の被虐待状況ではなく、自らが子どもに虐待をする状況に適用される概念である。前節で述べたように、本来自分の中にある認められない感情や傾向などを子どもに投影し、それを攻撃するというもので、Steelの言うように親の意識としては躾であるかもしれない。この場合、親の幼少期の状況がどうだったかで場合が分かれる。親が幼少期、現在自分が攻撃している子どものイメージと同様の振る舞いをして自分の親からそのことで虐待を受け、その結果、自身のそうした傾向や動機を抑制するようになったという場合には、子ども時代の自分像を自分の子どもに、子どもの自分を攻撃していた親に現在の自分がなっており、ちょうど立場を逆転する形として先の「攻撃者への同一化」を構成する。しかし親が幼少期に虐待を受けていなかった場合もあろう。この場合、親が自分の中の特定の動機を自分のものではないとして否認するためには、そうした動機を悪として断罪するような規範を内在化している必要がある。規範の内在化が自身の親との幼少期の関係において生じるのは疑いようはないが、内在化される規範が自身の親の規範であったのかどうかは自明ではない。Freud,S.は『自我とエス』(1923)では、現実の両親の規範が子どもに内在化されると考えており、たとえば厳しい父親に育てられた子どもの規範（超自我）もそれに似て厳しいものになるという見方をしていた。Klein,M (1948)は逆に、子どもが本来的に持っている超自我こそ子ども自身の攻撃性を反映して過酷なものであり、親との実際の交流の中で現実的なものへと緩和されると考えたので、規範は現実の親イメージというよりも子どもが空想の中で抱くイメージの変形として形成されることになる。近年

の精神分析の理論ではKleinのように心的生における空想の役割を重視し、現実の親の規範を単純に取り入れるという議論を採用しない傾向にある。このようにパラノイア的投影という形で子どもに悪しきものを投影してそれを攻撃する親の抱く規範の形成は、単純なコピーではない複雑な過程であろう。過度に理想主義的で不寛容な規範形成は、親が子どもの自然なニードを尊重していないという意味で、一種のニグレクトの結果であるとする意見もあるだろうが、虐待概念をあまりに拡大すればあらゆる不適切な養育はすべて虐待の範疇に落ちることになり、却って虐待の意味を拡散してしまうことになろう。

　以上の議論より、虐待における親子の相互作用の様相として少なくとも次のような3つの類型を想定することができる。

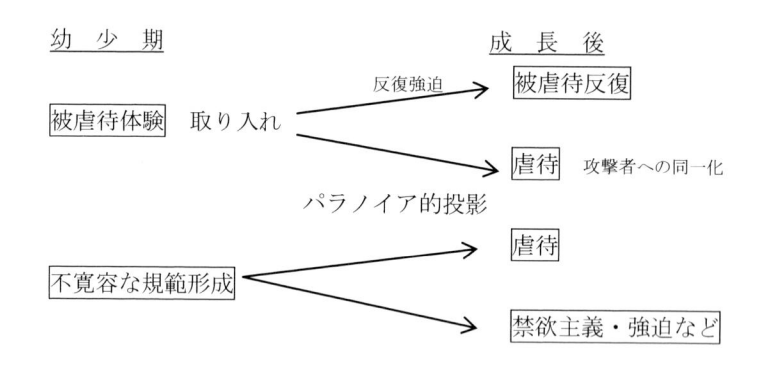

```
        幼 少 期                            成 長 後
                        反復強迫      ┌─→ 被虐待反復
    ┌──────────┐  取り入れ  │
    │被虐待体験│ ─────────┤
    └──────────┘          │
                              └─→ 虐待    攻撃者への同一化
                    パラノイア的投影
                              ┌─→ 虐待
    ┌──────────────┐  │
    │不寛容な規範形成│ ─┤
    └──────────────┘  │
                              └─→ 禁欲主義・強迫など
```

　以上の議論はしかし、虐待という行為があたかも何らかの目的を志向する統合された通常の行為であるかのように扱っている。こうした解釈では、虐待行為は、攻撃的であるかもしれないが、親自身の咎を外在化する手段であったり、被虐待体験を反復することで修正体験の機会へと他者を誘う行為といった意味を持つことになる。しかし虐待という現象が実は不合理なものであり、病理性を孕んだものであるとすれば、こうした理論化は虐待というわけのわからない現象をわれわれ援助者の側が合理化するものであり、実状を捉え損なっていることになろう。Mainが、「解体型」という愛着行動は、それ自体では一つの愛着行動のパタンではなく、むしろ特定の愛着行動として組織化することの失敗であると述べている点は特に留意すべきであろう。臨床的にも、反復強迫であれ、立場を逆転した攻撃者への同一化であれ、被虐待者の行動が明瞭な形

や意味を帯びるのは、心理療法が進む過程においてという印象がある。たとえば不安状態を主訴に受診した若い女性は、治療が始まって当初の不安状態が解消して活動的になるとともに、治療関係が性的雰囲気を帯びる中で、おそらく父親との体験を想起している。彼女はしかし体験を語る代わりに、上司と性的関係を結び、そのあと直ちに捨てている。幼少期に父親からひどい暴力を受けていた男性は、暴力とは対極的な礼儀正しい振る舞いや言葉遣いをしてきたが、父親の病死後、治療者に怯えを示し、あたかもいつでも逃げだせるようにドアを開けたまま面接を受けるようになった。このように被虐待体験や虐待行為そのものは本来、カオス的で組織化されていないものであろう。心理療法の過程の中で現在の自身の虐待行為や被虐待状況の反復が組織化され、それが幼少期の被虐待体験の「反復強迫」や「攻撃者への同一化」として意味づけられることを通して、翻ってカオスであった幼少期の被虐待体験の組織化と統合が為されるのである。前記の図も、幼少期の体験が現在の虐待その他の行動に反復されているというように「病因論的」に読むべきではなく、むしろ現在の虐待などの問題行動を意味づけ、組織化するための視点と考えるべきだろう。

【文献】

Ainsworth, M.D.S., Blehar, M.C., Waters, E., Wall, S. (1978). Patterns of Attachment: A Psychological Study of Strange Situation. Erlbaum.

Bowlby, J. (1969). Attachment and Loss. Vol.1: Attachment. Basic Books.（黒田実郎ほか訳（1991）.『母子関係の理論Ⅰ 愛着行動』、岩崎学術出版社）

Fairbairn, W.R.D. (1943). The Repression and the Return of Bad Objects. In: Psychoanalytic Studies of the Personality. (1952), Tavistock/Routledge.（山口泰司訳（1995）.『人格の精神分析学』、講談社.）

Fonagy, P. (2001). Attachment Theory and Psychoanalysis. Other Press.（遠藤利彦・北山修監訳（2008）『愛着理論と精神分析』、誠信書房.）

Freud, A. (1936). Das Ich und die Abwehrmechanismen. In: Die Schriften der Anna Freud, Bd.1, Fischer.（外林大作訳（1985）.『自我と防衛』（第2版）誠信書房.）

Freud, S. (1920). Jenseits des Lustprinzips. In: Gesammelte Werke, Bd.13, Imago Publishing Co.（須藤訓任訳（2006）.「快原理の彼岸」、『フロイト全集17』、岩波書店.）

Freud, S. (1923). Das Ich und das Es. In: Gesammelte Werke, Bd.13, Imago

Publishing Co.（道籏泰三訳（2007）.「自我とエス」、『フロイト全集18』、岩波書店.）
Kaufman, J. & Zigler, E. Do abused children become abusive parents? In: American Jounal of Orthopsychiatry, 57（2）, pp.186-192.
Kernberg, O.F. (1994). Aggression, Trauma, Hatred in the Treatment of Borderline Patients. In Psychiatric Clinics of North America 17(4) 701-714
Klein, M. (1948). On the Theory of Anxiety and Guilty. Reprinted In: The Writings of Melanie Klein Vol.3, The Free Press.（杉博訳（1985）「不安と罪悪感の理論について」、『メラニー・クライン著作集4』、誠信書房.）
小池徳子ほか（2015）.「子育て質問票を用いた子育て支援の実践的研究（4）—5つの下位尺度の抽出とその検討—」日本心理臨床学会第34回秋季大会、ポスターセッション.
Lebovici, S. (1988). Fantasmatic Interaction and Intergenerational Transmission. In: Infant Mental Health Journal, Vol.9（1）, 10-19.
Main, M..& Solomon, J. (1986). Discovery of an Insecure-Disorganized/Disoriented Attachment Pattern. In: Brazelton, T.B. & Yogman, M.W.（ed.）Affective Development in Infancy. Ablex Publishing Co.
Main, M. (1993). Discourse, Prediction, and Recent Studies in Attachment: Implications for Psychoanalysis. In: Journal of the American Psychoanalytic Association, 41S:pp.209-244.
Masterson, J.F. (1972). Treatment of the Borderline Adolescent. John Willy & Sons, Inc.（成田善弘・笠原嘉訳（1979）.『青年期境界例の治療』、金剛出版.）
Minuchin, S., Rosman, B., Baker, L. (1978). Psychosomatic Families - Anorexia Nervosa in Context. Harvard University Press.（福田俊一監訳（1987）.『思春期やせ症の家族』、星和書店.）
大阪府立大学大学院人間社会学研究科心理臨床センター紀要第6号、特集：「子育て支援に役立つスクリーニング調査票」の開発とその有効性の検証—「子育て支援質問票」の項目と整理用紙の作成の試み—、2013、pp.5-41.
Steele, B.F. (1997). Psychodynamic and Biological Factors in Child Maltreatment. In: Heler, M.E. et al.(ed.). The Battered Child. The University of Chicago Press.
Zeanah, C.H.& Zeanah, P.D. (1989). Intergenerational Transmission of Maltreatment: Insights from Attachment Theory and Research. In Psychiatry, Vol.52, pp.177-196.
渡辺久子（2000）『母子臨床と世代間伝達』、金剛出版.

虐待における親子相互作用の様相

表1

「子育てについての質問票」整理用紙　記入者（　　　）

日付	回答者（母親・父親）	年齢	名前（子ども）	年齢	性別

主訴	

*基本的にプロフィール右側が問題傾向だが、網掛けは逆転しているので注意。

まったくあてはまらない／あてはまらない／どちらでもない／あてはまる／かなりあてはまる

発達障害
- c1 運動が得意だ。
- c2 感覚が敏感なときがある。
- c3 言葉の使い方に特徴がある。
- c4 ルールのある遊びを楽しめる。
- c5 何が面白いのかよく分からない遊びを延々とする。
- c6 手先が不器用である。
- c7 ふとしたことで取り乱し、落ちつくのに時間がかかる。
- c8 友達と仲よくしたい気持ちがあるが、友達関係をうまくつくれない。
- c9 人からのちょっとした働きかけを嫌がる。
- c10 私とのコミュニケーションがスムーズである。

＜プロフィール特徴＞

親子の心とからだ
- c11 子どもは私のいいつけをよく守る。
- c12 子どもは気持ちが不安定になるとからだの調子が悪くなる。
- p2 子どもと目が合うとうれしい。
- p3 痛がっている子どものからだをさすると、痛みがおさまることがある。
- p11 子どものいやな気持ちを取り除くことは母親の役目である。
- p14 わが子が、なぜ甘えてくるのかわからない時がある。
- p16 子どもに公園の砂場で砂遊びさせることに抵抗がある。
- p17 オムツをかえるのはゆううつだった。
- p18 どうしてここに来ないといけないかわからない。
- p19 今ある症状をいっこくも早く取り除いてほしい。

＜プロフィール特徴＞

家族機能
- p1 育児の相談をできる人がいる。
- p4 子どもが好きと思えない。
- p5 誰にも育児を手伝ってもらえない。
- p6 子どもの欠点が目につく。
- p7 子どもが期待通りにいかなくて困る。
- p8 なぜか疲れやすい。
- p9 育児に自信が持てない。
- p10 子どもに対してイライラする。
- p12 子どもが何か悪いことをすると私のせいだと思ってしまう。
- p13 子どもに関心を向ける余裕がない。
- p15 妊娠や出産のときにうれしくなかった。

＜プロフィール特徴＞

＜総合所見と面接方針＞

＜前回の質問票から変化＞

＜感想＞

表2

「子育てについての質問票」整理用紙　　記入者【　　　】

日付	回答者ID	母親・父親	年齢	子どもID	年齢・学年	性別	子育てNo

主訴	

回答項目

c1	c2	c3	c4	c5	c6	c7	c8	c9	c10	c11	c12
0	0	0	0	0	0	0	0	0	0	0	0

逆転項目	c2	c4	c10	c11	p1
	6	6	6	6	6

p1	p2	p3	p4	p5	p6	p7	p8	p9	p10	p11	p12	p13	p14	p15	p16	p17	p18	p19
0	0	0	0	0	0	0	0	0	0	0	0	0	0	0	0	0	0	0

質問項目 / プロフィール特徴

① 子どもの困難
- H c7 ふとしたことで取り乱し、落ちつくのに時間がかかる。
- H c8 友達と仲よくしたい気持ちがあるが、友達関係をうまく作れない。
- O c11 子どもは私のいいつけをよく守る。
- O c10 私とのコミュニケーションがスムーズである。
- H c9 人からのちょっとした働きかけを嫌がる。
- H c4 ルールのある遊びを楽しめる。
- H c5 何が面白いのかよく分からない遊びを延々とする。
- H c3 言葉の使い方に特徴がある。

因子得点: 2.25　　平均: 2.43

② 育児困難
- F p1 育児の相談をできる人がいる。
- F p5 誰にも育児を手伝ってもらえない。
- F p9 育児に自信が持てない。
- F p8 なぜか疲れやすい。
- F p4 子どもが好きと思えない。

因子得点: 1.20　　－平均: 2.27

③ 親子関係困難
- O p11 子どものいやな気持ちを取り除くことは母親の役目である。
- O p7 子どもが期待通りにいかなくて困る。
- O p6 子どもの欠点が目につく。
- F p12 子どもが何か悪いことをすると私のせいだと思ってしまう。
- F p10 子どもに対してイライラする。
- O c2 感覚が敏感なときがある。

因子得点: 1.00　　－－平均: 3.00

④ 生々しさへの抵抗
- O p17 オムツを変えるのはゆううつだった。
- O p16 子どもと公園の砂場で砂遊びをさせることに抵抗がある。
- O p14 わが子が、なぜ甘えてくるのかわからない時がある。
- F p13 子どもに関心を向ける余裕がない。

因子得点: 0.00　　－－平均: 1.81

⑤ 相互性
- O c12 子どもは気持ちが不安定になるとからだの調子が悪くなる。
- O p3 痛がっている子どもの体をさすると、痛みがおさまることがある。
- O p2 子どもと目が合うとうれしい。

因子得点: 0.00　　－－平均: 3.62

⑥ その他
- H c1 運動が得意だ。
- H c6 手先が不器用である。
- F p15 妊娠や出産の時に嬉しくなかった。
- O p18 どうしてここに来ないといけないか分からない。
- O p19 今ある症状をいっこくも早く取り除いてほしい。

総合所見
①三領域のプロフィール特徴を総合した、回答者と子どもの特徴を要約する。
②インテーク面接で明らかになった回答者や子どもの問題点や見立ての要約を書く。
③②の情報もふまえ、①の反応特徴に関する解釈などを書く。

変化
＜前回の質問票からの変化＞
（二回目の総合所見をふまえての、一回目からの変化について記す。）

感想

思春期後期にある要支援児童等の実態と課題

古山　美穂[1]

Ⅰ．はじめに　－なぜ思春期後期にある子どもへの支援が重要なのか？－

　子ども虐待およびDVは、法律の制定、行政や民間による支援体制の整備によって、国民の認識も年々高まり、全国児童相談所の虐待相談件数は増加の一途をたどるなど、実態が顕在化しつつある。例年、被虐待児の約80％が小学生以下、虐待死する子どもの約75％が3歳児以下、そのうち約45％が0歳児（社会保障審議会児童部会児童虐待等要保護事例の検証に関する専門委員会第11次検証報告書）であり、子ども虐待援助・予防対策は現在、乳幼児、小学生に重点が置かれ対応がなされている。

　一方、思春期後期にある子どもは、身体的に妊孕力を備えており、近い将来親になる可能性が高い。全体の虐待相談件数が増加する中、「高校生その他」の被虐待児は約6％と一定の割合で増加しており、虐待死を検証するようになった2004年（第1次検証報告書）以降だけでも、12名の思春期後期（15～17歳）の子どもの命が失われている。

　被虐待児が思春期以降に呈する心的病態を田中（2008）は『他者との関係の障害』、『存在基盤の脆弱』、『衝動コントロールの失調』、『反復の病理』の4つに分け指摘している。

　『他者との関係の障害』とは、「自分を取り巻く人々との円滑な、あるいはほどほどの距離感を持った関係性の維持の困難さ」を指し、「社会的孤立、対人スキル獲得機会の減少、家庭内不適応から、社会的に未成熟のまま親元を離れようとしたり、周囲からは時期尚早と思われる年代で、事実上の結婚に踏み切る者も多く」、「周囲からのリポートが非常に少ないままパートナーとの生活や出産を迎える心理的に逼迫した状況になる」。厚生労働省の人口動態統計

1　大阪府立大学地域保健学域看護学類　講師／大阪府立大学スクールソーシャルワーク評価支援研究所

(2014)によると、母親の出産時年齢が10代の者は、全体の1.3%である。一方、虐待死した子どもの母親が10代で妊娠した割合は、16.7%（第11次検証報告書;2015）、7.8%（第10次検証報告書;2014）、24.1%（第9次検証報告書;2013）、27.5%（第8次検証報告書;2012）とばらつきはあるものの全体からみると高率で、10代の母親が虐待のリスク要因であることは明らかである。

『存在基盤の脆弱』は「自尊感情の低下から自己決定を困難にし、些細な挫折による安定感の崩壊、抑うつ、社会的過剰適応を起こす。男性であれば、引き受けきれない育児を回避しようとし、回避ができない女性は出産後の抑うつが遷延、あるいは情緒的には子どもの存在を受容しきれないまま周囲から非難されない養育を行おうと強迫的な養育にならざるを得なくなる。強迫的な養育は一旦破綻をきたすと回避（ネグレクト）へと転ずるリスクを負う」（田中;2008）。虐待死した子どもの母親は、養育能力の低さ33.3%、育児不安22.2%、うつ16.7%、知的障害13.9%、精神疾患11.1%等、心理的・精神的問題を抱えている（第11次検証報告書;2015）。

『衝動コントロールの失調』は、「自殺企図、パートナーへの衝動的暴力などさまざまな表現態をとりうる感情制御の失敗に関連した病態」を指し、「攻撃性が他者に向けられれば、かつて虐待した養育者や虐待者から自分を守れなかった養育者への反撃、家族の葛藤状況を再現してしまったパートナーや子どもへの暴力が生ずる」という（田中;2008）。虐待死した子どもの母親は衝動性13.9%、怒りのコントロール不全11.1%、感情の起伏が激しい11.1%、攻撃性6.8%（第11次検証報告書;2015）とアンガーマネジメントが不足した状況にある。また子どもにとって心理的虐待ともなる家庭内暴力（DV）は年々顕在化し、配偶者暴力相談センターにおける相談件数は102,963件（内閣府;2015）となっている。

『反復の病理』とは「自分の子どもとの間に新たに虐待的な関係が構築される」ことをいう。愛情を剥奪されて、'共感的な親'への同一化を経ずに大人になった人は、わが子に愛着や共感を十分に向けることができにくい（渡辺;2008）。子ども虐待は共感性障害、あるいは2世代にわたる愛着障害ともいえ、思いやりの欠落や共感の欠如した大人が行う（田中;2008）という指摘もある。しかし虐待を受けて育った親がすべて自分の子どもに虐待をするとは限らないことは支援者であれば経験上、明らかである。子どもを育てるには「扶

養（生活費をかせぐ）」、「世話（食事やお風呂など、子どもができない身の回りの世話をする）」、「社会化（しつけや教育、価値観、育児に対する信念も含む）」、「交流（遊び相手や相談相手になる、情緒的な応答ができるスキル）」の４つの機能が必要である（括弧内は舩橋;1998を元に追記）。貧困や格差社会が指摘されている現在、共感性が育まれるゆとりのない養育環境が連鎖していないかと見極める必要がある。

　思春期後期の被虐待児、要支援児童等にとって、学校という安全基地を離れると発見や援助がさらに困難になる。妊婦や親になる前に、今以上に早期発見し、援助につなげることが重要である。

Ⅱ．親権者不同意の一時保護ケースからみた思春期後期にある子どもの被虐待の実態

　一時保護の最大の目的は子どもの生命安全の確保にある。生命安全を確保しなければならないほど重篤な虐待を受け、かつ親権者が一時保護に不同意であるケースとは、親権者以外の大人が子どもの状況に気づき、救い出して、子どもの生命、人権、健康、幸福を守ることを最優先しなければならない極みの子どもたちとも言える。

　筆者らは、全国児童相談所（以下、全児相）が行った質問紙調査「親権者不同意の一時保護に関する調査」（才村;2010）のデータをもとに、思春期後期にある子どもの被虐待の実態の一端を明らかにした（古山;2014）。結果は、私たち教育・福祉・保健・医療の専門職がそれぞれのフィールドで観察力、アセスメント力をどのように高め、他職種間で虐待を含めた要支援児童等とその家族への支援の在り方を共有し、連携するにはどうすればよいかを考える基礎的資料となる。以下、調査の概要である。

1．方法
1）調査期間
　2010年2月1日を調査基準日とし、2009年4月1日〜7月31日の期間にさかのぼって調査した。
2）対象
　全児相201ヵ所を対象に、調査期間に一時保護が終了した事例について回答

を求めた。なお、一時保護が4月1日以前であっても、一時保護終了が4月1日～7月31日であれば、すべて回答の対象とした。虐待の事実がなかった（非該当）・虐待の事実が判明しなかったケースは除いた。虐待の疑いで一時保護を実施したケースのうち、2010年2月1日までに虐待の事実があると判断した場合は対象とした。

3）調査方法

先行調査（才村:2010）は親権者不同意の一時保護に該当する事例個々の内容や対応方法等を記入する「ケース調査票」を、全国の児童相談所長あてに送り回答を得たものである。この調査では、被虐待児15～17歳を思春期後期グループ（以下、後期G）とし、対照グループ（0～14歳）と、性別、主たる虐待理由、虐待の重症度、通告機関、一時保護場所、虐待期間、虐待者とその心身状況、虐待の認知についてχ^2検定、Fisherの直接確率検定を行った。また後期Gにおいて、性別・主たる虐待理由・虐待者のクロス集計と、被虐待児自身の一時保護意向・主たる虐待理由・虐待期間のクロス集計を行った。

4）倫理的配慮

データの活用については、活用目的、活用するデータ内容・取扱い・記述方法、都道府県または政令指定都市・中核市等、地域が限定されることは一切行わないといった倫理的配慮について、全児相所長と誓約書を交わし了解を得た。先行調査では事例個々のデータは元より記号化された状態で収集されており、個人が特定されることは一切ない。

2．用語の定義

・思春期後期

一般的な高校入学時の年齢と合わせるため15～17歳の子どもとした。18歳は児童福祉法の対象外となっているため、自ずと一時保護も対象外となる。

・要支援児童等

要支援児童（保護者の養育を支援することが特に必要と認められる児童）もしくは、保護者に監護させることが不適当であると認められる児童およびその保護者または特定妊婦（出産後の養育について出産前において支援を行うことが特に必要と認められる妊婦）

・親権者

未成年後見人を含む、未成年者に対して親権を行う者。
・虐待の重症度
「生命の危機あり」身体的虐待等によって、生命の危機に関わる受傷、ネグレクト等のため、衰弱死の危険性があるもの。
「重度虐待」今すぐには生命の危険はないと考えられるが、現に子どもの健康や成長、発達などに重要な影響を生じているか、生じる可能性があるもの。
「中程度の虐待」継続的な治療を要する程度の外傷や栄養障害はないが、長期的にみると子どもの人格形成に重大な問題を残すことが危惧されるもの。
「軽度の虐待」実際に子どもへの暴力があり、親や周囲のものが虐待と感じているが、一定の制御があり、一時的なものと考えられ、親子関係には重篤な病理がみられない。
「虐待の危惧あり」虐待行為はないが、「たたいてしまいそう」などの子どもへの虐待を危惧する訴えがあるもの。
・同意・不同意
親権者の同意の有無に着目し、児童の同意の有無は問わない。「同意がある」か「同意がない」か、および一時保護中に意向が明確に変化したか否かは、親権者の対応ぶりから実質的に判断することとする。同意とは、一時保護を積極的に求めた以外に、児童相談所職員等の勧奨や説得により「わかりました」と意思表示したもの、意思表示はしていないが手続きに反対しなかったり、相談援助が円滑に進んだりしたものを指す。不同意には、迷子、置き去り、棄児を含んでいる。

3．結果

199ヵ所（99.0%）から回答が得られた。4ヵ月間で、親権者不同意で一時保護された子どもは613名、その内、後期Gは62名（10.1%）であった。有効回答568名を後期G（n=56）と対照G（n=512）に分け分析を行った。

1）被虐待児の性別
　　後期Gは女児の割合が多く、男児は少なかった（$p<.001$）。
2）主たる虐待理由
　　後期Gは性的虐待が多く（$p<.001$）、対照Gはネグレクトが多かった（$p<.01$）。

3）虐待の重症度

虐待の重症度には有意差がなかった。

4）通告機関

通告機関は、後期Gが「本人」(p＜.001)、「警察」(p＜.05)、対照Gは「医療機関」が多かった (p＜.05)。

5）一時保護場所

後期Gは「近隣知人宅」(p＜.001)、「警察の身柄通告」(p＜.05) が多く、対照Gは「医療機関」(p＜.05)、「保育園」(p＜.05) が多かった。

6）虐待期間

虐待期間は、対照Gが「1〜3ヵ月未満」(p＜.01) が多いのに対し、後期Gは「3年以上」(p＜.05) が多かった。

7）虐待者

虐待者は後期Gで「実母の内縁の夫」(p＜.01) が多かった。「実母」、「実父」の順に多いことは対照Gと有意差はなかった。

8）虐待者の心身状況

心身状況には有意差がなかった。両Gとも「うつ」、「人格障害」、「アルコール依存」が多かった。

9）虐待の認知

後期Gは虐待の認知について「不明／答えない」(p＜.05) が多く、対照Gは虐待を認知する虐待者が多かった (p＜.05)。

10）思春期後期の被虐待児の性別・主たる虐待理由・虐待者のクロス集計

性的虐待（n=12）の被虐待はすべて女児であった。虐待者は、実母の内縁の夫、実父、継養父、実母の順で多かった。心理的虐待（n=8）は実母からの虐待（n=7）がほとんどであった。女児に対する身体的虐待も実母からが多かった。ネグレクトはすべて実父母から受けていた。

11）思春期後期における被虐待児自身の一時保護意向・主たる虐待理由・虐待期間のクロス集計

主たる虐待理由に関係なく、思春期後期にある被虐待児のほとんど（87.5％）が一時保護を「希望」し保護されていた。最終的に被虐待児自身が一時保護を「希望」はしたが、その虐待は「1年〜3年未満」11名（19.6％）、「3年以上」経た者が17名（30.4％）と、50.0％の子ども

が長い虐待期間の末、保護されていた。また虐待期間が「3年以上」の心理的被虐待児、「6ヵ月～1年未満」の被ネグレクト児が一時保護を「拒否」していた。「1年～3年未満」の身体的被虐待児、「3年以上」の性的被虐待児の意向は「確認していない」状況にあった。

4．考察

この調査で15～17歳の思春期後期にある子どもは全体の10.1%を占めた。全国児童相談所の虐待相談件数のうち、「高校生その他」が占める割合は、毎年6%前後で推移していることを考えると、一時保護に至るまで顕在化していない、思春期後期の被虐待児が潜在している可能性が高いことが示された。「中程度の虐待」以上が40人（71.4%）に上り、半数の子どもが1年以上の長期に亘って虐待を受けていた。「全国児童相談所における虐待の実態調査」（全国児童相談所所長会;2009）と比較しても、親権者の意に反してでも一時保護する必要のあるケースは重症度が高いことが明らかとなった。

1）性差と虐待

性別では有意に女児の方が多かった。これは思春期後期では性的虐待が有意に多かったことと関連していると思われる。この調査結果では、性的被虐待児は全例女児であった。石川（2007）はアメリカの調査の中で方法論が堅実な結果を紹介しており、18歳未満の38%～45%が性的虐待の被経験者であるという。日本における性的被虐待は約3%にとどまっており、教育・福祉・保健・医療の専門家が、性的虐待の発見力向上と援助方策の模索をしている段階にある。虐待者は、実母の内縁の夫、実父、継養父、実母の順に多かった。特に後期Gは「実母の内縁の夫」が有意に多かった。学校では、同居の大人が内縁関係か、実親かどうかの情報は得にくいが、女児にとって、実母の内縁の夫との関係はどうなのか、先入観で対象者を傷つけないように十分配慮しつつも、観察、判断していく必要があろう。

また筆者らは、思春期後期の男児が有意に少なかった結果に注目している。対照Gでは男女比に差がないことから、潜在的な思春期後期にある被虐待男児が発見されていないことを危惧している。思春期特有の'親や大人には知られたくない'という心理に加え、'男は弱音を吐かない'、'吐けない'といったジェンダーの影響を強く受けている可能性がある。『反復の病理』（田中;2008）

が原因で、男児自身にとっても、なりたくてなっているわけではないDVや虐待の加害者になる前に、予防対策を立てることが大切である。

2）身体的虐待

身体的虐待は両G間で有意な差はなく、男児も女児も、実父母以外に継養父、実母の内縁の夫等から虐待を受けていた。2014年、日本の離婚件数は222,104件で、人口1,000人に対する離婚率は1999年から上昇し、現在2.0%前後で推移している（厚生労働省;2016）。ひとり親やステップファミリー等複雑な家族員構成の子どもが被虐待児の場合、虐待による『他者との関係障害』（田中;2008）に加え、最も近い大人のモデルとなる親の夫婦関係、恋愛感情、対人スキルを見て、多様な家族員との関係維持を求められるというストレスフルな状況にある。また継養父や実母の内縁の夫がいる複雑な家庭環境にある子どもを重点的に観察するだけでなく、多くが実父母から身体的虐待を受けていること、虐待の重症度に有意差がなかったことから、思春期後期にある子どもだからといって、虐待者に対し抵抗や逃避ができるとは考えずに、乳幼児期にある子どもと同様、発見、援助に努める必要がある。特に、女児に対する身体的虐待は、実母からが多かった。思春期前期の子どもが、達成しておきたいセクシュアリティの課題には、女性性の受容やアイデンティティの確立がある。社会の中でどう生きるか、同性・異性との人間関係や性差・性別役割の理解を通して、子どもは真のアイデンティティを獲得していく。渡辺（2008）は、虐待状況の中には生きた子どもと、親の中のかつての虐待された子どもという2種類の被虐待児がいるとしている。そうだとすれば、実母の生き方が女児にどう映っているか、女児の気づきや成長を通して、もう一人の被虐待児である可能性が高い実母がどう女児の存在を捉えているか、母娘関係を身近に探れる立場にある専門家は母娘間の葛藤も含め、そこに虐待はないか観察、判断していく必要があろう。

3）心理的虐待

心理的虐待は「児童に対する著しい暴言または著しく拒絶的な対応、児童が同居する家庭における配偶者に対する暴力、その他の児童に著しい心理的外傷を与える言動を行うこと」と定義されている（児童虐待の防止等に関する法律第2条）。性的虐待や心理的虐待は、虐待の中でも外見上表面化しにくい行為であり、この調査結果では、主たる虐待理由を問うため、心理的虐待は、性的

虐待に次いで約20％と割合が低かった。心理的虐待の加害者は男女児とも実母がほとんどであった。思春期後期では、虐待理由に関わらず、希望して一時保護された子どもが圧倒的に多いことと、虐待期間が「3年以上」と長い期間、虐待を受けて保護された割合が高いことが特徴的であった。このことは、子どもが年齢を重ね、虐待者および家族以外の社会と接触する機会が増えたことで、長年、自身が置かれた環境の異常に、子ども自身が気づき、顕在化したと考えられる。特に長年、実母から受けた養育の異常さを客観視できる年齢に達したとも言え、高校における人権教育、性教育の実施が、潜在する被虐待児自身の気づきにつながり、同時に信頼できる大人や救いの道の存在を伝える機会になり得ることを示している。

4）ネグレクト

ネグレクトは母子保健法に基づく乳幼児健診や学童期の学校健診が発見可能な機会となっているためか、対照Gが有意に多かった。しかし思春期後期の被ネグレクト児も11名（19.6％）おり、すべて実父母から虐待を受けていた。虐待期間は「1ヵ月未満」から、「3年以上」と長い期間まで多岐に亘っていた。高校生にも被ネグレクト児はいるという意識で子どもたちを見守る必要がある。

Ⅲ．高等学校の現場から見えてくるもの
　　―熟練養護教諭を対象にした調査から―

思春期の子どもにとって、家庭以外の主な安全基地は学校である。学校における発見、通告、一時保護の力を強化することがさらに要支援児童等を救うことにつながる。調査結果（古山;2014）では、通告機関は「本人」、「警察」、一時保護場所は「近隣知人宅」、「警察の身柄通告」が有意に多く、通告機関が「学校」であった子どもは8名（14.3％）に過ぎなかった。現行の制度では、高校3年生となる18歳は児童福祉法の対象外で、一時保護も無論対象外となり、援助の空白が生じている。厳密には18歳までに児童養護施設に入所できていると20歳まで保護が可能であるが、虐待の発見が18歳では不可能である。高等学校では実質2年間で発見し、支援につながないとその先の支援が見えず、発見したところで「子どもはどこで生活することになるのか」という教員の心配や不満の声をよく聞く。最近の動きとして、厚生労働省の専門委員会が、児童養護施設や里親家庭で生活できる年齢を20歳未満に引き上げる方針を出し、

今年度の通常国会で児童福祉法の改正が行われる可能性がある。

養護教諭は高校生のどのような言動から、子ども虐待/DVの加害/被害リスクがあると疑うのかという問いを立て調査を行った。以下は、調査の概要である。

1．方法
1）研究デザイン
半構造化面接調査による質的記述的研究
2）研究参加者
A県下高等学校の熟練養護教諭17名
3）調査期間
2014年12月～2015年5月
4）分析方法
同意を得た16名の面接内容をICレコーダーに録音し、逐語録に起こした。録音の同意が得られなかった1名の面接内容はノートに記した。今回はデータの中で、思春期後期にある子どもを理解する上で、専門職が共有しておきたい子どもの心理、置かれた環境に焦点をあて、内容を分析した。
5）倫理的配慮
A県養護教諭部会幹事長に研究目的、内容、方法、個人情報の取り扱い、倫理的配慮について口頭と書面で説明し、了承を得た。次に地区代表の養護教諭に向け、同様の説明を口頭で行い、地区で2～3名研究参加が可能な経験年数8年以上の養護教諭を募った。対象者には参加は自由意思であり、参加の可否で不利益を被ることはないこと、いつでも面接を中断、辞退できること、答えたくない内容があれば無理に答えなくてよいことを説明し、面接場所は個室を設定した。収集したデータは、施錠可能な場所で保管し、研究がすべて終了した時点で廃棄すること、研究結果は学会等で発表することも説明した。大阪府立大学看護学研究科研究倫理委員会の審査を受け、承認を得た。

2．結果と考察
養護教諭の経験年数は22.8±8.3年、年齢は30代前半4名、40代前半2名、後半5名、50代前半3名、後半3名であった。録音データの平均時間は60.3±

5.3分であった。以下、研究参加者の発言は斜体で示す。
　1）潜在する要支援児童等の子どもたち
　先行調査（古山;2014）の被虐待児と同様、全国児童相談所の虐待相談件数にまだ計上されない要支援児童等が多数潜在する可能性が示された。
「*うちの学校特有かもしれないんですけど、普通の学校って言ったら、どこを普通ってとるかは分からないんですけど、半分が虐待みたいなもんなんですよ。家庭環境の文化がそうなんだと思うんですけど、食事を用意しないのも普通やしとか、お金持たされないのも普通やし、だから自分らのバイト代で何とかしてみたいのも普通やし、家自体が困窮してるんで、家庭が貧困なんで、しょうがないって本人らも諦めてるところもあるんかな。病院代もらえない、当たり前。保険証がない、当たり前。そんな状態なのが日常で、しかもその数も多い。*」
　研究参加者の中で、学校全体の半数以上がひとり親家庭、生活保護世帯という学校は複数あった。市区町村が管轄する公立の小中学校では、同級生と比較して学校も‘居心地が悪い’場合もあり得るが、学力別で入学の可否を決める高等学校では、同じ境遇の子どもたちが集まることも多く、学校が‘居心地のいい’場になることもある。
　一方で、学力というものさしで測るため、障害のある子どもに対する支援に不利益が生じているという指摘もあった。支援学校では、教員の配置数が多く、子どもに対する支援が手厚いだけでなく、親とも毎日のように育児や家族機能を円滑にするにはどうしたらいいのか等の会話ができるのに対し、一般の高等学校、特に教育困難校では「*なんの支援も受けないままの子たちが多い。ここでも辞めていく子というのは知的障害の子とかキレて問題行動起こしてみたいな感じの子はたくさんいるんで、また1人どこにいくんや。（支援学校か一般の高等学校かのふりわけが）その幅の、この中が混沌としてて、社会的な居場所もないまま、たぶん生きていくんかな*」、「*知的障害のね、自立できる訓練ができるような（機会）、見守ってくれる人が居れば、何とかうまくいくもんかなと思って。*」と危惧する語りもあった。
　また十分に整えられていない養育環境の中、子どもたちが家族をケアする役割も担っている姿を養護教諭は捉えている。
「*うちの生徒って、親にすごい気遣ってんなって思う子はすごい多い。たとえば、私ら教員には、もうぼろかすに言う癖に、たとえば体調が悪いからっ*

てお母さんに電話（する）って（言うと）'止めて'とか、なんか'あかんあかん、迷惑かける'とかね」
　「お父さんとお母さん離婚して、お母さん夜中、働いてんねんけど、ほとんどその家事や育児ってしてもらってなくて。でも自分が支えたらなあかんやろってな感じで。辛かったな、寂しかったやろって言ったら、私に吐く、'今でも俺めっちゃさびしいねん'とか言いはったんですよね、高校1年生だったんですけどね。」
　「（バイトで稼いで親の世話をしている）。むしろフォローしてお風呂代とか病院代を（親に）あげてるぐらい。」
　「（子どもが）高校生ぐらいになって、やっと親がちょっと親らしくなった人は、逆にまた（下に）子どもを産んで、（子どもに）赤ちゃんを面倒見させる形で、お母さんは夜働きに行ってます。」
　'気になる'子どもが虐待、要保護児童、要支援児童、特定妊婦かどうかと判断するためには、市区町村に連絡、相談し、要保護児童対策地域協議会（以下、要対協）の個別ケース検討会議で検討されるシステムが確立されている。しかし熟練の養護教諭の中にも、要対協という言葉やシステムを知らない人も多かった。せめて学校内の個別ケース検討会議にのせるアセスメント指標を共有、周知することが急務である。

　2）男児発見の難しさ
　先行調査（古山;2014）では、思春期後期の男児が'親や大人には知られたくない'という思春期特有の心理に加え、'男は弱音を吐かない'、'吐けない'といったジェンダーの影響を強く受けている可能性を指摘したが、ほとんどの熟練養護教諭からも同様のことが語られた。
　「（気になるけど保健室には来てへん子たちは）めちゃくちゃ居ます。特に男子が多いですね。女子はまだサインを出したり話したりできるんですけど、男子はいきなり引きこもっちゃって、辞めちゃうとかになると、つながる術がないままドロップアウトすることが多いので男子の方が心配です。」
　「男の子は特に言わないですね。」
　「男の子は本当に言わないですね。だから、ほんまに中学校の引き継ぎとか、小中学校の話を聞いて、そういう子やから注意深く見守っていこうと思ってても、言ってもこないですし。限界になるまで言ってこない。」

将来のDV加害、虐待予防には、男児の被虐待、要支援児童等の早期発見と効果的な支援は欠かせない。社会の偏った性別役割観を揺らし、一人ひとりのセクシュアリティを尊重する教育も重要である。子どもだけでなく、18歳以降の女性には婦人保護施設での保護や社会支援が行われているが、現在、日本では男児が継続的に支援を受けるシステムは整っていない。

3）子どもに配慮した性教育・人権教育の実践

　筆者らは2002年から高等学校のニーズに合わせ、臨床の看護職と協働して'自分を大切に思う気持ちを育て、命の尊さを感じる心と行動を身につける'ことを目的とした出張性教育・人権教育を行っている。2014年度は2,856名の高校生を対象に行った。思春期の子どもへの性教育は、互いの立場や考えを尊重し合い、自分の意思を相手に伝える自立した人間関係を育てるとともに、性行動に対する賢明な意思決定や行動選択能力、態度を身につけさせることが重要である。実際、性教育・人権教育の実践により家庭や恋愛の相手、友人関係の中で、自分が自由に安心して存在できているかを考える機会になり、教員や筆者らに「実は…」と真実を語り始めるきっかけとなっている。

　一方で、

「これが普通だよって言われたって彼女らは、そんなん言われたってどうしようもないし、じゃあ助けてくれんのっていう風になると思うんです。」

「うちね、*性教育あまりしてなくて。*なんでかっていうと、やっぱり性教育するには、ある程度信頼関係がないと無理なので。人間関係つくるのすごい下手な人ばっかしなんで。そんな中で性教育するのは、ちょっとリスクが高いなって思ってて。」

「しんどさを感じないようにしてるんかもしれないですね。'え、あたしらこんなされてへんで'とか'うちなんか今こんなんやで'とかいうのを、*面白エピソードかのように語るんですけど*、そう語ることで、それを本当に突き詰められたら、自分がしんどくなるんじゃないですかね。でもそう言われたって違う、それは普通じゃないって言われたってどうすればいいの。なので、うち（私）別に全然平気やし、（今の状況が）そんなもんちゃうん？みたいな感じで収めているような気がします。」

　といった語りにもあるように、集団で行わない方がよい学校もあり、個別支援と組み合わせた性教育・人権教育をどのように展開するのか、各学校で十分

251

に検討する必要がある。「授業で行政サービスを教えてほしいと思いますね。」という語りも多かった。

　命の大切さが十二分に伝わったあまり、人工妊娠中絶体験が原因で心を病む女児、交際相手を妊娠させたことで心を病む男児もいる。思春期後期にある子どもは長年の虐待環境の中で、主体性や生きる力、自尊感情を奪われており、それが虐待者であれ、その親との生活が唯一無二の世界で生きている。モラルの伝え方を誤って、子どもを追い詰めることがあってはならない。

　４）高校生が真実を語るまで
　ほとんどの子どもは思春期に入り、性自認、性的指向が明確になる。同性異性に関係なく他者とのつきあいが活発になったり、つきあいができなかったりして、自分の養育環境やパーソナリティ、対人関係スキルの課題に直面し、悩むことが多くなる。この調査では子どもが身体的被虐待、経済的被虐待、DVの加害／被害、ましてやネグレクト、心理的被虐待、性的被虐待を直接語り始めるには、養護教諭の十分な人的、時間的配置、高度なスキルが必要であることが明らかとなった。

　「家庭で十分話を聞いてもらえていない。だって自分が満たされてないのに、人のことまでイメージつかへんもんね。聞いてほしいっていう子が多いですね。自分に興味を持ってほしい。興味をもってほしいんですよ。」

　「やっぱり保健室って言うのは駆け込み寺的な。よっぽどでないと担任には言えません。友達にももちろん言えません。お腹痛いとか頭痛いとかしんどいとかで来て、しゃべってたら実は、とか言うのが…」

　「本当いつでも、値踏みされてるというか見られてます。この先生は信用を置けるのかなあと常に見てやるから。で、１人配置でこういう状況の保健室で、片や重症の子が入ってきて、どっぷりと浸かってやらな治るわけないのに、できっこないですよ。そんなん２人（配置）でも大変。もうそこが限界ですわ。」

　「あの先生ええでって思ったらスッと入ってきますよね。先生！ってワーッと泣いてくることないですよね。先生なんとなくねえ、いうことで放課後ちょっと座りに来ることが続く、こっちがキャッチする。そのうちにぽつぽつと、実はな、ということでね、話してくれる。」

　子どもにとって科目の評価者ではない養護教諭、保健室という安心できる人、場の確保は重要である。子どもの'気になる'サインを見落とさず、子ど

もが信用して大人に真実を語らないと支援の糸口さえ見つからない。養護教諭が要支援児童等と疑い、他職種と連携して保健・福祉につなぐ役割の実態を可視化する必要がある。

Ⅳ. 最後に

高等学校だからこそ、充実したSSWの実践が必要であると考えている。現在の日本では長期的なマネジメントを一貫して行う専門職が存在しないため、思春期の子どもは、教育機関とのつながりがなくなると、成人期に虐待や育児不安、DV、疾病や犯罪などの現象が起こってからでないと、専門職との関わりは得られない。さらに現在、日本では義務教育を終了し高等学校へ進学しなかった子どもや高等学校を退学した思春期後期にある子どもの支援は手薄な状態にある。今後も養護教諭をはじめとする教員とともに、すべての子どもたちを包括する支援システムを考えていきたい。

【文献】

舩橋恵子（1998）『父親と家族 ―父性を問う―』早稲田大学出版会．
古山美穂，才村純（2014）「親権者不同意の一時保護ケースからみた思春期後期にある子どもの被虐待の実態」『思春期学』32(2), pp. 253-264．
石川義之（2007）「インセスト家族の親子関係 再考－"愛情"という名の支配－」『The Human Science Research Bulletin』6, pp. 137-153．
厚生労働省（2016）．http://www.mhlw.go.jp/toukei/saikin/hw/jinkou/geppo/nengai14/index.html, 2016.1.23．
内閣府（2015）．http://www.gender.go.jp/e-vaw/data/dv dataH2709.pdf, 2016.1.23．
才村純，古山美穂（2010）「親権者不同意の一時保護に関する調査 ―平成21年度全国児童相談所長会定例調査―」『全国児童相談所長会』通巻第89号．
社会保障審議会児童部会児童虐待等要保護事例の検証に関する専門委員会（2015）「子ども虐待による死亡事例等の検証結果等について第11次検証報告書」．
田中哲（2008）「子どもの被虐待体験と思春期」『児童青年精神医学とその近接領域』49(4), pp. 452-457．
渡辺久子（2008）『子育て支援と世代間伝達』金剛出版．
全国児童相談所長会（2009）「全国児童相談所における虐待の実態調査」『全国児童相談所長会』通巻第87号別冊, pp. 129．

執筆者一覧 （掲載順）

山野	則子	大阪府立大学 スクールソーシャルワーク評価支援研究所 所長／大阪府立大学 地域保健学域 教育福祉学類 教授
辻	洋	大阪府立大学　学長
冨浦	梓	国立研究開発法人科学技術振興機構社会技術研究開発センタープログラム総括
小川	正人	放送大学　教授／東京大学名誉教授／中教審副会長／大阪府立大学スクールソーシャルワーク評価支援研究所客員研究員
宮本	太郎	中央大学法学部　教授
中野	澄	文部科学省　国立教育政策研究所　総括研究官／大阪府立大学スクールソーシャルワーク評価支援研究所客員研究員
大谷	圭介	前文部科学省生涯学習政策局参事官／大阪府立大学スクールソーシャルワーク評価支援研究所客員研究員
松田	恵示	東京学芸大学芸術・スポーツ科学系　教授
大友	秀治	龍谷大学短期大学部社会福祉学科　講師／大阪府立大学スクールソーシャルワーク評価支援研究所客員研究員
横井	葉子	上智大学　総合人間科学部　助教／大阪府立大学スクールソーシャルワーク評価支援研究所客員研究員
厨子	健一	奈良教育大学教育学部　特任講師
渡邉	香子	横浜市教育委員会事務局　スクールソーシャルワーカー／大阪府立大学スクールソーシャルワーク評価支援研究所客員研究員
岩金	俊充	やまぐち総合教育支援センター内 子どもと親のサポートセンター／大阪府立大学スクールソーシャルワーク評価支援研究所客員研究員
福島	史子	一般社団法人鳥取県社会福祉士会　スクールソーシャルワーカー
音田	正顕	鳥取県教育委員会事務局 いじめ・不登校総合対策センター長
比嘉	昌哉	沖縄国際大学総合文化学部　准教授／沖縄県スクールソーシャルワーカー・スーパーバイザー／大阪府立大学スクールソーシャルワーク評価支援研究所客員研究員
米川	和雄	帝京平成大学現代ライフ学部　講師／大阪府立大学スクールソーシャルワーク評価支援研究所客員研究員
三好	良子	福井県教育庁高校教育課　スクールソーシャルワーカー

吉田　卓司　　藍野大学 医療保健学部看護学科　准教授
川原　稔久　　大阪府立大学現代システム科学域環境システム学類　教授
　　　　　　　／大阪府立大学スクールソーシャルワーク評価支援研究所
総田　純次　　大阪府立大学現代システム科学域環境システム学類　教授／大阪府立大学スクールソーシャルワーク評価支援研究所
古山　美穂　　大阪府立大学地域保健学域看護学類　講師
　　　　　　　／大阪府立大学スクールソーシャルワーク評価支援研究所

※各執筆者の所属・肩書きは初版発行当時のものです。

※本書は、国立研究開発法人科学技術研究機構より平成26年度戦略的創造研究推進事業（社会技術研究開発）「エビデンスに基づくスクールソーシャルワーク事業モデルの社会実装」として採択を受け、ご支援をいただいた成果をまとめたものです。

編集部一覧

山野　則子　　大阪府立大学 スクールソーシャルワーク評価支援研究所 所長
　　　　　　　／大阪府立大学 地域保健学域 教育福祉学類 教授
大友　秀治　　龍谷大学短期大学部社会福祉学科　講師
　　　　　　　／大阪府立大学スクールソーシャルワーク評価支援研究所客員研究員
駒田　安紀　　大阪府立大学　人間社会学研究科　特認助教
　　　　　　　／大阪府立大学スクールソーシャルワーク評価支援研究所

※各編者の所属・肩書きは初版発行当時のものです。

すべての子どもたちを包括する支援システム
−エビデンスに基づく実践推進自治体報告と学際的視点から考える−

2016年3月20日　第1刷発行
2025年8月1日　第4刷発行

編　者　スクールソーシャルワーク評価支援研究所
　　　　　（所長　山野則子）
発行者　岩本恵三
発行所　せせらぎ出版
　　　　〒530-0043　大阪市北区天満1-6-8 六甲天満ビル10階
　　　　TEL. 06-6357-6916　FAX. 06-6357-9279

装幀・上野かおる
印刷・製本所　株式会社関西共同印刷所

©2016　ISBN978-4-88416-249-8

せせらぎ出版ホームページ　https://www.seseragi-s.com
　　　　　　　　メール　info@seseragi-s.com